【第二版】

大学生
心理健康教育与辅导

DAXUESHENG

XINLI JIANKANG JIAOYU YU FUDAO

◎ 苏碧洋　主编

厦门大学出版社　国家一级出版社
XIAMEN UNIVERSITY PRESS　全国百佳图书出版单位

图书在版编目（CIP）数据

大学生心理健康教育与辅导 / 苏碧洋主编. -- 2 版
. -- 厦门：厦门大学出版社，2019.1(2024.7 重印)
ISBN 978-7-5615-7199-6

Ⅰ．①大… Ⅱ．①苏… Ⅲ．①大学生-心理健康-健
康教育-高等学校-教材 Ⅳ．①G444

中国版本图书馆CIP数据核字(2019)第012125号

责任编辑　章木良
美术编辑　李嘉彬
技术编辑　朱　楷

出版发行　厦门大学出版社
社　　址　厦门市软件园二期望海路 39 号
邮政编码　361008
总　　机　0592-2181111　0592-2181406(传真)
营销中心　0592-2184458　0592-2181365
网　　址　http://www.xmupress.com
邮　　箱　xmup@xmupress.com
印　　刷　厦门集大印刷有限公司

开本　787 mm×1 092 mm　1/16
印张　14.75
插页　2
字数　300 千字
版次　2012 年 2 月第 1 版　2019 年 1 月第 2 版
印次　2024 年 7 月第 6 次印刷
定价　42.00 元

本书如有印装质量问题请直接寄承印厂调换

厦门大学出版社
微信二维码

厦门大学出版社
微博二维码

内容简介

本教材根据教育部颁发的《普通高等学校学生心理健康教育课程教学基本要求》(教思政厅〔2011〕5 号)文件精神,结合当前高校大学生实际,有针对性地进行编写。全书共分为十章,内容包括认识大学生的心理健康、大学生的自我意识与培养、大学生的人格发展与培养、大学生活与生涯规划、大学生学习心理的培养、大学生的情绪与培养、大学生的人际交往与培养、大学生的性心理与恋爱心理、大学生的挫折心理应对、大学生的生命教育与心理危机应对等,附录团体辅导暖身活动。同时辅以心灵书签、心的困惑、心理知识、心的迷途、心海导航、心的思索等六大模块,突出高校大学生心理健康问题的案例分析。是一部集理论性、实践性、操作性、趣味性于一身,融知识、体验、测量、训练、咨询和辅导为一体的大学生心理健康教育课程教材。特别适合于普通高校大学生的学习,对于从事心理健康教育与辅导的教学和研究者,以及大学生思想政治工作者具有较高的参考价值。

序　一

　　世界卫生组织认为,人的健康不仅仅指生理上没有疾病,也包括心理健康和社会适应良好。事实已经证明,一个大学生没有健全的心理素质和社会适应的能力,即使有强健的体魄和渊博的知识,也难以为社会做出应有的贡献。国内的有关调查表明,约 1/4 的大学生患有不同程度的心理疾病,如人际过敏、情绪困扰、焦虑抑郁、情感异常、心理变态等症。与此同时,传统的思想政治工作在新的历史条件下出现了新的困惑。如不少大学生不愿意在思想政治工作者面前推心置腹,直抒胸臆;而思想政治工作者也往往把某些心理疾病误认为思想品德问题,以致酿成不良后果。

　　近年来,大学生心理健康教育问题越来越引起人们的重视。心理健康教育的目的在于提升大学生心理素质、发掘心理潜能、提高心理健康水平、减少心理疾病发生、促进大学生全面发展,使他们将来能很好地为社会服务。这项工作能够弥补思想政治工作的不足,但是,在高等学校中开展的情况很不平衡。有些学校对大学生心理健康教育工作的意义认识不足,还没有把这项工作放到应有的重要位置上;也有些学校对新形势下大学生心理健康教育工作的任务、特点和规律等,还缺乏足够的认识和研究。党和政府十分关心这项工作,颁布了一系列政策文件。1995 年 11 月国家教委颁发的《中国普通高等学校德育大纲(试行)》明确提出,要把心理健康教育作为高等学校德育工作的重要组成部分。2001 年 3 月 16 日教育部印发了《教育部关于加强普通高等学校大学生心理健康教育工作的意见》,进一步阐明了在高校开展心理健康教育的重要性和紧迫性,确立了高校心理健康教育的主要任务和内容,以及工作原则、途径和方法。2011 年 5 月,教育部印发了《普通高等学校学生心理健康教育课程教学基本要求》,进一步明确了在高校开设大学生心理健康教育课程的意义、作用、基本内容和基本要求。因此,加强大学生心理健康教育工作是新形势下全面贯彻党的教育方针、实施素质教育的重要举措,是促进大学生全面发展的重要途径和手段,也是高等学校德育工作的重要组成部分。

　　泉州幼儿师范高等专科学校学生心理咨询中心主任苏碧洋副教授带领其咨询团队,长期从事心理健康教育与辅导的教学、咨询、干预和研究工作,积累了大量的心理健康教育方面的实践经验和研究成果。在这个基础上,根据教育部颁发的《普通高等学校学生心理健康教育课程教学基本要求》的精神,结合当前高校大学生实际,特别是女大学生实际,编写了这本《大学生心理健康教育与辅导》教材。本教材与同类教材相比,具有以下几个特点:第一,指导思想明确。本教材是根据最近教育部颁发的《普通高等学校学生心理健康教育课程教学基本要求》精神编写的,其目的是:通过学习和训练,使学生了解心理健康教育的基本知识,学会自我调节自己的心理状态,提高自身的心理素质和社会适应能力。第二,内容结构新颖。在内容方面,首先是采用了教育部最近颁布的最新课程标准要求;其次是综合了心理健康教育相关学科最新的理论和研究成果;再次是收集了大量的心理健康教育、心理咨询和心理干预的最新案例。在结构方面,突破了传统呆板的章节结构的编排方式,融入了贴近学生实际的更为灵活新颖的模块结构的编排方式。第三,实践操作性强。本教材在描述心理健康教育与辅导的基本理论的基础上,结合了大量的咨询案例、学生体验和学生自测的心理场境和测评工具,能够帮助学生更好地理解理论、感悟心理,了解自己、调节自我,提高素质,以更好地适应丰富多彩的大学生活和充满激烈竞争的社会生活。

　　本教材集理论性、实践性、操作性、趣味性于一身,是一部融知识、体验、测量、训练、咨询和辅导为一体的教科书,特别适合于大学生的学习,也适合有志于从事心理健康教育与辅导的人士学习。对于从事心理健康教育与辅导的教学和研究者,以及大学生思想政治工作者也有较高的参考价值。

万建明

2011 年 12 月

序 二

　　随着改革开放的进一步深入,以及科技的飞速发展,政治、经济、文化等各种社会价值观念都发生了前所未有的改变,人们深刻认识到人才是推动社会发展的第一生产力,培养合格的人才是教育的终极目标。当今社会正处于大变革、大流通、大分化、大融合的时代,社会的转型对大学生身心产生了极大的影响。学生在走出校门时,仅仅具有突出的专业知识和技能是不够的,还必须具备良好的心理素质,才能在不断变化的环境中承受挫折与失败,保持创新的个性和自信的品质,在激烈的竞争中保持良好的心态和合作的精神,在纷繁复杂的社会关系中处理好事业和家庭的关系。因此,心理健康教育和心理素质的培养已成为高等院校人才培养必不可少的重要环节。

　　20世纪90年代末,泉州幼儿师范高等专科学校在教育实践中积极探索心理健康教育之路。1999年学校成立心理咨询室,培养、培训心理咨询师,面向全体学生,开展心理咨询活动。学校还经常为师生举办心理健康教育讲座,尝试开设心理健康教育课程,开展心理健康教育研究等。2004年学校被评为"全国心理健康教育先进单位"。如今,学校师生员工的心理健康得到了普遍的关注,心理健康教育受到高度重视,心理健康知识得到普及,心理健康教育的影响力日益凸显。

　　经过十多年工作的探索和积累,苏碧洋老师带领教学团队,依据教育部《关于加强普通高等学校大学生心理健康教育工作的意见》,认真借鉴国内外心理健康教育专家研究的成果,结合本校多年来大学生心理健康教育的经验,编写了《大学生心理健康教育与辅导》一书。本书分为大学生的青春期心理发展、学习心理、交往心理、恋爱心理、职业生涯规划、生命教育与心理危机应对等十大章节。每个章节包含了心灵书签、心的困惑、心理知识、心的迷途、心海导航、心的思索等六个部分。

　　本书形式上较灵活多样,内容上尽量避免理论说教,力求生动活泼、通俗易懂，实用性强。通过具体案例的阐释，把理论分析与大学生心理健康对策有机结合起来。为便于每位心理咨询工作者学习和使用，每一章都附有心的思索，针对大学生所关注的热点问题予以讨论，最后还附有团体辅导的暖身活动。做到把科学性、实用性、通俗性、趣味性融为一体，努力为维护大学生的心理健康，提高大学生的心理素质，促进大学生的全面发展和健康成长，提供切实可行的心理服务与帮助。

　　我相信这是一本能缩短心与心的距离、延长爱心与真情桥梁的书。本书可作为高校对大学生进行心理健康教育的教材以及高校辅导员组织活动的指导用书，同时也可作为广大教育工作者、心理学爱好者和学生家长的参考资料。让我们将关注大学生的喜怒哀乐，培养大学生的健康心态，作为 21 世纪人才培养的重要课题，作为新时期关爱学生的一种境界。

陈雅芳

2011 年 12 月

目　　录

第一章

走进心灵的百花园

——认识大学生的心理健康

心灵书签

生活就是一面镜子,你笑,它也笑;你哭,它也哭。

心的困惑

我是大学二年级的女生,刚才我在咨询室门口徘徊了很久,最后还是鼓起勇气走进来找您。因为我害怕其他同学看到我以为我有病,但我更害怕自己有很严重的心理问题和心理疾病。自从那天基本功考试我的英语口语考试不及格后,我就一直很厌恶我的口语老师,也开始怀疑自己的能力;平时与同学交往我总想着以真心换真心,所以我经常把我的秘密跟好朋友分享,但好朋友却不愿意把她的秘密告诉我,对我总是有所保留;从小到大我一直都过得很幸福和顺利,一直都有父母和老师的关爱,但现在老师好像都不太关心我了,我感觉很失落;有时候,我看到其他同学书读得比我好,字写得比我漂亮,我就会嫉妒……老师,我一下子说了这么多问题,您会不会觉得我有病,心理很变态吗?

心理知识

随着社会的不断发展,文明程度的不断提高,心理健康、心理训练的观念已经渗入很多方面。例如,运动员、宇航员等,都有专业心理人员帮助他们更好地进行自我调整,采取有效的方法提高心理素质。对于普通大众来说,人们的意识也发生了很大变化,人们比过去更加关注自身的心理状态,有了更多探索的愿望和改善的期待,越来越多的人希望通过学习心理学知识,更好地了解自己。希望使用心理和行为训练的方式来提高生活质量,提高自己的心理健康水平。

作为心理学受益者的我们,邀请你也来到这条道路上,跟着我们一起去学习、去探索、去成长。

第一节　大学生的心理健康概述

"健康是人生的第一大财富。"随着社会的发展与进步,人们越来越关注自身的健康水平,并且把健康与幸福联结在一起,把健康与社会进步联结在一起,渴望健康这一人生最大的财富。但对于什么是健康的问题,未必人人心中都有一个清晰的答案。科学的健康观是随着社会的发展、科学技术的进步以及人类自身认识水平的深化而不断丰富和完善的。

一、健康观的演变

人们对健康概念的认识经历了如下发展历程:神灵主义模式、生物医学模式和生物、心理、社会模式。

1.神灵主义模式:健康是相对疾病而言。把疾病看作是神灵的惩罚或魔鬼的附体,只能通过祈求和驱邪来保佑健康。

2.生物医学模式:认为每一种疾病都有特殊的生物学原因,试图根据躯体过程的紊乱来解释人的健康问题。

3.生物、心理、社会模式:人除了具有生物学的属性之外,还应有丰富的心理活动和社会功能,三者之间是相互联系、相互影响的。人的本质是由生物属性、心理属性和社会属性组成的,与人的健康有关的因素也应由生物因素、心理因素和社会因素组成。外界的社会因素或个体的生物因素都必须通过个体的心理反映才能主动调节人际关系和自身的心身关系,而这两个关系的和谐程度在健康和疾病的问题上起着重要的作用。

二、科学的健康观

1948 年,世界卫生组织成立时,在其宪章中开宗明义地指出:"健康是身体上、精神上和社会适应上的完满状态或完全安宁,而不仅是没有疾病或虚弱。"1989 年,世界卫生组织深化了健康观念,认为健康包括身体健康、心理健康、社会适应良好和道德健康,并提出健康的八大标准,即"五快""三良"。

"五快":(1)食得快:胃口良好,不挑食,能快速吃完一碗饭。(2)便得快:排泄比较轻松自如。(3)睡得快:上床后能很快入睡,睡眠质量高,醒后精神饱满,头脑清晰。(4)说得快:思维敏捷,语言运用准确,表达流畅。(5)走得快:走路时脚步自如,活动灵敏。

"三良":(1)良好的个性:情绪稳定、性格温和、意志坚强、感情丰富、胸怀坦荡、豁达乐观。(2)良好的处世能力:观察问题客观实在,具有较好的自控能力,能适应繁杂的社会环境。(3)良好的人际关系:在人际交往和待人接物时,能助人为乐、与人为善,对人际关系充满热情。

三、心理健康的含义

关于心理健康的含义,目前尚无公认的统一界定。国内许多学者曾从不同的角度阐述了心理健康的定义与内涵。

《简明不列颠百科全书》对心理健康的定义是:"心理健康指个体心理的本身在环境许可范围内所能达到的最佳功能状态,不是指绝对的十全十美状态。"

第三届国际心理卫生大会(1946 年)对心理健康的定义是:"所谓心理健康,是指在身体、智能以及情感上与他人的心理健康不相矛盾的范围内,将个人心境发展成最佳的状态。"

四、心理健康的标准

心理健康的标准是什么? 目前还没有统一的定论。

(一)世界卫生组织对心理健康的标准规定了 7 条内容

1.智力正常。
2.善于协调和控制情绪,心境良好。
3.具有较强的意志品质。
4.人际关系和谐。
5.能主动地适应和改善现实环境。
6.保持人格的完整和健康。
7.心理行为符合年龄特征。

(二)大学生心理健康的标准

我们根据各方面的研究结果,结合大学生心理健康发展的特点,提出大学生心理健康的几条指标:

1.智力发展正常

智力是心理活动的认知功能表现。智力主要由注意力、观察力、记忆力、思维力和想象力组成。良好的智力水平是一个人正常生活、学习、成就事业的必备基础。虽然智力发展优秀者不一定拥有健康的心理,但如果智力发展水平低下,将毫无心理健康可言。因此,心理健康的大学生应该具有正常的智力。

2.情绪积极稳定

心理健康的大学生,应该经常保持开朗乐观的心境,愉快、满意等积极情绪状态占优势,虽然他们有时也会有悲伤、忧愁等消极情绪,但一般不会长久。同时,他们的情绪能随客观事物对象的变化而产生合理的变化,能根据不同的场合适当地控制和表达自己的情绪。

3.自我评价正确

心理健康的大学生对自己有基本的了解,能做正确的自我评价。不仅知道自己的弱点、缺点和局限,而且知道自己的优点、长处和发展潜质;对自己持肯定态度且有信心,有良好的自我形象,自尊、自爱、自信;对自己的未来抱有切合实际的希望。

4.意志健全

意志是有意识地确立目的,调节和支配行动,并通过克服困难和挫折,实现预定目的的心理过程。意志健全者能坚韧不拔,持之以恒,克服困难,排除干扰,行动时能表现出较高的自觉性、果断性、坚韧性、自制性,以实现预定目标;意志不健全者在行动时缺乏主动性,优柔寡断,轻率鲁莽,害怕困难,顽固执拗,易受暗示,并常常更换预定目标,一曝十寒。

5.人际关系和谐

乐于与人交往,能充分认识到人与人交往的重要性,富有同情心,对人友善;能理解、悦纳他人;能采取恰当的方式与人交往;人际关系和谐。

6.对环境有良好的适应能力

在某种意义上说,心理是适应环境的工具。心理健康的大学生能根据环境的变化调整自己,积极地适应环境变化;能面对自己的成长变化,学习调整自己;遇到失败和挫折,不过分焦虑不安和颓废丧气,具有一定的挫折容忍力。

(三)正确理解心理健康的标准

1.心理健康的状态不是固定不变的,而是一个动态变化的过程。

2.心理不健康与有不健康的心理和行为表现不能等同。心理不健康是指一种持续一定时期的不良状态,偶尔出现一些不健康的心理和行为并不等于心理不健康,更不等于已患心理疾病。

3.心理健康的标准为我们提供了一个理想尺度。

五、大学生心理发展的特点

(一)大学生心理发展的阶段特点

大学生在校期间的学习生活可以划分为三个阶段,即入学适应阶段、稳定发展阶段和准备就业阶段。在这三个阶段中,其心理状况是不同的。

1.入学适应阶段。新生进入大学,从高考成功的喜悦中走出来,面对的是从中学生活到大学生活的一系列急剧转折。生活环境变了,生活条件变了,人际关系变了,学习方式变了,这些变化使他们感到很陌生,适应不过来。他们原有的、习惯了的心理结构被打乱了,心理定势被破坏了。在这一陌生的环境中,只有努力去适应新的环境,建立新的心理结构,才能实现新的心理平衡。

入学适应阶段是整个大学时期最困难的时期。适应不好,会影响到整个大学时期的学习生活。适应期的长短因人而异,适应能力强的人所需时间少一些。一般来说,大约要一个学期。如果一个学年还适应不了大学的学习、生活等,就说明其心理健康可能有了问题。

2.稳定发展阶段。这是大学生活全面深化和发展的阶段。学生基本适应了大学的生活,新的心理平衡已初步建立起来。这一阶段是大学生活最主要、最长久的阶段,基本上要持续到大学毕业前夕。

在这一阶段,大学生会遇到许多新问题、新情况,要求他们做出抉择和回答。大学生极强的可塑性在这一阶段得到充分的展示,每个人都按自身独特的方式塑造着自己。他们可能会遇到许多锻炼提高的机会,可能会有克服困难获得成功的喜悦,也可能因遇到困难、苦恼而难以自拔。然而,多数大学生正是经过了种种磨炼成长起来的。

3.准备就业阶段。这个阶段是大学生从学生生活向职业生活过渡的阶段。面对又一次环境变迁、角色变化,大学生心理上又起波澜。不过,此时的大学生已接受了严格的专业训练和独特的校园生活的陶冶,自主感较强,自我意识也有了很大的提高,对未来的生活道路产生种种设想。这些设想多数与现实有一定距离,大学生在此阶段必须开始做走向社会的心理准备。进一步深入地了解社会,把握好自己在生活中的位置,是所有大学生面临的任务。在决定毕业后的去向时,每个大学生的心理负担、心理冲突是不会少的。这个阶段往往是对大学生各方面素质进行综合考验的阶段,同时又是进一步促进大学生心理成熟的阶段。

（二）大学生心理发展的一般特点

1.自我意识的增强与认知能力发展的不协调

自我意识是个体对作为一个整体的自己的意识和体验相对稳定的观念系统,具有复杂的心理结构,是一个多维度、多层次的心理系统。自我意识从童年时期就开始产生并逐步发展,青少年时期是自我意识发展最快的时期,它使一个人能反省自身,明确自身存在感,使人的心理内容变得丰富。大学生渴望全面、深入地了解自己,关心自己的心理发展,关心别人眼里的"自己",更关心理想中的"自己",他们对自己的未来充满了希望,对"理想我"的期望也很高。但由于大学生的社会经验不足,生活阅历较浅,他们不能准确地认识自己,评价自己,往往是自我理想、自我发展等方面标准高,而在自我控制、自我约束、自我监督等方面欠缺,造成许多矛盾与冲突。

2.情感丰富而不稳定

大学生是一群正在成长的青年,是一个极其敏感的群体,其内心体验极其细腻微妙。他们往往对与自身有关的事物体察得细致入微。随着文化层次的提高和生活空间的扩大,他们的思维空间急剧延伸,必然导致其情感越来越丰富和深刻。由于大学生心理内部的需要结构发生了变化,大学生的追求有其独特性,而他们的价值观念尚不稳定,时常处于波动、迷惘、抉择之中,其心理成熟又落后于生理成熟,因而大学生的情感是不稳定的,情绪变化起伏大,易受周围环境变化的影响,心境变化快。学业、生活、人际关系等变化,都会引起他们的情绪波动,容易偏激、冲动,情绪冲突也较多。

3.意志品质不断发展

大学生在完成学习任务和其他实践活动中发展了各种优良的意志品质。首先,大学生的意志行动具有比较明显的目的性。他们在行动时能够意识到自己行为的目的,并自觉地进行有意志的行动。其次,大学生克服困难的毅力不断增强。他们大多数能够克服来自内部和外部的障碍,以顽强的意志力与持之以恒的态度战胜困难。再次,大学生意志行动的社会性不断提高。随着大学生的社会化不断深入,他们的生活准则和生活目标更多地倾向于社会的需要和要求,更多地与社会目标结合起来,形成意志行动明显的社会性倾向。

4.性意识的发展

大学生正处于青年中期,生理发育已基本完成,所以性意识的明朗化与进一步发展都是正常的。而且大学校园环境的宽松与自由,为大学生提供了与同龄异性接触的充分机会,因而性意识的发展以及与之相伴而来的恋爱问题是大学生心理发展过程中的一个重要内容。一方面,性意识的发展带来强烈的按照性别特征来塑造个性和形象的精神向往;另一方面,性意识的发展也带来了对异性的倾慕与追求。但是这种愿望与大学生不善于处理异性之间的关系,或者与其经济地位和心理成熟度相冲突,从而带来一定的焦虑、困惑与烦恼。

5.智力发展达到高峰

大学生一般思维敏捷,接受能力强,通过专业训练、系统学习,抽象逻辑思维能力得到充分发展,智力水平大大提高,分析问题、解决问题的能力增强。其智力层次含有较多的社会性和理论色彩,这一显著特点使大学生心理活动的内容得到极大地丰富。

6.社会需求迫切

为了接受系统、严格的专业训练,大学生在校园里的生活期限比同龄人长,这使他们与社会有一定距离。正因为如此,他们渴望加入社会的愿望更为迫切。在校园里,他们关注着社会,评判着各种社会现象,并希望自己能加入进去,按照自己的意愿改变各种令人不满的社会现象,用自己的专业知识服务社会,体现自己的力量,实现自身的价值。这种迫切的社会需求与大学生正在形成的价值观相互作用,是他们将来走向社会的重要心理依据。这一心理特点支配、指导着大学生的学习态度,对其大学时代的生活质量产生重要的影响。

7.行为符合年龄特征

行为是否符合年龄特征是观察大学生心理是否健康的鲜明的外在表现。心理健康的大学生应该具备精力充沛、勤学好问、反应敏捷、喜欢探索等特征。过于老成、过于幼稚、过于依赖以及严重偏离自己所处的年龄阶段和角色要求,均应视为心理异常的表现。

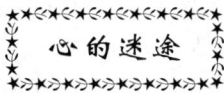

★☆★☆★☆★☆★☆★☆★
☆　心的迷途　☆
★☆★☆★☆★☆★☆★☆★

第二节　大学生的心理健康问题及成因

一、大学生常见的心理健康问题

根据全国各地对大学生心理健康状况的测评和我们的调查研究,我们认为,多数大学生的心理健康状况总体是良好的。他们有着较高的智力水平、强烈的求知欲；有着较稳定的情绪，乐观自信；有着较健全的意志，果断顽强；有着较完善的自我意识，客观公正；有着较和谐的人际关系，适应良好；他们人格完整统一，积极进取。但是由于各种的原因，还是有相当数量的大学生的心理健康状况不容乐观，存在着不同程度的心理问题和心理障碍。

（一）与环境适应有关的心理问题

许多大学生在家是"特保儿"，因而当他们第一次离开故乡和父母来到一个相对陌生的环境，面对陌生的人群，开始自己的独立生活，这会给他们造成不同程度的环境应激。当这种应激超过限度，他们就会出现食欲不振、失眠、焦虑、注意力不集中等心理问题。个别严重者则不能坚持学习而要求休学或退学，更为极端者甚至会走上自杀的不归路。

（二）与学习有关的心理问题

大学的学习目标、教学方式、学习方法与中学相比有巨大的差别。大学生的学习成绩不再是衡量一切的唯一标准，大学教师也不像中学老师那样亦步亦趋地督促学生学习，大学生的学习更强调自主性和独立性。一些大学生面对这样的变化无所适从，被动应付，产生很大的学习压力和心理困惑，甚至出现考试焦虑、头痛、失眠、注意力不集中、记忆力下降、学习效率低等症状。另外，一些大学生对所考取的学校不满意，对所学专业不感兴趣，由此导致缺乏学习动力、学习兴趣和学习目标，厌学心理严重。

（三）与人际交往有关的心理问题

人际交往是大学生活的一项重要活动，也是大学生丰富自己的生活和提高自身素质的重要途径。同时，良好的人际关系是维持心理健康的重要条件。因此，人际关系的不适和困惑成了目前大学生心理咨询的首要问题。一般来说，大学中的人际关系要比中学的人际关系复杂得多，如宿舍舍友关系、班级同学关系、师生关系、同乡关系、亲子关系、恋人关系等。这就要求大学生具备基本的人际交往技巧来维系这些复杂的关系，但许多大学生因为这样或那样的原因而没有处理好这些关系，由此产生人际冲突或因害怕交往而孤独自闭，进而抱怨知己难觅，真正的友谊难寻。

（四）与恋爱和性有关的心理问题

伴随着生理、心理的逐渐成熟，大学生性心理也有了较大的发展，产生性的欲望和冲动，有了强烈的结交异性的愿望。一般情况下，大学生通过学习、工作、文体活动和正常的社会交往活动，可以使自己的生理能量得到正常的释放，从而抑制生理活动,保持生理心理平衡。但有一部分大学生对性健康和性缺乏科学的认识,性心理方面缺乏良好的卫生知识和习惯,因而导致恋爱和性心理的困扰,如因单相思而自困、因热恋影响学业而烦恼、因失恋而委靡、因多角恋而难以自拔、因热恋中的性欲冲动导致意外怀孕而手足无措等。

(五)与自我认识有关的心理问题

大学生正处于自我意识迅猛发展的时期,但由于难以协调理想自我与现实自我的矛盾,很多时候他们不能对自己做出正确的认识和评价。他们经常因为只看到自己的不足之处而表现出强烈的自卑感与失落感;或者只看到自己的长处而表现出过分的自以为是与目空一切,由此产生一系列的心理问题。

(六)与就业有关的心理问题

就业是即将毕业的大学生最为关心和忧虑的问题。许多大学生把职业方向的选择与个人成长相联系,更多地从自身的发展和完善方面考虑。他们希望找到一份满意的工作,以便学以致用,充分发挥自己的特长;同时,他们又对工作报酬的高低、岗位和地区是否理想、自己家庭和恋人关系能否得到照顾等感到忧虑。因此,在临近毕业之际,他们往往具有情绪不安、思想不稳的特点,加上他们尚未完全具备成年人的稳定思想状态,所以在这一阶段往往会发生大的思想波动,甚至会出现意料不到的问题。

二、大学生心理健康问题的成因分析

影响大学生心理健康的因素是多方面的,既有社会、学校、家庭的外在因素,也有个体自身的内在因素。大学生的心理健康问题是诸多因素共同作用的结果。

(一)社会大变革的冲击

社会在加速发展,生活在日新月异地变化。随着我国进一步对外开放、科学技术的不断进步,以及经济全球化时代的到来,人们的生活节奏不断加快。这些也同时深刻地影响到人们的思想、观念、心理和行为。人们面临传统观念的变革、价值体系坐标的选择、新的生活方式的适应等问题。这对人们来说是一种心理上的考验。比起人的生理疲劳,现代人需要承受更多的心理疲劳。著名社会学家费孝通教授曾经指出:"我国当前正处于一个大变革时期,这个变革包括几千年沿袭下来的文化、观念的变革,因此人群中不可避免地会出现因适应不良而产生的各种心理障碍。"

美国精神分析学家卡伦·霍妮(Karen Horney)认为:"许多心理变态是由于对环境的不良适应而引起的。"大学生是社会上最活跃、最敏感的人群,他们常常最先敏锐地感觉到变化和冲击,又由于他们正处在人格和观念的形成期,生理和心理在迅速变化,处于成熟与不成熟之间,因而这些变化在他们的心灵中引起的冲击也最为明显、强烈和动荡。一方面,他们欢迎这种变化;另一方面,他们又对某些变化感到迷惑不解,难以适应。

现代社会中,大学生面临的挑战很多,心理上存在着多方面的压力源:一是来自社会责任的压力;二是来自生活本身的压力;三是来自竞争的压力;四是来自整个社会不断加快的节奏所带来的压力,它迫使大学生加快步伐。越是敏感、进取心强的大学生,这种压力感就越明显。如果这种压力感过于沉重,就会出现心理障碍。

(二)学校生活中的消极因素

大学是大学生日日夜夜生活的场所,学校生活中的某些因素对大学生心理健康的影响是直接而深刻的。对大学生心理健康不利的因素主要表现在以下几个方面:

一是人际关系的复杂。处于这一时期的大学生本来就有一种闭锁性的心理特征,但同时也渴望与他人交往和沟通。然而,他们中不少人缺乏与人交往应有的勇气和方法,加之个性等原因,从而影响到他们与同学的相处。大学生的孤独感、寂寞感的形成既有其年龄特点的因素,更有人际交往不良的因素。我国已故心理学家丁瓒教授曾指出:"人类的心理适应最主要的就是对人际关系的适应。所以人类的心理病态主要是由人际关系的失调而来。"

二是学习生活的紧张。许多大学生常常为自己的学习成绩担心、不安,时时感到学习的压力。这种紧张和压力一方面来自繁重的学习任务、较多的学时以及考试,另一方面来自同学之间的竞争以及社会责任感等。适度的紧张和压力对于一个人的成才是必要的,但如果这种感觉超过一定的限度,成为一种心理负担,效果就会适得其反。

三是业余生活的单调。缺乏足够的娱乐场所、活动器具、娱乐形式和活动的技艺等,常使不少大学生感到大学生活单调、沉闷。这一年龄阶段正是大学生长知识长身体,喜动好玩,情感丰富热烈的时期,单调的大学生活会使人压抑、烦躁、兴趣减少,生活缺乏乐趣,减少了情绪宣泄和升华的场所、途径。

四是心理素质教育的缺乏。在较长的一段时间里,学校教育重智育轻德育、体育、美育、劳动教育;即使在智育中,也偏重分数而忽视能力,偏重于智力因素而忽视非智力因素。这些都影响了人的全面发展。学校教育还没有把培养学生的心理素质作为一项必不可少的重要任务来给予足够的重视。因此,无论是在大学里,还是走向社会后,大学生的困难最集中反映在心理上不能适应。

(三)家庭因素的影响

大学阶段家庭对学生的影响虽然有所削弱,但由于仍然存在血缘上的关系、经济上的联系、感情上的维系,因而家庭的风风雨雨都会牵动大学生的心绪。

心理学研究表明，家庭环境对人的一生都会产生重大的影响。家庭因素包括家庭结构、家庭人际关系、父母人格特征、父母教养方式等。

家庭结构不健全，如单亲家庭、离异家庭，往往会影响儿童心理的正常发展，使儿童产生冷漠、孤僻、懦弱、早熟、自卑和仇视心理；家庭人际关系冲突，如父母关系紧张，经常吵架，则会使儿童形成胆小、敏感和忧郁的个性。

父母的人格特征和教养方式对儿童人格的发展影响更大。一般来说，民主型的教养方式会使儿童形成热情、诚实、自信、大方和宽容的良好个性；放任型的教养方式会使儿童形成任性、散漫、无纪律和顽皮的个性；专制型的教养方式会使儿童形成冷漠、盲从、懦弱、胆怯、不灵活和缺乏自信的个性；溺爱型的教养方式会使儿童形成自私、依赖、任性、骄横和情绪不稳定的个性。在大学生的各种心理问题中，常常可以看到家庭影响的痕迹。

另外，家庭贫困所带来的经济压力，也是导致大学生自卑、自我封闭、孤僻等问题的重要因素。研究发现，贫困生的心理问题相对较多。

（四）个体自身因素

个体自身因素是影响和制约大学生心理健康的主要原因。主要包括以下几点：

1.自我认识的危机。大学阶段正是大学生解决"自我同一性"危机的时期。大学生不断地反省自我和人生，思索着自己、社会以及两者之间的关系。在确定"自我同一性"过程中，大学生会经历种种心理矛盾和冲突，情感起伏大，容易诱发一些心理问题。

2.情绪稳定性差。大学生正处于情绪发展最丰富、最敏感、最动荡的时期。大学生情绪表现的两极性、冲动性、矛盾性的特点，使他们在遭受挫折时，往往会产生种种不良的情绪反应，情绪容易冲突失控，导致不良后果。

3.个性发展缺陷。同样的环境，同样的挫折，不同的个体有着不同的反应模式，这与人的个性直接相关。有些大学生存在不良性格，如自卑、怯懦、孤僻、冷漠、固执、急躁、鲁莽、虚荣、任性、忧郁、自私等，还有的大学生存在人格缺陷，如偏执型人格、强迫型人格等。这些个性缺陷都是有碍心理健康的，而其中有些缺陷本身就是心理障碍的典型表现。

4.人生观模糊。大学生正处于人生观逐步确立的阶段，他们面临着多元价值体系的选择，加之某些社会思潮的影响，从而使得他们人生观的确立变得困难而复杂，动荡不定。而人生观的模糊往往会影响大学生对事物的评价，使得他们在遇到困难、挫折时产生情感波动，不能正确对待，尤其那些错误的人生观甚至会限制了他们的视野，使他们容易被心灵的创伤所淹没。

5.心理承受能力较差。有人称当代的大学生是"草莓"一族，外面光鲜而内心脆弱。近几年来，高等院校独生子女多，父母过度的保护和溺爱，使他们丧失了许多锻炼心理承受能力的机会。为了在激烈的高考竞争中取胜，书本学习几乎成了他们唯一的生活方式，缺乏必要的生活经验的积累。当这些心理脆弱、缺乏挫折承受力的独生子女进入大学，独立地面对生活时，在学习、生活、交友、恋爱、择业等方面小小挫折足以使他们中的一些难以承受，以致出现心理问题。

由于大学生正处于人生发展的特殊时期，产生一些心理问题是正常的，不可避免的。因此，培养大学生良好的心理素质，帮助大学生塑造健全的人格，促使大学生身心健康和谐地发展，是大学生心理健康教育的首要任务。

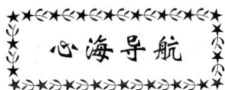

心海导航

第三节　大学生心理健康的维护

大学生的心理健康状况，小而言之关系到大学生本人的生活、学习、工作、身心健康和全面发展，大而言之关系到民族的素质和祖国的建设。因此，增进大学生的心理健康，应成为每个大学生努力的方向，成为全社会关注的问题，成为高等教育的重要目标。

一、维护方法

增进大学生心理健康的途径包括学校的外部支持和大学生自身内部的自我调适。这两方面的相辅相成、相互促进，才能最终促进大学生心理的健康发展。

(一)学校外部的心理支持

1.在学校教师、干部、医务人员中普及心理卫生知识

一方面，每个教育、医务工作者都有维护和促进自身心理健康的任务；另一方面，他们的心理行为会潜移默化地影响学生。教师、学生工作干部缺乏健全的人格、稳定的情绪，奖罚无度，冷淡严厉，喜怒无常，就容易引起学生的情绪困扰、适应不良，甚至造成心理障碍。从心理健康的角度说，教育者的人格和心理健康状况，比起他的专业学科知识和教育方法更为重要。营造学校心理健康教育环境的重要条件是要有心理健康的教育者。

2.加强大学生心理健康教学和宣传

要开设心理健康必修课、选修课、专题讲座，系统地对大学生进行心理健康教育，

并通过多种渠道进行心理健康知识宣传、普及,提高大学生的心理保健意识和技术。在学校心理健康教育工作中,心理健康宣传、普及工作应始终放在首位。

3.建立、健全学校心理健康教育、心理咨询机构

实践证明,这类机构在维护和增进学生心理健康、促进学生全面发展方面产生着越来越大的影响,被誉为学生心理健康的"守护神"。

（二）大学生内部的自我调适

毛泽东说:"外因只是变化的条件,内因才是变化的根据。"除了学校外部的心理支持,大学生也应从自身内部学会心理的自我调适,让自己每天都带着好心情投入紧张而忙碌的学习生活中。毕竟"人生之事不如意十之八九",学校学习环境中的很多事情又岂能尽如人意?

1.学会接受现实

能否面对现实、接受现实是衡量心理健康与否的一个客观标准。心理健康者总是能与现实保持良好的接触。因此,大学生在面对暂时无法改变的客观现实时,应学会接受现实,同时努力挖掘现实环境中美好的一面并主动去适应它。

2.学会坚强面对

痛苦是成长道路必经的风雨,面对成长中的痛苦,要学会坚强,坚信阳光总在风雨后。绝大多数大学生入学是为了掌握专业知识和技术,提高自己的教养水平,因此,他们对专业的学习是热情的、渴望的。然而,要适应从依赖走向独立的学习,这其中会有很多的痛苦和无助,大学生应学会坚强地面对,积极主动地探索一些好的学习方法,养成发现问题、思考问题、研究问题和解决问题的习惯,依靠自身的力量尽快地适应新的学习生活。

3.学会正确评价

自信是支撑人的重要的精神支柱,能正确认识自己、悦纳自己、自信、自尊,这是心理健康的重要表现。因此,大学生应学会正确评价自己,既看到自己的长处也正视自己的短处,既不妄自尊大也不妄自菲薄,不断增强自身角色身份的认同感和自信心。

4.学会换位思考

尊重、信任、友爱、宽容、理解、分享、接受是良好人际交往的关键。在世界上,每一个人都是唯一的,都有自己独特的个性。因此,大学生在人际交往中应学会换位思考,将心比心,相互包容,相互理解,打破"自我中心"的思维定势,与人为善,善与人处,学习处理同学间的人际关系,消除彼此的距离感和陌生感,从而增强安全感和归属感。

5.学会主动求助

在维护和促进心理健康中,大学生除了应重视个体自我调节,还应积极取得家庭、学校和社会的支持,争取亲朋好友的帮助,尤其是当心理负荷比较重,自己又不易调节时,及时主动地向心理咨询机构寻求帮助是明智的选择。

心理咨询正逐渐被人们所熟悉和接受。但有的大学生由于缺乏对心理咨询的充分了解和认识,在遇到心理问题而自身又无法解决时,总是宁愿忍受心理的煎熬,也不愿意主动向心理咨询机构求助,因为他们害怕被别人误认为是精神病,害怕自己的隐私被别人知道等。其实,这是对心理咨询的误解。为此,我们这里对心理咨询做一些介绍。

(1)心理咨询的定义

由受过专门训练的咨询者,运用心理学理论与技术,通过语言及非语言的交流,给来访者以帮助、启发和教育,使来访者改变其认识、情感和态度,解决其在生活、学习、工作等方面出现的问题,促进来访者人格的发展和社会适应能力的改善。

心理咨询分障碍性咨询和发展性咨询。前者偏重于心理门诊,是对有一定程度的心理障碍、心理疾病以及心身疾病患者的咨询;后者偏重于心理保健、情绪调节、潜能开发,即对来访者在学习、工作、生活等方面遇到的心理问题提供帮助,指导来访者更好地认识自己、发展自己,提高社会适应能力。

(2)高校心理咨询的对象

①心理健康的学生。通过心理辅导让学生学会正确认识自我,有效开发自身潜能,优化人格;或通过心理咨询分析学生在成长中遇到的烦恼,共同寻找对策,提高其适应能力。

②心理偏常的学生。这一部分学生占少数。他们由于种种原因在认知、情感、意志、行为方面存在着某些障碍,通过心理咨询和心理治疗使他们的心理问题得到缓解或消失,恢复常态。

(3)高校心理咨询的过程

一般来说,心理咨询是通过以下机制对来访者产生影响的:

其一,宣泄疏导来访者的感情而缓解其情绪压力;

其二,鼓励来访者倾诉内心痛苦并进行针对性的指导;

其三,探寻来访者问题的根源并使之领悟;

其四,协助来访者改进认知方式;

其五,借助于教授和训练使来访者建立健康、有效的行为习惯和适应方式;

其六,帮助来访者排除心理障碍,促进自然复愈与成长。

心理咨询是一个助人自助的过程,这一过程具有一系列的特点,包括:

①双向性。咨询过程是咨询师与来访者互相作用、互相配合的过程,并最终通过来访者起作用。因此,建立良好的咨访关系是心理咨询的第一步。

②多端性。人的心理是由知、情、意、行几个方面构成,并且相互影响。咨询时可视情况选择其中之一作为突破口,或转变认知,或调整情绪,或训练行为。

③社会性。人的心理行为受到家庭、学校、社会诸方面的影响,为此,咨询师应充分考虑到这一特征,在探讨原因时需全方位地思考,在干预措施上争取多方面的配合。

④渐进性。咨询的过程是循序渐进、由浅入深的过程,因此,咨询师和来访者不可操之过急。特别是其中一些心理问题已"冰冻三尺",解决起来也非"一日之功"。

⑤反复性。新的观念、行为是在与旧的观念、行为的反复较量中逐渐形成的,这是一个艰苦、曲折的过程,其间会有反复,这是正常的。对此,来访者应有信心,而咨询师应重视巩固咨询的效果。

(4)高校心理咨询的原则

①保密性原则。未经来访者同意,咨询师不能向任何人和机构透露来访者的咨询信息,咨询师必须对来访者的谈话内容予以保密,来访者的名誉和隐私权应受到道义上的维护和法律上的保障。

②信赖性原则。在心理咨询过程中,咨询师应从尊重信任的立场出发,努力和来访者建立起朋友式的信赖关系,以确保咨询工作顺利进行,取得圆满的咨询结果。

③整体性原则。在咨询过程中,咨询师要有整体观念,对来访者的心理问题做到全面考察、系统分析,既要重视心理活动诸要素的内在联系,又要考虑心理、生理及社会因素的相互制约和影响,以使咨询工作准确有效,防止或克服咨询工作中的片面性。

④发展性原则。在咨询过程中,咨询师要以发展变化的观点看待来访者的问题,不仅要在问题的分析和本质的把握中善于用发展的眼光做动态考察,而且在对问题的解决和咨询结果的预测上也要具有发展的观点。

⑤艺术性原则。咨询师在咨询过程中要通晓咨询的理论和技巧,善于运用言语表达、情感交流和教育手段促进求询者的思想转化和行为改变,以如期实现咨询的目标。

⑥坚持性原则。在咨询过程中,咨询师要引导来访者充分认识解决心理问题的艰巨性、复杂性,特别要对心理障碍的矫治问题树立坚持不懈、不怕反复的信念,这样才有利于咨询或治疗效果的巩固与提高。

(5)高校心理咨询的常见方式

当前,学校心理咨询的形式多种多样,一般情况下,有个别心理咨询、电话心理咨询、信函心理咨询、现场心理咨询、团体心理咨询、QQ 在线咨询等。

①个别心理咨询。它是指咨询师与求助者建立一对一的关系。咨询活动与求助者所处的社会、集体及家庭无直接关系。在内容上,着重帮助求助者解决个人的心理问题。

②电话心理咨询。它是指通过电话交谈实现心理咨询。这是一种方便、迅速、及时的心理咨询方式。由于求助者与咨询师不是面对面,求助者没有什么顾虑,可以尽情倾诉心理问题。因此,电话心理咨询有其独特的优势。

③信函心理咨询。因为有难以启齿的心理问题或不愿用语言表达或不愿暴露身份的求助者,可以采用信函的形式向心理咨询机构反映自己的心理问题,以求解答。信函心理咨询由于不是直接交谈,咨询师很难深入了解全面情况,把握不住问题的实质,且书信往来费时,往往是"远水不解近渴"。因此,这种咨询方式对解决比较复杂的心理问题效果不理想。

④现场心理咨询。咨询师深入班级、宿舍或学校广场等,对求助者进行集体的或个别的心理咨询和指导。

⑤团体心理咨询。团体心理咨询是在团体情境中,向求助者们提供心理帮助和指导。它是通过团体内人际交互作用,促使个体在交往中观察、学习、体验,认识自我、探讨自我、调整和改善与他人的交往、学习新的态度与行为模式,以促进个人的发展、良好的生活适应的助人过程。

⑥QQ 在线咨询。咨询师通过 QQ 为求助者提供心理咨询。

世界卫生组织原总干事马勒(Halfdan T.Mahler)曾一针见血地指出:"我们必须认识到健康并不代表一切,但如果失去健康也就失去一切。"同样,我们也可以说:"心理健康并不代表一切,但如果失去心理健康也就失去一切。"

学校心理健康教育的口号是:人人参与心理健康,最终人人达到心理健康。

二、心的体验

(一)心理自测

你需要心理帮助吗?

[指导语]本测验将帮助你了解和判断自己目前的心理状态。请对下列问题做出最符合你的情况的选择。A 表示一直或大部分时间如此;B 表示时常如此;C 表示偶尔如此;D 表示很少或从不如此。

1.在新的环境中,例如求职面谈或在陌生人众多的场合,你是否担心会遭遇难堪或不顺利的事?　　　　　　　　　　　　　　　　　　　　　　　　(　　)

2.有人请你做你不愿意做的事情,例如替朋友看孩子或加班,你想拒绝,能说得出口吗?　　　　　　　　　　　　　　　　　　　　　　　　(　　)

3.你是否会勃然大怒后感到那件事其实不值得那样生气？（　　）

4.你和朋友在一起时,例如挑选餐厅或电影,你能使他们听从你的建议吗？
（　　）

5.在做决定时,你是否会感到困难？（　　）

6.在宴会中,你是否会孤单地站在一旁？（　　）

7.你做日常的活动或家务时是否征求别人的意见或需要别人的鼓励？（　　）

8.别人占你的便宜时,例如有人插队排在你面前,你能否表示不快？（　　）

9.你是否满意与你关系最密切的人？（　　）

10.在求职面谈或参加宴会之前,你是否需要喝杯酒或服镇静剂？（　　）

11.你是否对自己不能控制的习惯(如吸烟或吃得太多)感到忧虑？（　　）

12.你是否有时(如在听收音机或待在狭小的地方时)会有无法控制的恐惧甚至吓得不能动弹？（　　）

13.你出门后,是否必须再回来看看房门可曾锁好、炉子可曾熄灭及诸如此类的事？
（　　）

14.你是否需要一个多小时才能入睡,或醒得比你希望的早一个多小时？（　　）

15.你是否非常关心清洁,或怕被你接触的东西弄脏了,或怕弄脏了你所接触的东西？（　　）

16.你是否觉得前途无望,曾想过伤害自己或自杀？（　　）

17.你是否能看到、听到或感到别人觉察不到的东西？（　　）

18.你是否认为自己有高超的能力,或认为别人用高超的能力来对付你？（　　）

19.你是否有不明原因的恐惧感？（　　）

[结果解释]首先,我们要知道,本测验的这些问题是不能以"对"或"错"来回答的,每个人都时常会为小事发脾气,即使对关系最亲密的人有时也会感到不满,但在通常情况下,适应良好的人多半会对本测验的题目做如下回答:

1.C或D,2.A或B,3.C或D,4.B或C,5.C或D,6.C或D,7.C或D,8.A或B,9.A或B,10.C或D,11.C或D,12.C或D,13.C或D,14.C或D,15.C或D,16.D,17.D,18.D,19.D。

问题1～10:评估你能把感情表达到什么程度以及你的自信心如何。如果你大部分答案与上述答案不同,那只是表明你在表达感情上有问题,或对自己缺乏信心。你可以针对自己的问题采取适当措施进行自我调整和改善。

问题11～13:这里所提到的行为通常都与情绪问题有关。如果你的大部分答案与上述不同,并觉得你的问题已干扰了你的日常生活,最好去找心理咨询专家,听听他们的意见。

问题14～19:这里所提及的行为可能是严重情绪问题的早期信号。如果你的答案与上述不同,你应该立即去请教专家。若需要治疗,就应及早,这样效果会更好些。

[说明]类似的心理测试很多,但测试结果仅供参考,心理测试不是心理健康的唯一标准,心理测试结果应由专家再分析。因为心理测试是以心理健康社会常模为标准测试,心理测试的常模标准是动态的。当事人在心理测试的时候是一种心态,测试以后可能又是一种心态。还有心理测试题是否恰当,是否有暗示性,当事人对心理测试的态度,测试答案怎么分析等都是影响心理测试的因素。所以,其结果并不具有决定性,因而不必有心理负担,同时希望大家重视自己的心理状况,积极主动联系心理辅导老师,更好地促进自身的成长和发展。

(二)团体活动

信任之旅——盲人与拐杖

活动目标:

协助成员了解助人与受助的感受,以便在生活中主动助人和求助,同时也增加对他人的信任与接纳。

活动准备:

指导者事先要选择好盲行路线,最好道路不要是坦途,要有障碍,如上楼、下坡、拐弯,室内室外结合。每人准备蒙眼睛用的毛巾或头巾。

活动过程:

1.引发动机。指导者说:"平时我们常常说助人为乐,受助是福。今天我们将通过盲人走路的活动来体会和感受助人与受助的过程。"

2.扮演。指导者说:"请大家站成一圈1、2报数。1号向前一步,当盲人;2号当拐杖。盲人请蒙上眼睛,原地转三圈,停住,体会一下内心的感受;拐杖上去选择一位盲人,协助他沿着指导者选定的路线,带领盲人绕室内外走完全程。"其间不能讲话,只能用动作(如搀扶)、声音(如跺脚)、辅助(摸摸手或墙)等方式协助盲人。

3.分享。先两人一组交流,盲人分享:"当你眼睛什么都看不到时,你内心的感受","这种情景让你想到生活中的什么","你对拐杖满意吗,哪些地方满意,哪些地方不满意","通过这个活动你有哪些感受、发现和体会"。

拐杖分享:"你是怎样理解盲人眼睛看不见时的感受","你采用了什么方法帮助他","你对自己的帮助行为满意吗","这个活动给你哪些启发"等。然后团体围成圈,大家一起分享活动的感受。

4.角色交换。盲人与拐杖互换角色,重新体验与分享,要求同前。

5.总结。团体指导者总结概括成员的讨论,与现实生活联系,提升活动中的收获。

三、心灵鸡汤

佛和蜘蛛的对话

从前,有一座圆音寺,每天都有许多人上香拜佛,香火很旺。在圆音寺庙前的横梁上有只蜘蛛结了张网,由于每天都受到香火和虔诚的祭拜的熏陶,蛛蛛便有了佛性。经过了一千多年的修炼,蛛蛛的佛性增加了不少。

有一天,佛祖光临了圆音寺,看见这里香火甚旺,十分高兴。他离开寺庙的时候,不经意地抬头,看见了横梁上的蜘蛛。佛祖停下来,问这只蜘蛛:"你我相见总算是有缘,我来问你个问题,看你修炼了这一千多年,有什么真知灼见。怎么样?"蜘蛛很高兴,连忙答应了。佛祖问道:"世间什么才是最珍贵的?"蜘蛛想了想,回答道:"世间最珍贵的是'得不到'和'已失去'。"佛祖点了点头,离开了。

又过了一千年的光景,蜘蛛依旧在圆音寺的横梁上修炼,它的佛性大增。一日,佛祖又来到寺前,对蜘蛛说:"你可还好? 一千年前的那个问题,你可有什么更深刻的认识?"蜘蛛说:"我觉得世间最珍贵的是'得不到'和'已失去'。"佛祖说:"你再好好想想,我会再来找你的。"

又过了一千年,有一天,刮起了大风,风将一滴甘露吹到了蜘蛛网上。蜘蛛望着甘露,见它晶莹透亮,很漂亮,顿生喜爱之意。蜘蛛每天看着甘露很开心,它觉得这是三千年来最开心的时光。突然,又刮起了一阵大风,将甘露吹走了。蜘蛛一下子觉得失去了什么,感到很寂寞和难过。这时佛祖又来了,问蜘蛛:"这一千年,你可好好想过这个问题:世间什么才是最珍贵的?"蜘蛛想到了甘露,对佛祖说:"世间最珍贵的是'得不到'和'已失去'。"佛祖说:"好,既然你有这样的认识,我让你到人间走一遭吧。"

就这样,蜘蛛投胎到了一个官宦家庭,成了一个富家小姐,父母为她取了个名字叫蛛儿。一晃,蛛儿十六岁了,已经成了个婀娜多姿的少女,长得十分漂亮,楚楚动人。

这一日,新科状元郎甘鹿中式,皇帝在后花园为他举行庆功宴席。来了许多妙龄少女,包括蛛儿,还有皇帝的小公主长风公主。状元郎在席间表演诗词歌赋,大献才艺,在场的少女无一不为他倾倒。但蛛儿一点也不紧张和吃醋,因为她知道,这是佛祖赐予她的姻缘。

过了些日子,说来很巧,蛛儿陪同母亲上香拜佛的时候,正好甘鹿也陪母亲来上香。上完香、拜过佛,二位长者在一边说上了话。蛛儿和甘鹿便来到走廊上聊天,蛛儿很开心,因为她终于可以和喜欢的人在一起了,但是甘鹿并没有表现出对她的喜爱。蛛儿对甘鹿说:"你难道不曾记得十六年前,圆音寺的蜘蛛网上的事情了吗?"甘鹿很诧异,说:"蛛儿姑娘,你漂亮,也很讨人喜欢,但你的想象力未免丰富了一点吧。"说罢,和母亲离开了。

蛛儿回到家,心想:佛祖既然安排了这场姻缘,为何不让他记得那件事,甘鹿为何对我没有一点感觉?

　　几天后,皇帝下诏,命新科状元甘鹿和长风公主完婚,蛛儿和太子芝草完婚。这一消息对蛛儿如同晴空霹雳,她怎么也想不通,佛祖竟然这样对她。接连几天,她不吃不喝,穷究极思,灵魂就将出壳,生命危在旦夕。太子芝草知道了,急忙赶来,扑倒在床边,对奄奄一息的蛛儿说道:"那日,在后花园众姑娘中,我对你一见钟情,我苦求父皇,他才答应我们的婚事。如果你死了,那么我也就不活了。"说着就拿起了宝剑准备自刎。

　　就在这时,佛祖来了,他对快要出壳的蛛儿灵魂说:"蜘蛛,你可曾想过,甘露(甘鹿)是由谁带到你这里来的呢?是风(长风公主)带来的,最后也是风将它带走的。甘鹿是属于长风公主的,他不过是你生命中的一段插曲。而太子芝草是当年圆音寺门前的一棵小草,他看了你三千年,爱慕了你三千年,但你却从没有低下头看过它。蜘蛛,我再来问你,世间什么才是最珍贵的?"蜘蛛听了这些真相之后,一下子大彻大悟,对佛祖说:"世间最珍贵的不是'得不到'和'已失去',而是现在能把握的幸福。"刚说完,佛祖就离开了,蛛儿的灵魂也回位了。蛛儿睁开眼睛,看到正要自刎的太子芝草,她马上打落宝剑,和太子深深地抱着……

　　故事结束了,你能领会蛛儿最后一刻所说的话吗?世间最珍贵的不是"得不到"和"已失去",而是现在能把握的幸福。

　　珍惜拥有的青春,善待生命的每一天,你将无怨无悔;珍惜拥有的缘分,握紧手中的每一份爱,你将得到温暖;珍惜拥有的机遇,捕捉幸运的每一个瞬间,你将创造奇迹;珍惜拥有的人生,踏实前进中的每一个脚印,你的旅途将充满光辉。面对你拥有的东西,你珍惜了吗?面对失去的东西,你怀念吗?人的一生就是这样,有得有失;而人们往往不珍惜拥有,只在乎失去。

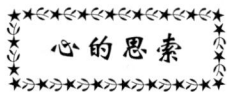

★心的思索★

一、思考题目

　　1.你认为心理健康的大学生应具备哪些特征?

　　2.大学生常见的心理健康问题有哪些?你认为导致大学生出现心理问题的原因是什么?

　　3.如果你遇到无法自我调适的心理困惑时,是否会主动寻求学校心理咨询中心老师的帮助?为什么?

二、阅读推荐

　　1.毕淑敏:《心灵游戏》,北京:北京十月文艺出版社,2004年。

2.程宇洁:《心理课堂——一个女大学生的心理笔记》,上海:上海大学出版社,2006年。

3.覃彪喜:《读大学究竟读什么》,广州:南方日报出版社,2008年。

第二章

知人者智，自知者明

——大学生的自我意识与培养

最了不起的外出是走出自我，最遥远的距离是走向自己！

我是一名一年级的新生，当初刚得知自己被这所学校录取的时候，我是多么自豪和激动。因为在我很小的时候，我就梦想自己将来能成为一名能歌善舞的幼儿园教师。但是，开学快两个月了，我发现自己好像什么都学不会，什么都比别人差。老师上课讲什么我听不太明白，也不敢站起来回答老师的问题，尽管很多时候我知道答案；我在读中学的时候，从来都没摸过钢琴，现在尽管我很用心地学，但僵硬的手指头是那样地不听使唤，以至于跟老师会琴的时候错误不断，唱歌也因此经常跑调；同时，我发现自己长得很丑，穿的衣服也很土。尽管我找了很多理由让自己不自卑，可当我一遇到比我优秀的同学，我就会不知不觉地把那些理由丢在脑后，而在脑子里的全是胡思乱想，他们会不会笑话我，会不会瞧不起我？我是不是表现得很慌张？老师，我真是越来越没有信心继续读下去了。您说，我该怎么办？

古希腊有个传说。传说在一个王国城堡的附近有个女妖叫斯芬克斯。她整天守着那条过往行人必经的路，让人猜一个谜语："什么东西早上是四条腿，中午是两条腿，傍晚是三条腿？"如果行人不能答对谜底，她就会把他吃掉；如果猜出来了，她自己就会死去。很多人都猜不出谜底，于是王国中死去了许多的人，外面的人也不敢来这个地方了。这时，王国内外都充满了恐惧。终于有一天，一个叫俄狄浦斯的年轻人来到了斯芬克斯的面前，说出了这个神奇东西的谜底——人。于是斯芬克斯死了，而这个谜语却流传了下来。所谓"当局者迷"，当是对神话中遭遇厄运者的最好哀悼吧。"斯芬克斯之谜"，可能对今天的我们已不是一个难题了，而它所暗含的心理认知误区，却是不分时代、不分民族、不分老幼、不分性别地存于我们每个人中——自己很多时候是认不出自己的，是很难看清自己的。

第一节　大学生的自我意识概述

印度有句谚语："认识你自己，你就能认识整个世界。"人的一生，始终都在探索自我，实践自我，超越自我。而处于自我意识迅速发展这一特殊阶段的大学生，他们更是积极、主动地去认识自我、体验自我、塑造自我、完善自我。在此期间，他们会经历一系列的矛盾、冲突、迷茫、沉浮，会产生不少心理健康问题；然而，也正是通过解决自我的矛盾和冲突，大学生获得了心理发展和人格成熟。

一、自我意识及其结构

（一）自我意识的含义

人生活在世界上，总要同周围的各种事物发生这样或那样的联系。为了使个人与周围世界保持平衡，使周围世界服务于人生存与发展的需要，人必须对周围世界进行探究和发现，这就形成了对外部世界的一些看法。同时，为了使自己能适应这个社会发展的要求，能在社会中更好地发挥作用，每个人又不得不对自身进行反思，以了解自己是一个什么样的人，有什么样的特点和能力，能在社会中发挥怎样的作用，这样就形成了人对自身的意识，即自我意识。自我意识是人的心理区别于动物心理的重要标志。那什么是自我意识呢？自我意识是一个人对自己以及自己和他人关系的意识，是人心理过程的调控系统，也是个性结构中的最高层次。

自我意识在个体发展中有十分重要的作用。首先，自我意识是认识外界客观事物的条件。一个人如果还不知道自己，也无法把自己与周围相区别时，他就不可能认识外界客观事物。其次，自我意识是人的自觉性、自控力的前提，对自我教育有推动作用。人只有意识到自己是谁，应该做什么的时候，才会自觉自律地去行动。一个人意识到自己的长处和不足，就有助于他发扬优点，克服缺点，取得积极的自我教育效果。最后，自我意识是改造自身主观因素的途径，它能使人不断地自我监督、自我修养、自我完善。可见，自我意识影响着人的道德判断和个性形成，对个性倾向性的形成尤其重要。

（二）自我意识的结构

根据对自我意识的不同角度的分类，概括起来，自我意识包括了以下几方面的内容或结构。

1.生理、心理、社会的自我意识

（1）生理的自我是指个体对自己身体、生理状态的认识和体验，如身高、体重、容貌以及温饱感、病痛感、舒适感等。

（2）心理的自我是指个体对自己的认知过程、情绪情感过程、意志过程以及个性倾向性、个性心理特点的认识、体验，包括对自己的兴趣、爱好、需要、价值观、能力、性格、气质等的认识和体验。

（3）社会的自我是指个体对自身与外界事物关系的认识和体验，包括自己在社会关系中的角色、地位、性别、种族、权利、义务、责任、力量等的意识。

个体对自己生理的、心理的、社会属性的意识是密切地关联的，并相互作用，统一于自我意识当中。

2.知、情、意的自我意识

即自我认识、自我体验、自我控制。

（1）自我认识：主观的我对客观的我的认识和评价，包括自我感觉、自我观察、自我印象、自我分析、自我评价等。自我认识主要解决"我是一个怎样的人"的问题。

（2）自我体验：主观的我对客观的我产生的情绪体验。自我体验主要涉及"对自己是否满意""能否悦纳自己"此类问题。

（3）自我控制：自己对自身行为和思想、言语的控制，以达到自我期望的目标，包括自我监督、自我激励、自我暗示、自立、自主、自强、自律等，主要涉及"我应当成为一个怎样的人"等问题。

3.现实、镜中、理想的自我意识

（1）现实自我就是个体从自己的立场出发对自己当前总体实际状况的基本看法。

（2）镜中自我，又称他人自我，是指个体想象自己在他人心目中的形象或他人对自己的基本看法。

（3）理想自我则是指个体想要达到的比较完美的形象。

从自我观念存在的形式看，现实自我是一种能被人感知的客观存在，而镜中自我和理想自我是一种在人体大脑中的客观存在，容易受到个体的主观因素影响，往往不稳定、易变化。

二、自我意识的发展过程

自我意识是人所特有的一种复杂的心理现象，但它并不是与生俱来的，而有其萌芽、发生和发展的过程。

人刚出生时，还没有自我意识。直到1岁左右，儿童才开始能区分自己的动作与动作的对象，之后把自己这个主体与自己的动作区分开来，有了自我意识的萌芽。

2～3岁时，儿童开始成为活动的主体，能有意识地用第一人称代词"我"来表达自己的意愿，开始意识到自己行为的后果及成人对自己的态度，初级的自我意识基本形成。

学前期儿童（3～6岁）开始发展评价和自我评价能力；小学儿童已能对自己的行为及与行为相联系的一些品质进行评价，并能初步有意识地调节控制自己的行动。

儿童进入少年期，自我意识的发展有了质的变化，独立性、自觉性和自律性都有了迅速发展，并开始深入自己的内心世界，开始意识到自己的个性品质，但水平还不高，比较肤浅，不够清晰全面。

青年期是自我意识发展的关键时期，其间自我意识经过分化、矛盾和统一而接近成熟，从而可以清晰地意识到自己的内心活动，全面地认识到自己的心理品质，正确地感知到自己的社会角色，并主动地根据社会要求去调节和发展自己。

个体自我意识发展受众多内在、外在因素的影响，其中主要的影响因素有：对自己身体的观感、父母养育方式、自我评价和学校教育等。

三、大学生自我意识发展的特点

大学生的自我意识是在儿童和青年时期自我意识基础上进一步发展的，它既有继承性，又有自身的特点。以下，我们从大学生的自我认识、自我体验、自我控制等方面来分析大学生自我意识发展的特点。

（一）大学生自我认识的主要特点

1.自我认识更具有主动性

大学生刚跨入大学的校门，一个个十分紧迫的问题摆在他们面前，这就是："我是一个什么样的人？""我为什么是这样的人？""我可能和应该成为什么样的人？""我的条件和前途如何？""我的一生已经做了些什么，还能做些什么？"这些问题的解答都涉及大学生的自我认识问题。大学生们总能十分感兴趣而又急迫地思考这些问题，强烈地期待着一个满意的或比较满意的答案。

自我认识的迫切性在少年期已有明确的表现，但是大学生的自我认识更具有主动性和自觉性，并具有更高的水平。他们往往通过主动地把自己和周围的同龄人、老师等做比较来认识自己、评价自己。同时,他们也会主动地参照书本上的学者、工程师、经济师、政治家、英雄人物,力图将社会的期望内化为自我的品质,并对自己做出评价。

2.自我评价从高估趋于客观

有一项研究表明,大学一年级学生自我评价的客观性最高,其次是四年级,二、三年级最差。那么,这是否说明大学生的自我评价能力发生了倒退呢?或者说,他们对自我的评价越来越偏离实际了呢?对此问题,心理学家进行了深入的研究。他们发现刚进大学校门的一年级新生面临的是一个全然陌生的环境,所有的一切都等待他们自己去了解、去熟悉、去适应,这么一来他们就很少有时间来认真地思考自己。因而,他们的自我评价是从中学沿袭下来的,而不是在大学校园重新形成的。而中学生的自我评价在一定程度上还是成人评价的翻版,他们多是以他评为主来形成自己的看法,即通过将老师、家长以及周围同学对自己的议论、评判内化,从而形成自我评价。从实质上看,这种自我评价缺乏评判者自己的观点。但是,这样的自我评价往往是比较客观的,因为它综合了他人的看法,有道是"旁观者清",因而它更符合实情也就不足为怪了。由此,也不难理解为什么大学新生的自我评价客观性最高了。

经过一年的适应期,大学生进入一个重新认识自我和评价自我的阶段。他们不再把别人的话当作金科玉律,而是真正地开始用自己的眼光来剖析自己。因而,这时的自我评价带有较浓的主观色彩,客观性下降,以致跌入低谷。此后,随着经验的积累,自我评价的客观性又有所回升,更符合实际情况。

3.自我认识更趋丰富、完整

在中学阶段,中学生对自我的认识比较看重一些外在的东西,例如身体、容貌、仪表等。而到了大学阶段,大学生对自己的认识发生了很大的改变。这种变化不是说大学生不看重外在的东西了,而是与外在的东西相比,他们更注重内在的品质,注重自己的心理品质,例如善良、热情、诚实、乐观、自信、自尊等。同时,随着年级的升高,大学生对自我的社会属性,如社会地位、社会角色、社会责任、社会义务等越来越关注。在校园里会听到大学生们说:"宇宙是无限的,人生只是昙花一现,但也要在这一瞬间把斑斓的色彩留给人类。""社会的进步不是靠哪个救世主,而是靠社会成员的努力,靠我们自己掌握自己的命运。"由此可见,大学生对自我的认识越来越丰富和完整。

(二)大学生自我体验的主要特点

1.自我体验的敏感性

大学生的自我体验比较敏感,凡涉及"我"的事物都会引起他们的兴趣,与"我"相关的事物也往往能诱发他们的连锁反应。大学生尤为关注自己在别人心目中的形象和地位，关心别人对自己的意见和看法。有时，别人无意间的一句话，会在他们的心头掀起轩然大波，他们会不断地琢磨并反思别人的意思。有时，他们还会根据别人的言谈举止，由此及彼引发一连串的联想。

2.自我体验的深刻性

随着知识和社会阅历的增长，大学生对所参与的活动或经历的事情的体验都会相对于少年时期深刻许多。

稍加留意就会发现，一个少年和一名大学生在阅读文学作品时有着很大的差异。小孩喜欢看情节性强的书籍，当书中有心理描写的内容时，他们会一掠而过，甚至大段大段地跳过，而大学生则偏好那些心理描写细腻的作品。造成这一现象的原因是两者自我体验方面的差异：小孩的自我体验肤浅，而大学生的体验无疑要深刻得多，他们能让自己沉浸到小说中去，体会书中人物的心态，揣摩他们的感情。这种现象在少年身上是罕见的，而这对于处于青年时期的大学生来说则是普遍的，这表明大学生体验的深刻性有了很大的提高。

3.自我体验的丰富性

大学生的自我情感体验比较丰富，有肯定和否定的体验（喜欢自己还是讨厌自己，满意自己还是不满意自己等），积极和消极的体验（喜悦还是忧愁，趣味无穷还是乏味无聊等），以及紧张和轻松、敏感和迟钝等。在这些丰富多彩的体验中，大学生自我体验的情绪情感基调是积极的、健康的。

4.自我体验的波动性

处于青年中期的大学生，其自我体验仍有一定程度的波动性。比如，在取得成绩时，容易产生积极、肯定的情感体验，甚至骄傲自满、忘乎所以；而遇到挫折时，容易产生消极、否定的情感体验，甚至自暴自弃、悲观失望。

（三）大学生自我控制的主要特点

1.自我控制能力有明显提高

与中学生相比，大学生的自我控制能力有明显提高。有研究表明，大学生的自控能力在自觉性、主动性方面发展较快，他们做事目的明确，能够按照预定的计划有条不紊地进行，自觉性、主动性强，不会轻易受外界因素的干扰，并逐渐以社会标准、社会期望、社会要求和社会条件为转移。

2.自我控制能力缺乏稳定性

有心理学家认为,青年和成人的最大区别就是自我控制能力上的差异。大学生的自我控制水平虽然有明显提高,但与成人相比,仍有明显差距,缺乏稳定性。如他们在观赏一场球赛时,时而会为一个精彩的进球狂喜,时而又为一记臭脚暴怒。有时,同学间的争论也会演变成一场小小的冲突。

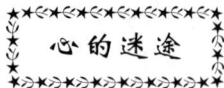

心的迷途

第二节　大学生自我意识发展中的偏差

大学生自我意识的发展过程中,由于他们的心理尚未完全成熟,自我意识还在不断发展中,因而容易出现各种发展的偏差,引起自我意识缺陷,影响到他们的健康成长。

一、自卑

自卑是个体在社会比较过程中由于认知歪曲所形成的对自我价值的消极评价,并由此产生自我否定的态度及与之相应的鄙视自己的情感体验。

自卑往往会使人不喜欢自己也不喜欢别人,因害怕失败而放弃努力,因害怕被拒绝而不敢与人交往,因害怕承担责任而不敢接受挑战,属于"我不好——你好"或"我不好——你也不好"型人际交往模式和生活态度模式。

自卑在许多大学生身上都会有不同程度的表现,不仅影响大学生的人际交往,影响大学生发挥潜能和取得成就,而且对大学生的心理健康和心理发展危害很大。有的大学生甚至因为极度自卑而抑郁,进而走上绝路。

自卑的人和自尊的人相比,心理特点差异很大。详见表 2-1:

表 2-1　自尊与自卑的心理特点比较

自　尊	自　卑
1.喜欢自己,正确评价自己。	1.自暴自弃,通过迎合他人来获得他人对自己的肯定。
2.喜欢被人喜欢的感觉,但如果他人不喜欢自己也无所谓,他们深知希望每个人都喜欢自己是不现实的。	2.需要被人喜欢。
3.有积极的心中私语。	3.有消极的心中私语。

续表

自　尊	自　卑
4.接受自我——伤痕和一切。	4.嫌弃自我。
5.相信自我。	5.否定自我。
6.如犯了错，不会苛求自己，只就事论事。	6.犯了错便痛打自己，批评自己本身。
7.能坦然接受批评。	7.被批评摧毁，因为这进一步让他们坚信自己无用、无望、愚蠢、浅薄。
8.注意力集中在自己的强项。	8.注意力集中在自己的弱项。
9.很果断——支持自己。	9.处于被动地位——让自己被他人踩在脚下，或者攻击他人（以援助其微弱的自尊）。
10.是独立的人。	10.是依赖他人的人。

导致大学生自卑的原因从表面上看是多种多样的。有的是因为身体方面的原因，如觉得自己太矮、太胖、太丑；有的是因为成就方面的原因，如感到自己学习成就不如人、社会工作不如人、艺术特长不如人；有的是因为家庭背景的原因，如认为自己来自农村、家境贫寒；等等。但是，其实质是一样的，那就是由于对自我的认知歪曲和不合理信念所致的理想自我与现实自我的矛盾冲突。

自卑的人由于受先天神经类型、教育和环境等多种因素的综合影响，形成了一种过分追求完美的个性倾向，从而产生了大量有关自我的不合理信念，或者对自己持过高的要求，或者对自己的"不完美"之处过分看重，以致作茧自缚，自我否定，自鄙自弃，苦闷沮丧，悲观抑郁。这些不合理信念常见的有：

作为女性，我必须美丽、文静、温顺等；

作为男性，我必须高大、强壮、独立、果断、富于竞争性等；

每次参加比赛我都要拿到名次；

只有取得好的成绩，我才有价值；

我的表现应该比周围的人更出色；

我必须得到老师和同学们的赞许和喜爱；

别人有的我也应当都有；

我不能在别人面前暴露缺点，等等。

正是因为这些不合理的信念，人才会苛求自己，对自己的长处、优点和成绩，该肯定时不肯定；对不足、缺点和错误，该有针对性地否定时却全面否定自己的价值。正如心理学家科里（Gerald Corey）指出："如果一个人看不到自己的价值，只看到自己的不足，什么都不如别人，处处低人一等，就会丧失信心，产生厌恶自己并否定自己的自卑感……"

二、自负

自负是个体在社会比较过程中,由于认知歪曲所形成的对自我价值的过高评价,并由此产生过度自我接受的态度及与之相应的自以为是、骄傲自大的情感体验。

自负主要是由高估自我引起的。自负者对自己的肯定评价往往有过之而无不及,仿佛是通过放大镜看自己的长处,甚至视缺点为优点;同时,他们看不起别人,不喜欢别人,拿放大镜看别人的短处。他们的人际交往模式和生活态度属于"我好——你不好"型。科里指出:"如果一个人只看到自己比别人好,别人都比不上自己,这样就会产生盲目乐观的情绪,自我欣赏,自以为是,因此就不能处理好人际关系,不能调动主客观双方的积极性,而且还会遇到社会挫折,产生苦闷。"

自负者因为自我评价过高而产生骄傲,对自己提出过高的要求,承担无法完成的任务、义务,容易导致失败,影响成就的获得;过高的自我评价易与外界评价产生冲突,因而亦会引起严重的情感伤害和内心冲突,损害心理健康;自负者因为总是瞧不起别人,故难以建立良好的人际关系,难以与人合作,难以适应社会。而且,自负者由于对自我缺乏理性认知,缺乏适当的自我评价体系,所以一旦遇到重大的失败,容易自卑。

三、自我中心

随着自我意识的发展,大学生越来越感到自己内心世界的千变万化、独一无二,他们越来越多地把关注的重心投向自我,因而会比较多地从自身的角度考虑问题。尤其是大学生有较强的自信心、自尊心、优越感和独立感,加之现在的大学生中大多数是独生子女,他们就比较容易出现自我中心倾向。当这种倾向与某些不健康的思想意识(如个人主义、自私自利思想)和心理特征(如过强的自尊心、唯我独尊)结合时,就会表现出过分的、扭曲的自我中心。

过分自我中心的人,一切皆以自我为中心,以个人利益为半径画圆,想问题和做事情都从"我"字出发,不能设身处地进行客观思考,不能为别人着想,唯我独尊,颐指气使,盛气凌人。这种人往往有好处上,有困难让,有错误推,总认为自己对而别人错。由于有许多的自我中心,他们永远都会感到自己的利益没有得到满足,心里自然充满怨恨和委屈;由于有过多的自我中心,他们常不能赢得他人的好感和信任,与人疏远,人际关系多不和谐。

四、从众心理

从众是一种普遍存在的心理现象,它是在群体舆论的压力下,放弃个人意见而采取与大多数人一致的自我保护行为。与过分的自我中心相反,有少数大学生有过强的从众心理。从众心理，人皆有之，但若过强则会有碍于心理发展。

有过强从众心理的学生，缺乏主见和独立意向，常人云亦云，随大流，自己不愿思考或懒于思考，遇到问题束手无策。这样会导致创造力受抑制，自主性被阻碍。

造成从众心理过强的原因是多方面的。比如，家庭和学校教育的失误使学生形成一种极富惰性的从众习惯；学生内心缺乏自信，不敢自己下判断、做决定，只好随大流。青年期大学生需要团体的认可，从众是取得认可的一种方式，这也是导致其从众心理加强的一个重要原因。

五、逆反心理

逆反心理从本质上讲，是青年自我意识发展过程中的一种产物。它是青年人的一种反抗形式，是青年人试图确立自我形象、强调个人意志的一种手段。

青年大学生在成人眼里是孩子，在孩子眼里是成人。他们渴望在思想上、行为上乃至经济上尽快独立。这个时期，他们的智力虽然发展到高峰，但是阅历有限，情绪表现富于两极性，易于感情用事，主观片面，脱离实际，形成偏见。当这种偏见在现实生活中碰壁时，在青年期特有的强烈的独立意识和批判精神的驱使下，他们就容易出现逆反心理，例如对师长的教育以"顶牛""对着干"来显示自己的"与众不同"，对正面教育和宣传表现出一种怀疑、不认同的态度，对社会、人生和个人前途显示出玩世不恭的态度。逆反心理并不是一种盲目的情绪而是青年人表现矛盾心理的一种形式，其实质是为了寻求独立、寻求自我肯定，为了保护新发现的、正在逐渐形成的，但还比较脆弱的自我，为了抵抗和排除在他们看来是压抑自己的那种外在力量。

逆反心理具有双重性，一方面是大学生批判精神、独立意识增强的标志；另一方面，还有不少人不善于确切把握反抗，即表现出过分的逆反心理。例如在内容上一概排斥正确与错误、精华与糟粕，手段上往往是粗劣的对抗、简单的排斥，目的上有时只是为了反抗而反抗，从而给大学生心理的健康成长带来消极影响。

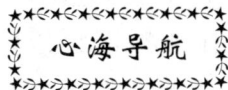

心海导航

第三节　大学生健全自我意识的培养

一、培养方法

自我意识在人格形成和人格结构中占有极其重要的地位，人的认知、情感、意志、信念等都会受到自我意识的影响，健全的情绪、健全的身心是以健全的自我意识为基础的。因而,自我意识的健全发展,是人的全面发展的重要条件,是促进人的心理健康的有效途径。自我意识的培养,是引导主体按社会要求自觉地对客体进行自我意识的教育,是大学生完善自己个性,实现自我价值的重要途径。

(一)健全自我意识的标准

目前,尚无健全自我意识的标准,但可以从以下几个方面来考虑:

1.一个有健全自我意识的人应该达到自我意识的积极统一。

2.一个有健全自我意识的人具有正确的自我认识,在自我认识的主动性、自觉性、准确性上达到较高的水平;具有良好的自我体验,自我体验是丰富、积极、健康的;具有有效的自我控制,在自我控制的自觉性、坚持性、自制性上达到较高的水平。

3.一个有健全自我意识的人是自我认识、自我体验、自我控制三者的协调一致,同时又与外界保持协调一致。

4.一个有健全自我意识的人应该是一个自我发展的人,其自我具有灵活性。

5.一个有健全自我意识的人是一个心理健康的人,不仅自己能健康发展,而且能够促进社会主义文明发展和进步。

(二)培养途径

自我意识由自我认识、自我体验、自我控制三个方面组成。因此,要培养健全的自我意识,应该从以下三方面入手。

1.正确认识自我

德国著名作家让·保罗(Jean Paul)曾说:"一个人真正的伟大之处,就在于他能够认识自己的渺小。"正确认识自我是形成自我意识的基础,如果一个人能够全面、正确地认识自己,客观、准确地评价自己,就能够量力而行,确立合适的奋斗目标,并为实现这一目标而不懈努力。因此,大学生只有打破自我封闭,拓宽生活范围,增加生活阅历,扩展交往空间,积极参加活动,扩大社会实践,才能找到多种参考系,才能凭借参考系来多方面、多角度地认识自我,做到既不自卑也不过于自信,既不骄傲也不过于谦虚,才能充分发挥自己的聪明才智,实现自己的人生价值。可通过以下途径来认识自我:

(1)通过对他人的认识来认识自我。深刻的自我认识是以深刻认识和理解他人、理解社会为前提的。大学生应积极主动地投身于认识世界、改造世界的社会实践活动中去,不断丰富自己对自然、社会和他人的认识。

(2)通过分析他人对自己的评价来认识自我。古人云:"以人为鉴,可以明得失。"正确地认识他人对自己的评价,是认识自我的一条重要途径。大学生一般很在乎别人对自己的看法,尤其是有影响力评价者的看法。他们对别人的评价,往往会产生两方面的反应，一方面积极接受别人的看法，另一方面也许认为别人的评价不符合自己的实际。因此评价者的特点、评价的性质，将会影响到大学生对评价的接受程度，开展同学之间的互评，教师给予具体而有个性的评价，都有助于大学生自我意识的提高。但应注意评价的准确性、全面性、公正性，不切合实际的、片面的、不公正的评价，也可能导致自我认识的误区。当然，大学生应正确对待他人对自己的评价，从分析他人对自己的评价中进一步认识自我，而不应对别人的批评意见耿耿于怀，更不应为自己的优点沾沾自喜。

（3）通过与他人的比较来认识自我。人总是不由自主地将自己和他人进行比较，在比较的过程中发现自己的优势，明白存在的问题，认识自己能力的高低、道德品质的好坏、追求目标是否恰当等。因此，对大学生进行自我意识培养时，要引导他们与情况和自己差不多的人比较，更要与周围的强者比较。在比较中认清自己的优势和劣势、长处和短处，达到取长补短、缩小差距的目的。

（4）通过自我比较来认识自我。人们不仅可以通过与他人的比较来认识自我，也可以从比较自己的过去、现在和将来中认识自我。因此，对大学生进行自我意识培养，一方面，应鼓励学生超越自我，不要满足于现有的成绩；另一方面，也要引导学生确立恰当的抱负水平，不要一味地跟自己过不去，从自己的发展历程中进行比较，从比较中认识自我。

（5）通过自己的活动表现和成果来认识自我。大学生在从事各方面的活动中展现自己的聪明才智、情感取向、意志特征和道德品质。通过活动认识自己，用"实践是检验真理的唯一标准"来检查自己。因此，在培养大学生自我意识的过程中，要引导他们正确分析自己的活动表现和成果，客观地认识自己的知识才能和兴趣爱好，进一步发挥自己的长处，弥补自己的短处。

（6）通过自我反思和自我评价来认识自我。大学生已具备一定的自我反思和自我批评能力，尤其是大三、大四的学生。在自我意识的培养中，要教育、引导他们不断地对自己的心理活动进行反思、分析，勇于解剖自己，敢于批评自己，在自我解剖和自我批评中加深对自己的认识。

（7）通过接受各种心理测验来认识自我。心理学上已有大量关于人的各种心理品质的心理测验，科学性比较好，虽然心理测验的结果不是绝对正确的，但是大学生可以通过心理测验来辅助了解自己。如"你是谁测验（20问法）"可以帮助了解自己的自我意识；"躯体自信量表"可以帮助了解对自己身体和外貌的满意程度；"韦氏成人智力量表"可以帮助了解自己的智力水平；"卡特尔16项个性因素问卷"有助于了解自己的个性；"气质调查表"有助于了解自己的气质；"职业兴趣测验"有助于了解自己的职业兴趣；等等。

2.积极悦纳自我

悦纳自我是发展健康的自我体验的关键和核心。具体来说，悦纳自我就是：第一，接受自己，喜欢自己，不苛求自己，觉得自己独一无二，有高度的自尊和自

信,有价值感、自豪感、愉快感和满足感;

第二,性情开朗,对生活乐观,对未来充满憧憬,积极情绪多于消极情绪;

第三,能平静而又理智地看待自己的长处与短处,冷静地对待自己的得与失;

第四,有远大的理想和阶段性目标,并以此激励自己不断努力;

第五,既不以虚幻的自我补偿内心的空虚,也不以消极回避漠视自己的现实,更不以怨恨、自责甚至厌恶来否定自己。

大学生要做到悦纳自我,可以从以下几个方面入手:

(1)深入了解自己接纳自我的程度。可以运用美国心理学家罗森伯格(M.Rosenberg)编制的自尊量表(见表 2-2)评定自我接纳程度和自尊程度。

表 2-2 自尊量表

说明:请根据以下每一题目符合自己的程度来评分。评分有 4 个等级:4 表示非常符合;3 表示符合;2 表示不符合;1 表示非常不符合。	
1.我感到自己是一个有价值的人,至少与其他人在同一水平上。	( )
2.我感到我有许多好的品质。	( )
3.归根到底,我倾向于觉得自己是一个失败者。	( )
4.我能像大多数人一样把事情做好。	( )
5.我感到自己值得自豪的地方不多。	( )
6.我对自己持肯定态度。	( )
7.总的来说,我对自己是满意的。	( )
8.我希望我能为自己赢得更多的尊重。	( )
9.我确实时常感到自己毫无用处。	( )
10.我时常认为自己一无是处。	( )

解释:以上 10 个题目中包括了 5 个正向题目(即第 1、2、4、6、7 题)和 5 个反向题目(即第 3、5、8、9、10 题)。在累计总分时,要先将 5 个反向题目的得分反转,即原来评为 4、3、2、1 分的分别转换成 1、2、3、4 分。将反转后的 5 个反向题目的得分与另外 5 个正向题目的得分相加,即为总分。总分范围 10~40 分,分值越高,表示自我接纳程度和自尊程度越高。

(2)积极而准确地评价自我。积极而准确地评价自我是促使产生自尊感,克服自卑感的关键。俗语云:"金无足赤,人无完人。"每一个人都有自己的优点和缺点、长处和短处,对自己的长处要充分发挥,对自己的短处要正确对待,既不能护短,也不应因某些短处而灰心。一般来说,人的短处有两种:一种是可以改变的,如不良习惯、脾气不好、缺乏毅力等,对此要有闻过则改的精神;另一种是无法补救的,如其貌不扬、身材矮小、四肢残疾等,对此要面对现实,有勇气接受自己的缺陷。同时,注意提高自己的内在修养,在学问上狠下工夫,培养内在的心灵美,以"内秀"补偿"外丑",相信"我很丑，但我很温柔"的道理。

（3）正确对待挫折和失败。一个人在成长过程中，难免会有失败，要有勇气面对挫折，认真总结教训，树立不达目的不罢休的信心。人常说："吃一堑，长一智"，"从哪里跌倒，从哪里爬起来"。因此，大学生应正确地对待学习、生活中的种种困难与挫折，从困境中走出来，总结教训，吸取经验，提高自己的能力，认可自己的能力，实现自己的理想。

（4）建立和巩固良好的自我感觉。找出最近（一年之内）一次或几次自己做过的比较成功的事情，用心体会成功的愉快心情，庆祝自己的胜利；及时了解自己各方面的发展、进步和成绩，肯定自己的能力；记录别人对你的积极评价和态度，增加自信；仔细回忆自己从前的经历，找出各方面比较出色的表现，肯定自己以前就已具备良好的素质。这样，就能把注意力集中在自己的优点和成功上，而不是缺点和失败上，这有助于建立和巩固良好的自我感觉，悦纳自我。

3.有效调节自我

有效调节自我是健全自我、完善自我意识的根本途径。一般说来，大学生要有效调节自我，就应做到如下几点：

（1）建立合乎自身实际情况的抱负，确立适宜的理想自我。也就是面对现实，确定自己具体的奋斗目标，把远大的理想分解成一个个远近高低不同的子目标，从而由近到远、由低到高，循序渐进，逐步加以实现。关键是每个子目标都应适当、合理、切合实际，是经过努力很可能达到的，以免失去信心。

（2）把奋斗的重心放在自己最大的长处和优势上。每个人的精力都是有限的，所以应把精力放在自己最擅长的地方。坚持不懈地在自己已经有所成就的，或者自己最有优势的领域努力学习或工作，有利于不断地取得成功，获得自我实现。

（3）增强自尊和自信，使自己有为实现理想自我而努力的更强大的动力，激励自己不断奋进。

（4）培养顽强的意志和坚强的性格，发展坚持性和自制力，增强挫折耐受力，使自己自觉主动地认清目标，为实现目标而努力排除干扰、克服困难，能正确地面对成功和失败。

总之，自我意识的发展是一个漫长的过程，大学阶段是自我意识发展的重要阶段。因此，正确认识自我意识发展的特点，引导大学生全面认识自我，积极悦纳自我，有效调节自我具有重要意义。

二、心的体验

(一)心理自测

自卑倾向自测

本问卷列出了一些反映一个人日常情感、态度和行为的陈述。回答时,请尽量诚实、准确地回答,回答没有对错。所测时间范围为最近两个月,除非题目中特别标明时间界限。

题中内容,若"非常同意"记 4 分,"基本同意"记 3 分,"基本不同意"记 2 分,"很不同意"记 1 分。并记入表 2-3 中。

1.我对自己的学习成绩没有信心。　　　　　　　　　　　　　　　　　　　(　)

2.我不擅长体育运动。　　　　　　　　　　　　　　　　　　　　　　　　(　)

3.我对自己的外貌感到不满意。　　　　　　　　　　　　　　　　　　　　(　)

4.维持一种满意的爱情关系对我来说会很困难。　　　　　　　　　　　　　(　)

5.我是一个不善交际的人。　　　　　　　　　　　　　　　　　　　　　　(　)

6.当众讲话时,我常常没有把握做到清晰、有效地表达自己的看法。　　　　(　)

7.比起大多数人来,我更容易怀疑自己的能力。　　　　　　　　　　　　　(　)

8.此刻我比几周来更为不快。　　　　　　　　　　　　　　　　　　　　　(　)

9.我常怀疑自己是否有这份天资,能成功地实现我的专业和职业目标。　　(　)

10.一说起体育活动,我就感到沮丧,而不是欣喜和渴望。　　　　　　　　(　)

11.我比一般人长得难看。　　　　　　　　　　　　　　　　　　　　　　(　)

12.我的爱情生活似乎会比大多数人的都糟糕。　　　　　　　　　　　　　(　)

13.对我来说,结识一个新朋友并不容易。　　　　　　　　　　　　　　　(　)

14.我不像多数人那样有能力当众讲话。　　　　　　　　　　　　　　　　(　)

15.当事情变得糟糕时,我通常不相信自己能妥善地处理好。　　　　　　　(　)

16.我今天比平时更没自信。　　　　　　　　　　　　　　　　　　　　　(　)

17.当我学习一门新课时,我不能肯定自己的学习成绩是否能合格。　　　　(　)

18.我比与我年龄、性别相同的多数人更不擅长体育。　　　　　　　　　　(　)

19.我为自己长得难看而悲哀。　　　　　　　　　　　　　　　　　　　　(　)

20.对我来说,吸引一个自己感兴趣的异性朋友似乎很困难。　　　　　　　(　)

21.在晚会或其他社交聚会上,我常常感到不自在。　　　　　　　　　　　(　)

22.我比多数人更担心在公共场合讲话。　　　　　　　　　　　　　　　　(　)

23.我比我认识的多数人更缺乏自信。　　　　　　　　　　　　　　　　　(　)

24.现在我感到比平时更悲观和消极。　　　　　　　　　　　　　　　　　(　)

25.我已经意识到,与同我竞争的大多数人相比,我的学业并不突出。　　　(　)

26.有时我不去参加体育活动，是因为我认为自己对此不擅长。　　　（　　　）

27.使我烦恼的是我的模样不能更好看一点。　　　（　　　）

28.我在建立爱情关系上似乎比多数人困难更多。　　　（　　　）

29.我愿意认识更多的人，可我又害怕和他们打交道。　　　（　　　）

30.当众讲话会使我不舒服。　　　（　　　）

31.即使身处那些我过去曾应付自如的场合，我仍然常常没有把握。　　　（　　　）

32.近几天来有好几次我对自己非常失望。　　　（　　　）

33.令我烦恼的是，我在智力上比不上其他人。　　　（　　　）

34.对体育运动不擅长是我的一个显著缺点。　　　（　　　）

35.大多数人可能会认为我的外表没有吸引力。　　　（　　　）

36.当我考虑是否与异性约会时，我感到紧张或没有把握。　　　（　　　）

37.当我参加社交聚会时，常感到自己笨拙和不自在。　　　（　　　）

38.在人群面前表演节目和讲话，我想都不敢想。　　　（　　　）

39.我缺少使我成功的某些重要能力。　　　（　　　）

40.最近几天，我对自己满意的地方比以往更少。　　　（　　　）

41.当我必须通过重要的考试或完成其他专业任务时，我不知道自己是否能行。
　　　（　　　）

42.我很难在体育运动中找到快乐和自信。　　　（　　　）

43.我希望我能使自己的容貌变得更好看些。　　　（　　　）

44.我不像别人那样容易得到约会。　　　（　　　）

45.我似乎比多数人更不擅长结识新朋友。　　　（　　　）

46.我比多数人更担心自己在公共场合讲话的能力。　　　（　　　）

47.许多时候，我感到自己不像周围的人那样有本事。　　　（　　　）

48.这几天我与平常相比，对自己的能力更没有把握。　　　（　　　）

49.我害怕那些智力上富有挑战性的活动，因为我知道我的智力比不上别人。
　　　（　　　）

50.一想到要开运动会我就感到不安或无味，因为我没有能力在运动会上表现自
己。　　　（　　　）

51.要是我长得更好看一些，我就能使人们更喜欢我。　　　（　　　）

52.我不得不避开那些我有可能会与之产生爱情关系的异性，因为我在他（她）身
边会感到很紧张。　　　（　　　）

53.我在人群中不像大多数人那样感到坦然、舒服。　　　（　　　）

54.有时我因为不想当众发言而回避上课或不参加活动。　　　（　　　）

55.假如我更自信一点，我的生活就会好一些。　　　（　　　）

56.今天我比平时对自己更无信心。　　　（　　　）

表 2-3　自卑倾向记分表

F1		F2		F3		F4		F5		F6		F7		F8	
题号	计分	题号	计分	题号	计分	题号	计分	题号	计分	题号	计分	题号	计分	题号	计分
1		2		3		4		5		6		7		8	
9		10		11		12		13		14		15		16	
17		18		19		20		21		22		23		24	
25		26		27		28		29		30		31		32	
33		34		35		36		37		38		39		40	
41		42		43		44		45		46		47		48	
49		50		51		52		53		54		55		56	
合计		合计		合计		合计		合计		合计		合计		合计	

记分与解释：

本测验主要用于评定人的自卑感的具体内容。

先计算表中各项的合计分。其中，F1 指学业、智力方面的自卑感，F2 指体育运动方面的自卑感，F3 指外貌、形象方面的自卑感，F4 指异性交往、爱情生活方面的自卑感，F5 指人际关系、社会交往方面的自卑感，F6 指演讲与口才方面的自卑感，F7 则是对自身能力和自信心的自卑感，而 F8 主要用于测定有可能影响到自卑感评定的目前的心境状态。

评定时，主要看 F1～F7 的各项合计分。各项分值范围为 7～28 分。得分越高，则该项的自卑感倾向越明显；反之，得分越低，自卑感越少，自信程度也就越高。

如果某项的合计分在 12 分以下，那么你在该项上没有或基本上没有自卑感，你在这方面对自己很有信心；

如果为 13～15 分，你在该项上可能信心略显不够，有时稍有些自卑感，但不太明显；

如果为 16～19 分，你在该项上有一定程度的自卑感，自信不足；

如果在 20 分以上，说明你在该项上已有比较严重或严重的自卑感，你很没有自信心。为此，你要分析原因，及时调整。

本测验结果仅供参考。

(二)团体活动

戴高帽子

活动目标：学习发现别人的优点并欣赏之，促进相互肯定与接纳。

活动准备：安静、平坦、舒适、宽敞的场地，适合成员席地而坐。

活动操作：5～10 人一组围圈坐。请一位成员坐或站在团体中央，其他人轮流说出他的优点及让人欣赏之处(如性格、相貌、处事……)。然后被称赞的成员说出哪些优点是自己以前察觉的，哪些是不知道的。每个成员到中央戴一次高帽。规则是必须说优点，态度要真诚，努力去发现他人的长处，不能毫无根据地吹捧，这样反而会伤害别人。参加者要注意体验被人称赞时的感受如何，怎样用心去发现他人的长处，怎样做一个乐于欣赏他人的人。练习结束时，大家心情愉快，相互接纳性增高。此练习一般适合比较熟悉的成员应用。

三、心灵鸡汤

一个丑女的自白

我是丑女，我的自白从 15 岁开始（此处省略 14 年，是因为这些年天真烂漫，还不具备审"丑"观）。

15 岁的时候，我有了女人的虚荣心，开始发觉自己是那么丑陋。镜子里的我三角眼、塌鼻梁、厚嘴唇、黑脸蛋，所有这些都长在一个大脑壳上。我为此感到很自卑，于是心中常想 kill myself（自杀）。可是，跳海，会被鱼啃得面目全非；上吊，吐出舌头的死相怪恐怖；割腕，看见血往外流太可怕了；跳崖，万一挂在树枝上怎么办……我思来想去，发现只有一种办法，那就是老死，也许那时会天降奇迹，让我变得美丽一点吧！

17 岁的时候，我因为自己丑，所以不多说话。我口才不好，更愿意用笔抒发我的情感，可是没人会欣赏。我常听人说上帝是公平的，如果他没有给你天使的面容，就一定会给你魔鬼的身材；如果没有魔鬼的身材，就一定会给你高雅的气质；如果没有高雅的气质，就一定会给你灵活的大脑。可是我觉得我一样也没有，所幸有一个信念默默支撑着我：千万别讨厌自己，既然连老天都靠不了了，就靠你自己吧。

18 岁的时候，我上高二。这期间曾和一位男生闹矛盾吵了起来。他指着我的鼻子嚷："死女人，你有什么好嚣张的，别以为自己很了不起，充其量不过是个丑八怪！"我安静地听着，咬着嘴唇，心里一遍遍地告诉自己不要哭，我不能哭。于是我带着微笑继续做作业，装作充耳不闻。

19 岁的时候，我在宿舍女同伴的影响下，偷偷地买了两瓶增白霜，企图把我黑不溜秋的脸蛋变得白皙。然而，效果并不显著。看着每天被我涂得魔鬼似的脸庞，我感到真的很悲哀，我想起那个成语——东施效颦，脑中一激灵就放弃了，从此干脆以真面示人。

20 岁的时候，我上了大学，体重也趁势欢快地攀升。为了不致于太引人注目，我不得不开始减肥。书上说，苹果可以减肥，于是零食被我打入"冷宫"，每餐我必啃一个苹果。然而只啃了 3 天，我就感觉嘴巴越来越淡，就越来越怀念各式各样的零食。最终，想苗条的决心变得涣散，对待身体的极端个人主义又一次占了上风。

22 岁的时候，我莫名地喜欢上一个男生，是暗恋。他的成绩很优秀，但没见他怎么用功，只见他的身边总是围绕着各种各样漂亮的温柔的有个性的女生。我怕他对她们动心。为了给他留下好印象，我去参加了我最痛恨的演讲比赛，竞选了我最厌恶的学生会主席,应聘了我最不喜欢的广播站播音员,还参加了运动会和辩论赛。我痴痴地想:他会了解的。可他不。他告诉我他不爱我的理由是因为我不好看。我好伤心,就哭,那是我这辈子第一次为一个男人而哭。

23 岁的时候,我大学毕业了。4 年的大学生活,我经受了各种各样的侮辱,全是针对我的外貌。我哭过痛过自暴自弃过,最终还是坚持下来,戴着极少人能戴上的特优毕业生大红花走出了校门。想到这儿,我心潮澎湃,以后的道路或许依然不平坦,但我想我会同样坚强走过。

24 岁的时候,从学校毕业后一年的光景,我都没找到工作。在我投过应聘材料的 10 家公司中,有 7 家约我过去面试,可是,每次一露面,无不看到人事主管眼里的失望和无奈。我不能埋怨他们,因为谁都会希望自己的同事长得好看;我更不能埋怨自己,因为丑陋不是我的错。如果时光能倒流,我真希望能投胎为美人胚子。然而时光能倒流吗?不能,所以我只能接受现实,15 岁时的想法又回到心上。

25 岁的时候,机遇终于降临。我成了一家专门生产化妆品的私营企业的总经理秘书,成功的秘诀就是丑陋。这家公司是老板与妻子从一间小作坊干起的,事业有成后老板有了许多桃色新闻,老板娘受尽精神折磨,可念及与丈夫同患难创下的基业和共同养育的儿子,只能一次又一次强忍怒火。唯一的解决办法就是将女秘书走马灯似的换。轮到我时,老板娘一看便放心地拍了板,弄得那些打扮得漂漂亮亮的女孩怎么也搞不明白,想起来都好笑。

28 岁的时候,我在化妆品公司已做了 3 年。其间也碰到过感情方面的事情,可是由于第一次暗恋受挫,加上我的丑陋,我对爱情已丧失了信心,索性把一腔热情都倾注在事业上。闲暇时我选择了攻读 MBA,方向是人力资源管理。

29 岁的时候,我跳槽到一家外资公司。没想到第一天上班,竟在光滑的地板上摔了一跤。当时一群衣冠楚楚的先生和小姐用嘲笑的眼光看着我。让他们意想不到的是,我迅速爬起来,笑看了所有人一眼,脸都没红一下。我把他人的嘲讽化作力量,全心全意地努力工作,我要以自己的努力,向所有人展示我独特的美丽。

31 岁的时候,我用过去两年的时间,从一个普通职员做到了市场部的高级经理,同时在感情上也有了转机。在这年,我遇到了自己的"真命天子",他是个挺优秀的男人,起初我一直不敢接受他,总认为我是丑女人,他怎么会爱我。后来,他竟在众目睽睽下坦白说他喜欢我,因为我的自信吸引了他……我最终屈服在他执着的追求下。

33 岁的时候,我披上婚纱。簇簇玫瑰里,我觉得自己是世界上最幸福的丑新娘。

35 岁的时候,我和丈夫的爱情结晶出生了。她白胖胖的小脸,粉嘟嘟的嘴唇,黑亮亮的眼睛……幸好不像我。我一边感谢上帝,一边在想:原来上帝的确是公平的,即使他什么也没给你,最终也会给你一个可爱的下一代。

这时,小家伙笑得口水都流出来了,仿佛在说:妈妈你好美!

心的思索

一、思考题目

1.请思考下面三个问题:"我是一个怎样的人?""我对自己是否满意?""我应当成为一个怎样的人?"

2.如果你认为自己过于自卑/自负/自我中心/从众/逆反,你将从哪些方面进行自我调节?

3.在"戴高帽子"活动中你内心的真实感受是什么?

二、阅读推荐

1.李伟:《如何改变你自己》,北京:中国盲文出版社,2003年。

2.严文华:《和自己的心在一起》,北京:中国轻工业出版社,2009年。

3.张德芬:《遇见未知的自己》,北京:华夏出版社,2008年。

第三章

人生，我们十全九美
——大学生的人格发展与培养

追求完美是人的天性，可不完美却是人生的真实。

老师，您好！我现在很苦恼。当初我满怀着美好的憧憬来到这所学校，但是渐渐地发现一切都不尽如人意——自己身边的同学都不够好，有的人很懒惰，有的人太精明，有的人喜欢背后说别人坏话，有的人非常吝啬。我觉得和她们相处下去，我会被气死，可是我偏偏还要与她们相处三年。我很想改变她们，让她们变得更好些。同时，我也觉得自己总是做不好事情，本来可以当班长的，但是最后只是当了学习委员。我的学习比较好，体育却不是很好，体育课上我经常感觉很丢脸，同学们有时候会笑我，我知道她们是在开玩笑，但是我心里还是很不舒服。上课的时候我偶尔会走神，这让我对自己也很不满意，以前的我是很认真学习的。我觉得现在的我不是我想要的，我想要改变自己，让自己可以做得更好，但却发现一切并不是我想象的那样，同学们不会为我改变，我也很难变成理想中的自己。我的好朋友说，不要那么苛求完美，每个人都有长处也有不足。可是我不明白，难道我想让自己变得更好些，让周围的同学也变得更好一些，有错吗？您说我这是苛求吗？

一位老教授昔日培养的三个得意门生事业有成，一个在官场上春风得意，一个在商场上捷报频传，一个埋头做学问如今也苦尽甘来，成了学术明星。于是有人问老教授："你认为三人中哪个会更有出息？"老教授说：现在还看不出来。人生的较量有三个层次,最低层次是技巧的较量;其次是智慧的较量,他们现在正处于这一层次;而最高层次的较量则是人格的较量。这个故事生动地向我们说明,人格决定着观念的形成,支配着倾向性的行为习惯,并最终决定着人生的层次和高度。可见,健康人格的自我塑造具有举足轻重的意义。

第一节　大学生的人格心理概述

人格是个体身上最具色彩的闪光点,人与人的不同正因为人格的不同。当我们与其他人比较时,你会发现人与人之间是如此的不同。正如哲学家总结的那样:世界上没有两片完全相同的叶子,也没有两个完全相同的人。

一、人格概述

(一)人格的含义

一般来说,人格是个体在社会生活的适应过程中,对己、对人、对事、对物做出反应,其自身所显示出来的异于别人的特殊心理品质。我国著名的心理学家黄希庭曾经对人格做出界定:人格是指个体在行为上的内部倾向,它表现为个体在适应环境时在能力、情绪、需要、动机、兴趣、态度、价值观、气质、性格和体质等方面的整合,是具有动力一致性和连续性的自我,是个体在社会化过程中形成的给人以特色的身心组织。

(二)人格的基本性质

1.独特性

"人心不同,各如其面。"在日常生活中,每个人都有自己的行事风格,这种风格就体现了其人格的独特性(uniqueness of personality)。同样的事件,不同人格的人会有不同的反应。很多文学作品里的人物都具有典型的个体独特性,比如讲到林黛玉,大家会想到多愁善感;讲到李逵,大家会想到鲁莽但是讲义气;讲到哈姆雷特,大家会想到优柔寡断……世界上没有完全一样的两片叶子,同样的,世界上也不存在完全一样的两个人。正因为人格的不同,每个人对同样事情的反应也不同。

2.稳定性

"江山易改,本性难移。"想必听到这句话很多人都会有所感触,这说的是每个人的人格是具有一定稳定性的,轻易不会做出大的变化。人格的稳定性(stability of personality）主要反映在三个方面：

一是人格的形成方面。一个人的人格一旦形成，就相对稳定下来。

二是人格的表现方面。人格特征在不同的时间、不同的情境下具有一定的一致性。一个性格内向的学生，可能在小学阶段很腼腆，在初中阶段还是缄默不语；同样，他可能在同学间表现得很内向，也可能在陌生人面前表现得少言寡语。人格的持续性体现了人格的稳定性。今天的你是昨天的你的延续，而明天的你是今天的你的延续。

三是人格的特征方面。人格特征是指一个人经常表现出来的稳定的心理与行为特点，那些暂时的、偶然的行为不属于人格特征。例如，一个人平时给人的印象都是温文尔雅、性情温和，但是最近发生的事情让其在一次冲突中大发雷霆，了解他的人可能会认为一定是事件本身的问题而不会认为是他性情大变。早在古希腊，哲学界西塞罗（Cicero）就区分出焦虑特质和焦虑状态。前者是一种易怒的特征，是个体的一种稳定的行为方式，即人格的一部分；后者是一种发怒的状态，是个体在某一特定情境下的短暂表现，不属于人格特征。

3.统合性

人格的统合性也可以称人格的整体性。人格是一个有着多种成分的有机整体，这些部分彼此交织、相互影响。健康的人格应该存在内在的一致性和协调性，受自我意识的控制。人格这一系统就犹如一台机器的每一个零件，缺少任何一个或者孤立地研究某一部分就会像盲人摸象一样，使其看不清人格的整体面貌，从而失去很大的研究价值。如果一个人的人格结构各方面彼此和谐一致时，此人便会呈现出健康的人格，否则就有可能引发各种心理冲突。因此，人格的统合性是确定人格健康的一个重要指标。例如，一个人从内心里觉得做人要诚信、要坦诚，但是他在行为上却从来不诚信，让人感觉不可信，那么这个人渐渐地就会产生心理冲突，他可能会质疑自己到底是怎么样的一个人，到底是诚信的人还是不诚信的人。这种心理冲突就会影响其健康人格的形成和保持，更严重的人格不统合会引发人格分裂。

4.功能性

"人格即命运"说的就是人格的功能性。人格决定着一个人的思想观念、生活方式、成败得失以及喜怒哀乐。面对挫折和失败，坚强者迎难而上，不畏险阻；而懦弱者一蹶不振，颓废度日。人格的功能性强调人的命运掌握在自己的手中。

5.社会性

人格的社会性是指社会化把人这种动物变成了社会中的成员，学会了在社会交往中必须具有的一些基本礼仪、人际交往方式等。人是社会的产物，都是活在各种社会关系中的。人格是在一定的社会形态下形成的，一个人的人格必然会反映出他所生活的社会文化的特点，以及所受的教育、家庭背景、学校经历等。人格必然带有其生活的社会的烙印。在不同的社会背景、社会形态中，人格的表现会有一定程度的不同。

（三）与人格有关的重要概念

1.气质

一说到"气质"两个字，很多人都会联想到我们经常用"有气质"来评价一个女孩子长得漂亮并且显得落落大方，但是心理学上的此"气质"非彼"气质"。"气质"这个概念在心理学上主要界定为心理活动表现在强度、速度、稳定性和灵活性等方面动力性质的心理特征，相当于日常生活中的秉性、脾气或者性情。

气质人人都有，并且是与生俱来的。孩子刚一落生时，最先表现出来的差异就是气质差异。格塞尔（Arnold Gesell）在观察婴儿的心理表现时，发现婴儿的气质表现有三种类型：第一类婴儿表现平静，不着急，慎重对待周围的事情；第二类婴儿急急忙忙，注意力不集中，动作伶俐，反应快；第三类婴儿动作不规则，注意和性情不稳定，但才气焕发。

气质学说最先源于古希腊医生希波克拉底（Hippocrates）的体液说。他认为人体内有四种液体：黏液、黄胆汁、黑胆汁、血液。这四种体液的配合比率不同，形成了四种不同类型的人。约 500 年后，罗马医生盖伦（Claudius Galenus）进一步确定了气质类型，提出人的四种气质类型是胆汁质、多血质、黏液质、抑郁质。虽然依照体液来对气质类型进行分类缺乏科学依据，但是气质及四种气质类型分类的名称一直被研究者们所沿用，在现实生活和文学作品中经常可以看到这四种气质类型的典型人物。

（1）胆汁质（冲动）

这种气质类型的人基本特点是具有很高的兴奋性和较弱的抑制性，以及由此在行为上表现出的均衡性。《水浒传》里的黑旋风李逵脾气暴躁，气力过人，为人耿直，忠义烈性，思想简单，行为冒失。心理学家把类似于李逵的气质叫作胆汁质。具有这种气质的人像"夏天里的一团火"，有股火爆的脾气。这种人的情绪爆发快，"一点就着"，但难持久，如同一阵狂风、一场雷阵雨，来去匆匆。这种人精力旺盛，争强好斗，做事勇敢果断，为人热情直率、朴实真诚；但是他们的思维活动常常是粗枝大叶、不求甚解，遇事常欠思量、鲁莽冒失，做事也常常感情用事，但表里如一。胆汁质的人能以极大的热情投身于学习和工作中，积极而生机勃勃，但一旦精力消耗殆尽，往往情绪也跟着低落下来，工作带有明显的周期性。

（2）多血质（多变）

这种气质类型的人，神经过程平衡而灵活，容易适应环境。浪子燕青聪明过人，灵活善变,使枪弄刀、弹琴吹箫、交结朋友等无所不会。心理学家把类似于燕青的气质叫作多血质,具有这种气质的人总是像春风一样"得意洋洋",富有朝气。这种人乖巧伶俐,惹人喜爱。他们的情绪丰富而且外露,喜怒哀乐皆形于色,他们表情多变的脸折射出他们的内心世界。活泼、好动、乐观、灵活是他们的优点。他们喜欢与人交往,有种"自来熟"的本事,但交情粗浅。他们的语言表达力强而且富有感染力,一件平淡无奇的小事能被他们描绘得精彩无比。他们思维灵活,行动敏捷,对各种环境的适应力强,教育的可塑性也很强。他们气质上的弱点是缺乏耐心和毅力,稳定性差,容易见异思迁。

（3）黏液质（稳重）

属于这种气质类型的人,基本特点是安静、均衡。豹子头林冲沉着老练,身负深仇大恨,尚能忍耐持久。心理学家把类似于林冲的气质叫作黏液质。这种气质就像冬天一样无艳丽的色彩装点而"冰冷耐寒",但也缺乏生气。这种人安静稳重,沉默寡言,喜欢沉思,表情平淡,情绪不易外露,但内心的情绪体验深刻,给人以貌似"冷"的感觉,很像外凉内热的热水瓶。他们的自制力很强,不怕困难,忍耐力高,表现出内刚外柔。他们与人交往适度,交情深厚,朋友少却知心。他们的思维灵活性略差,但考虑问题细致而周到,这往往弥补了他们思维的不足。学习和接受慢了些,但很扎实,踏踏实实。他们平时总是四平八稳的,所以有时"火烧眉毛也不着急"。这种人的行为主动性比较差,经常是别人让他们去做某事才会去做,而并不是他们不想做。

（4）抑郁质（敏感）

属于这种气质类型的人,行为孤僻,反应迟缓。《红楼梦》的林黛玉多愁善感,聪颖多疑,孤僻清高。心理学把类似于林黛玉的气质叫作抑郁质。这种气质给人以"秋风落叶"般的无奈、忧愁的感觉。这种人情绪体验深刻、细腻而又持久,主导心境消极抑郁,多愁善感,给人以温柔怯懦的感觉。他们聪明而富于想象力,自制力强,注重内心世界,不善交际,孤僻离群,软弱胆小,委靡不振,行为举止缓慢而单调,虽然踏实稳重,但却优柔寡断。

四种气质显示了人们"四季"般的天性。但是,我们还会发现有的人既像燕青又像黛玉;有的人有时表现出燕青的气质,有时又表现出李逵的气质。事实上,单纯地属于这四种典型气质之一的人并不多,在生活中绝大多数人是四种气质相互混合、渗透、兼而有之。有些人是两种气质的混合型,如多血—胆汁型、抑郁—黏液型;有些人是三种气质的混合型,有些人则是四种气质的混合型。值得注意的是,成年人的气质往往和性格有机地融为一体,很难区分。随着年龄的增长,积累的生活经验日益丰富,他的某种气质特点就更多地为后天获得的个性特征所掩盖。

气质不能决定一个人的活动的社会价值以及成就高低,不能简单地认为某种气质是好的,某种气质是坏的,气质本身没有好坏,重要的是具体的事件中气质发挥与否。例如,多血质的人注意力比较不稳定,对人容易忽冷忽热,轻浮,精力较分散,但是也比较活泼、机敏、爱交际，因此多血质的人在学习中可以抓住机会，展示自己的才华，而不要因为兴趣、情绪的变化让机遇从手中溜走，同时在学习中要养成扎实、专一的品质，坚持克服困难。胆汁质的人比较粗心、暴躁，但是也比较勇敢、爽朗，因此胆汁质的人可以主动培养自己的自制力，学会冷静地对待逆境。黏液质的人比较冷淡、固执，有时候比较拖拉，但是也同样具备坚毅、有耐心、给人感觉稳重的品质，因此黏液质的人要学会对人、对事进行积极主动的情感投入，增强时间、效率的观念。抑郁质的人耐受性差，胆小怕事、不爱交际、孤僻怯弱多疑，但是也有细心、观察敏锐、做事小心、情感细腻等品质，因此抑郁质的人一般要对学习和工作树立自信心，学会主动与人相处，努力逐步适应新的环境。此外，气质不决定人的智力发展水平和成就大小，不同气质的人在同一个领域可以取得同样辉煌的成就。据研究，俄国四名著名的作家就是四种不同气质的典型代表：小说家赫尔岑属于多血质，诗人普希金属于胆汁质，预言家克雷洛夫属于黏液质，而作家果戈理属于抑郁质。四个人的气质类型不同，但是并不影响他们同样在文艺领域取得的杰出成就。同一气质的人也可以在不同的领域取得辉煌的成就。但是气质会影响智力活动的方式和特点。

2.性格

性格是一个人在现实中的稳定态度和习惯化了的行为方式中表现出来的个性心理特征。性格是后天的产物。一个人对现实的态度表现在他在现实生活中追求什么、拒绝什么。性格在社会生活实践中形成，一经形成就比较稳定，这种稳定表现在跨时间性和跨情境性。特别是成年之后的性格，一般都具有很强的"顽固性"，古人有"三十而立"的说法，而现代人因为比较晚熟，也可以认为基本上要到三十岁之后性格特征才真正稳定下来。性格的稳定性并不是一成不变的，当人们在经历了一些生活的巨变的时候，也有可能引起性格上的显著变化。例如，经历过死亡的威胁或者很多与癌症斗争后大难不死的人，大多会发现自己比以前更加爱惜生命，感恩生活了，可能一些人在这之前是工作狂、脾气暴躁、好斗、控制欲强，但是经历了大难之后变得温和、谦让了。

性格因为存在各种不同的形态，心理学家将之总结为各种类型，于是就产生了性格类型的划分。性格类型一般是指一类人身上所共有的某些性格特征的独特结合。心理学家们利用或实践或理论总结的方式，分析出不同的性格类型说，可谓百家争鸣。比较有代表性的是英国心理学家培因（A.Bain）和法国心理学家李波（T.A.Ribot）的机能类型说、瑞士心理学家荣格（Carl Jung）提出的向性说等。

表 3-1　荣格向性说划分的性格类型

性格种类	性格特征
外向型	心理活动倾向于外部,表现为感情流露在外,对外部世界非常关心,活泼开朗,善交际,不拘小节。
内向型	心理活动倾向于内部,表现为做事谨慎、深思熟虑、沉着、孤僻、反应缓慢、适应性差。
中间型	介于外向型和内向型两者的特点之间。

3.气质与性格

气质和性格都是描述一个人个性心理特征的概念,二者既有一定的联系也存在一定的区别。

性格与气质密不可分,互相制约。气质对性格的形成有很大的影响。首先,气质会影响性格的形成。性格特征的形成依赖于外界的性质和方法,而气质类型在个体早期就表现出来了。例如,一个婴儿比较活泼,喜欢探索,另外一个婴儿比较安静、缓慢,这些气质特征会影响父母或者其他抚养人以及周围环境的行为反应,人们可能比较喜欢活泼的婴儿或者相反,在渐渐交互作用中就会使婴儿形成了相应的性格特点。其次,不同的气质类型会给性格带来独有的特征。比如,同样是乐于助人的性格特征,多血质的人因为动作敏捷,情感表现向外,往往让人觉得热情洋溢;而黏液质的人性格比较沉稳,动作看起来就比较缓慢,情感也不外露,可能你在他脸上看不到热情的表情,但是他同样具有情感,只是不像多血质那么外露。再次,气质类型还会影响性格特征形成或改造的速度。例如,要形成沉着冷静的性格,对于胆汁质的人来说可能较难、较慢,而对于抑郁质的人来说则较容易也较快。

综上所述,性格与气质的区别表现在以下几个方面:第一,在起源上,气质是天生的而性格是后天的。第二,在可塑性上,气质变化较慢,较不容易,而性格相对可塑性强。第三,气质是行为的动力特征,与行为内容无关,气质无善恶之分;而性格涉及行为内容,表现了社会属性,有好坏之分。性格是后天形成的,与社会文化、环境的好坏息息相关,往往带有明显的道德评判标准。如果说气质更多体现了一个人的人格的生理属性,那么性格则更多体现了其社会属性。

二、大学生的人格特征

大学生正处在身心飞速发展的时期,这一时期的人格形成对其今后的发展起到了非常重要的作用。但是由于这一年龄处在自我意识建立的时期,大学生们往往不确定自己到底是怎么样的人,应该怎么样发展自己。因此,这一阶段的身心发展和人格建立存在一定的内心矛盾和冲突，也正是这一阶段的矛盾和冲突，使大学生们渐渐地成长和成熟起来，学会了认识自己和认识别人。同时，当代大学生又处在整个社会的转型时期，社会对大学生们自我意识的形成也起到举足轻重的作用，这个时代要求独立、坚强、热情、自信的人，而同时社会的变革和价值观念的多元化又使人格形成和稳定具有一定的困难，于是大学生们也逐渐形成了富有当代特色的对立统一、矛盾的人格特征。

（一）客观性与偏激性

处在这一阶段的学生在年龄上已经接近或者属于成年人了，在认识自我方面，他们基本上能接纳自身，能对自己形成较客观的认识，对自己的优点和缺点、现实自我和理想自我的差距都有一定程度的认识。大多数人有愿望和理想，并且愿意为之努力；同时，也能在一定程度上认识社会与他人。但是也由于学生们从小都在为学习功课而努力，花在自我认识和认识他人与社会的时间很少，因此，存在一定的片面性和偏激性，看待问题较绝对，认为非黑即白。这与一些大学生思维方式简单、单纯，缺乏反思能力有关。这种偏激性会严重影响学生们的情绪和理性，易造成其行为上的莽撞和与人冲突，进而影响其人格的形成。

（二）适应性与依赖性

当代大学生由于从小处在社会变化的高速发展时期，因此，社会的变革和多元文化的冲击对他们来说似乎习以为常。同时，又由于他们处在一个对外在世界探索的时期，有广泛的爱好，加上网络社会的影响，大学生能够很快地适应新的环境以及新的价值观，能以新的观点来看待事物，易于接受新鲜事物，表现为较强的适应性和接纳性。同时，这一时期也处在心理的"断乳期"，离开父母怀抱对于从小生活在父母羽翼下的孩子们来说显然是一种焦虑的状态。学生们对个人的生活自理能力缺乏，喜欢得到保护和照顾，遇事首先想到的是寻求帮助而非自己渡过难关，在生活中和学习中一旦遇到挫折就表现得不知所措，软弱无力。这种过分的依赖性格使学生在生活中一旦遇到压力或社会要求其承担责任时表现得缺乏独立意识，主动性差。

（三）竞争性与嫉妒性

由于社会的责任要求，学生们渐渐地认识到社会的竞争性。因此，他们普遍具有较强的竞争意识，有较强的上进心和责任感，具有开拓精神，喜欢在竞争中获得自我成就感，勇于冒险和挑战。在挑战性中学生们也存在一种复杂的嫉妒心理，喜欢将他人的家境、相貌、才华、地位、机遇拿来与自己进行对比，一旦别人优于自己，则感到焦虑、愤怒和怨恨，并且在潜意识中不喜欢优于他的人，往往对其挑刺，贬低甚至诽谤他人来维护自己的自尊心和虚荣心，以求得心理上的平衡。这种嫉妒性在一定程度上会影响学生之间的友谊,从而造成人际关系的紧张,影响自身的生活和学习。被嫉妒心支配的人,长此以往会严重影响其人格的形成和身心的健康。

(四)情绪波动与稳定

与情绪本身就有稳定性与波动性一样,这一时期的学生的情绪也具有这些属性,只是在程度上会比其他年龄阶段的人显得更加明显和特点鲜明。这一阶段学生的情绪既是外显的,他们往往表现得情感充沛,让人很容易在其脸上看到情绪的"晴雨表";同时也是内隐的,他们往往会隐藏自己内心的感受,或者不善于表达自己的感受,从而使人觉得难以捉摸。情绪的波动应该控制在一个合适的范围,如果波动性大而且平复得比较慢,长此以往会对学生的身心健康造成较大的影响。有研究表明,经常处在急躁焦虑情绪下的人罹患心脏病和各种动脉血管疾病的概率比正常人高得多。

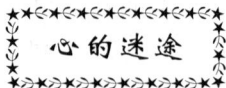

```
★★★★★★★★★★★★
  心的迷途
★★★★★★★★★★★★
```

第二节　大学生人格发展异常的表现

一、大学生常见的不良人格

不良人格,又称人格缺陷,是介于正常人格和人格障碍之间的一种人格状态。这种人格状态如果能够得到及时有效调整,会逐渐向正常健康的人格发展;但是如果不断经历困难,并且没有得到很好的心理调适,没有良好的社会支持,可能就会逐渐形成人格异常。大学生中间存在着一些常见的不良人格品质,这些不良人格品质会影响学生的心理健康,妨碍正常的人际关系。

(一)拖拉

社会发展速度的加快似乎在要求每个人的脚步都要跟上步伐,但是很多大学生却存在拖拉的毛病,他们总是有形形色色的理由将本该在第一时间完成的事情拖到最后一刻再通宵达旦地完成,这种行为不仅没有得到惩罚,甚至给学生带来一种快感——在最后一刻完成的一种小小的成就感。"今日事,今日毕"是不少学生的座右铭,但是往往只是一个美丽的谎言。拖拉是一种消极逃避,导致拖拉的原因,一是试图逃避困难的事,二是目标不明确,三是惰性所致。拖拉的行为一方面耽误学习、工作,另一方面也给人留下效率低的坏印象,同时本人也并没有因此觉得轻松,因为担心和挂念本身也会占据心理精力，而人的精力是非常有限的。这种担忧的累积会造出一种心理压力，从而引起不必要的焦虑，影响身心健康。

（二）易焦虑

焦虑是指一种缺乏明显客观原因的内心不安或无根据的恐惧，是预期即将面临不良处境的一种紧张情绪，表现为持续性精神紧张（紧张、担忧、不安全感）或发作性惊恐状态（运动性不安、小动作增多、坐卧不宁、激动哭泣），常伴有自主神经功能失调表现（口干、胸闷、心悸、出冷汗、双手震颤、厌食、便秘等）。在这个竞争越发激烈的社会，可以说每个人都或多或少存在着一定程度的焦虑。适当的焦虑是动力的来源，而超过一定程度的焦虑则会对客体造成较大影响。焦虑又分为焦虑特质和焦虑状态，焦虑特质是指一个人天生容易焦虑，它表现为一种比较持续的担心和不安；而焦虑状态是一种情绪状态，表现为心慌、心悸、胸闷、乏力、出冷汗，但这些症状一般持续时间较短，有一定诱因，且是时好时坏，可以通过自我调节缓解。

（三）狭隘

《荀子·修身》中有云："狭隘褊小，则廓之以广大。"狭隘，一般是指一个人的心胸、气量、见识等不宏大宽广。狭隘心理是许多不良个性的根源，嫉妒、猜疑、孤僻、神经质等不良表现都源于狭隘心理。当代大学生受功利主义的影响，"狭隘"的现象有增无减，他们喜欢斤斤计较，耿耿于怀，好妒忌，只听得好而听不得坏，只能接受成功而不能接受失败，稍遇挫折、坎坷和不如意，就出现过激行为，不仅常常给自己带来烦恼还会伤害别人，影响自身形象，可谓百害无一利。狭隘一般比较容易出现在女生身上，这跟女生本身细腻敏感的性格特点不无关系。

（四）自卑

自卑是一种低估自己的能力，觉得自己各方面不如人的内心感受。自卑，可以说是一种性格上的缺陷。表现为对自己的能力、品质评价过低，同时可伴有一些特殊的情绪体现，诸如害羞、不安、内疚、忧郁、失望等。自卑可能来源于童年时期的失败或者挫折阴影，也可能来源于与别人对比后自身的无优势，还可能来源于对自己身体、家庭经济情况、家庭气氛等客观因素的不满。有自卑心理的人一般都非常敏感，生怕被别人鄙视，遇事先往坏处想，或者胡思乱想、举棋不定，这类人需要别人不断地鼓励和支持。

（五）虚荣

虚荣心总是和自尊心、自卑感联系在一起。没有自尊心就没有虚荣心，而没有自卑感也就不必用虚荣心来表现自尊心。虚荣心和自尊心又被称为"安全感"。虚荣心强的人一般多愁善感,情感也比较脆弱,需要通过别人的评价来确定自身的价值,喜欢嫉妒别人以及被别人嫉妒。我们一般认为如果一个人喜欢不断地夸耀自己,显摆自己穿了什么名牌,或者羡慕别人的外在物质的东西,就是一个虚荣心强的人。虚荣心在很多人身上都存在,尤其是一些女生身上。一定程度的虚荣每个人都会有,但是一旦显得太过分,就会令人反感。有些人有很强烈的虚荣心,会对其他人表现出来的"炫耀"产生仇恨心理,其实是嫉妒心在作怪。

(六)自我中心

随着独生子女的增多,大学生中间存在自我中心的人也不在少数。自我中心又被称为"自私",是一种只顾自己体验,不管别人感受的幼稚心理。这与个体本身的心智尚未成熟也有一定的关系。自我中心表现在个体将关注的重心都集中在自我,有较强的自尊心和优越感,无法看清别人与自己的真正平等的关系,总认为自己高高在上,对别人颐指气使,自己都是对的,别人都是错的。

二、大学生常见的人格障碍

大学阶段是一个人人格发展的重要阶段,很多重要的人格特征就在大学生活实践中慢慢形成,因此,大学阶段对每个学生来说都是非常关键的时期。也正是因为这一时期的关键,一旦人格在发展中出现偏差,就容易慢慢地形成我们所谓的人格发展异常。人格发展异常也称人格障碍,表现为成年期间的固定的适应不良的行为模式。人格障碍不能称之为精神病,但是会给本人及其周围的人造成困扰。人格障碍的影响具有一定的辐射性,会渗透到个体本身的学习、生活、事业、家庭等方方面面,因此,我们有必要对人格障碍进行了解并且避免其发生。人格障碍在大学生中间也存在一定比例。

(一)人格障碍的主要特征

人格障碍又称变态人格、人格异常,它是一种人格发展的内在不协调,是在没有认知过程障碍或没有智力障碍的情况下出现的情绪反应、动机和行为活动的异常。具有人格障碍的人一般有以下共同特征:

1.具有紊乱不定的心理特点和难以相处的人际关系。这是各类人格障碍的最主要的行为特征。

2.把自己所遇到的任何困难都归咎于命运或别人的错误,因而不能感觉自己有缺点,自己有什么需要改正的。具有人格障碍的人经常把社会或外界的一切看作是荒谬的、不应该如此的。

3.认为自己对别人没有责任可言。如对不道德的行为没有罪恶感,伤害别人而不觉得后悔,并对自己的所作所为做出自以为是的辩护。他们的行为后果伤害了别人而自己却能泰然自若。

4.他们走到哪里总是把自己的猜疑、仇视和固有的看法带到哪里，任何新环境的气氛无不受其行为特点的影响。

5.从解剖生理上看，人格障碍患者可能有某种神经系统功能上的障碍，但一般没有神经系统的形态学上的病理变化，而且其意识是清醒的，认识能力是完整的，没有意识和记忆力障碍，无智力活动缺损。

（二）人格障碍的类型

1.偏执型

偏执型人格的行为特点常常表现为：极度的感觉过敏，对侮辱和伤害耿耿于怀；思想、行为固执死板，敏感多疑，心胸狭隘；爱嫉妒，对别人获得成就或荣誉感到紧张不安，妒火中烧，不是寻衅争吵，就是在背后说风凉话，或公开抱怨和指责别人；自以为是，自命不凡，对自己的能力估计过高，惯于把失败和责任归咎于他人，在工作和学习上往往言过其实；同时又很自卑，总是过多过高地要求别人，但从来不轻易信任别人的动机和愿望，认为别人心存不良；不能正确、客观地分析形势，有问题易从个人感情出发，主观片面性大；如果建立家庭，常怀疑自己的配偶不忠等。具有这种人格的人在家不能和睦，在外不能与朋友、同事相处融洽，别人只好对他敬而远之。这类人总是将周围环境中与己无关的现象或事件都看成与自己关系重大，是冲着他来的，甚至还将报刊、广播、电视中的内容跟自己联系在一起。尽管这种多疑与客观事实不符，与生活实际严重脱离，虽经他人反复解释也无从改变这种想法，甚至对被怀疑对象有过强烈的冲动和过激的攻击行为，从一般的心理障碍演绎成精神性疾病。因此，具有猜疑性格缺陷的人，如果不能及时、主动地矫正自己的性格缺陷和心理障碍，则会因环境变化、人际关系紧张、工作生活不顺心，加上激烈的精神刺激等因素，而诱发为精神疾病，甚至对家人和社会造成损害。

2.强迫型

强迫型人格表现为强烈的自制和自我束缚，他们过多地关注自己的行为是否正确，举止是否相当，具有完美主义倾向，对别人比较不放心，具有不安全感，拘泥于细节。强迫型人格具体行为表现有三个方面：（1）心里总笼罩着一种不安全感，常处于莫名其妙的紧张和焦虑状态。如门锁上后还要反复检查，担心门是否锁好，写完信后反复检查邮票是否已贴好，地址是否写对了，等等。（2）思虑过多，对自己做的事总没把握，总以为没达到要求，别人一怀疑，自己就感到不安。（3）行为循规蹈矩，不知变通。自己爱好不多，清规戒律倒不少。处理事情有秩序、整洁，严守时刻，但对节奏明快、突然到来的事情显得不知所措，很难适应，对新事物接受慢。（4）对自己要求严苛,过分沉溺于职责义务与道德规范,无业余爱好,拘谨吝啬,缺少友谊往来。总之,强迫型人格总是给人以刻板、僵死、缺乏生命活力的印象。

3.自恋型

对自恋型人格障碍的诊断,目前尚无完全一致的标准。一般认为其特征主要如下:(1)对批评的反应是愤怒、羞愧或感到耻辱(尽管不一定当即表露出来)。(2)喜欢指使他人,要他人为自己服务。(3)过分自高自大,对自己的才能夸大其词,希望受人特别关注。(4)坚信他关注的问题是世上独有的,不能被某些特殊的人物了解。(5)对无限的成功、权力、荣誉、美丽或理想爱情有非分的幻想。(6)认为自己应享有他人没有的特权。(7)渴望持久的关注与赞美。(8)缺乏同情心。(9)有很强的忌妒心。只要出现其中的五项,即可诊断为自恋型人格。

4.依赖型

在幼儿园里,常发现有那么几个孩子,每次家长带他们到幼儿园时,总要哭闹一场,痛苦得犹如生离死别。在学校里,也有恋家特别严重以至于无法住集体宿舍的学生。这些孩子对家长有着过分的依赖,父母一不在身边,便会手足无措。久而久之,就会形成依赖型人格。依赖型人格障碍是日常生活中较常见的人格障碍,其主要表现特征是:(1)在没有得到他人的建议和保证之前,对日常事物不能做出决策。(2)无助感。让别人为自己做出重要决定,如在何处生活,该选择什么职业等。(3)被遗弃感。明知他人错了,也随声附和,害怕被别人遗弃。(4)无独立性,很难单独展开计划或做事。(5)过度容忍,为讨好他人甘愿做低下的或自己不愿做的事。(6)独处时有不适和无助感,或竭尽全力以逃避孤独。(7)当亲密的关系中止时感到无助或崩溃。(8)经常被遭人遗弃的念头折磨。(9)很容易因未得到赞许或遭到批评而受到伤害。

5.回避型

回避型人格又叫逃避型人格,其最大特点是行为退缩、心理自卑,面对挑战多采取回避态度或无能应付。

美国《精神障碍的诊断与统计手册》中对回避型人格的特征定义为:(1)很容易因他人的批评或不赞同而受到伤害。(2)除了至亲之外,没有好朋友或知心人(或仅有一个)。(3)除非确信受欢迎,一般总是不愿卷入他人事务之中。(4)行为退缩,对需要人际交往的社会活动或工作总是尽量逃避。(5)心理自卑,在社交场合总是缄默无语,害怕惹人笑话,害怕回答不出问题。(6)敏感羞涩,害怕在别人面前露出窘态。(7)在做那些普通的但不在自己常规之中的事时,总是夸大潜在的困难、危险或可能的冒险。只要满足其中的四项,即可诊断为回避型人格。

6.表演型

表演型人格障碍（histrionic personality disorder），又称癔症型或寻求注意型人格障碍，是一种以过分感情用事或夸张言行吸引他人注意为主要特点的人格障碍。具有表演型人格障碍的人在行为举止上常带有挑逗性并且十分关注自己的外表。这类人情绪外露，表情丰富，喜怒哀乐皆形于色，矫揉造作，易发脾气，喜欢别人同情和怜悯，情绪多变且易受暗示。以自我为中心，好交际和自我表现。对别人要求多，不大考虑别人的利益。思维肤浅，不习惯于逻辑思维，显得天真幼稚。女性发病率约为男性的两倍。

具有表演型人格障碍的人，其行为反应模式有下述特点：（1）活泼好动，性格外向，不甘寂寞。例如，在人多的场合，愿意成为大家注意的中心。（2）与他人交往时感情用事，感情胜过理智。（3）常常奇装异服，在服装上赶时髦，目的是吸引别人对自己身体的注意。（4）他们平时与人接触交往，就像一位戏剧演员常在舞台上演戏一样，表情丰富，谈话内容过分夸张。（5）自我中心，在人际交往中只考虑自己的需求，丝毫不考虑别人当时的实际情况，为此常常造成人际关系紧张。（6）对人际关系的亲密性看得超过实际情况。例如，认为自己有很多知心朋友，但实际情况并非如此，只能说这是他的一厢情愿而已。（7）在人际关系受挫折或应激情况下，较易产生自伤或自杀行为。其自伤行为一般程度较轻，常常只是表皮划伤等，较少见伤及深部的血管和神经，带有表演性。（8）暗示性增强，很容易受他人或周围情景的影响，这与他们在日常生活中缺乏冷静分析的头脑有一定关系。

据有些专家学者的意见，以上8项只要有5项，就可确定表演型人格障碍诊断，所具有的项目数越多，人格障碍程度就越严重。

7.反社会型

反社会型人格障碍（病态人格）的临床症状特点：（1）早年开始显露人格偏异，一般在青春期呈现明朗化。（2）严重人格障碍，性格的某些方面非常突出和过分畸形发展，不符合社会规范。（3）人格偏异非常顽固难移，延续于整个成年期，到晚年可能渐趋缓和。药物治疗和一般教育措施收效甚微，矫正困难。（4）社会和人际关系适应不良，常有较严重的反社会行为，屡教屡犯，并以损人不利己的结局告终。（5）对自己的人格障碍缺乏"自知之明"（医学上称"无自知力"），因此不能从失败的生活经验中吸取教训。有时虽能察觉自己的人格问题带来的困难，但却始终不能以正确的认识来有效地改正。（6）表现为持久的人格不协调，但是并未达到精神病或神经症阶段。（7）智能和认知能力较好，无精神症状，主要以情感、意志和行为等人格严重偏离为特征。（8）追求新奇和心理刺激，常是人格障碍患者的一种驱动力，也是经常导致其反社会行为的变态心理动因。

概括地说,反社会型人格障碍的人有"七无"特征:(1)无社会责任感;(2)无道德观念;(3)无恐惧心理;(4)无罪恶感;(5)无自控自制的心理能力;(6)无真实或真正感情;(7)无悔改之心。

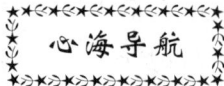

心海导航

第三节　大学生健康人格的维护

一、维护方法

(一)健康人格的基本特征

1.和谐的人际关系。人际关系是一个人健康人格的重要标志,和谐的人际关系的建立需要有良好的人格,而人际关系的不和谐可能会导致异常的人格,因此两者是一种共生关系。人际关系或者友谊也是一个人幸福感的重要来源。

2.良好的社会适应能力。社会适应能力表现在对身边环境变化的适应和协调,具有良好的适应能力的人能够以一种开放的态度接纳身边的事物,以调整自身状态来迎接困难。

3.正确的自我意识。积极的自我意识表现在对自己自信,能够较准确地认识自己,能够认识到自己眼中的自我以及别人对自己的评价,客观分析自己的优缺点,不卑不亢。

4.乐观向上的生活态度。乐观的生活态度主要体现在遇到困难和挫折的时候能够以较乐观平稳的心态来迎接挑战,对生活充满信心,能够从工作和学习中获得一定的成就感和能力,不会因为遇到困难就委靡不振,自暴自弃。

5.良好的情绪调节能力。良好的情绪调节能力是指做自己情绪的主人,善于观察自己的情绪状态,并且能够学会运用诸如转移注意力、换位思考等宣泄、排解、转移、升华方式调节自己情绪的能力,具有一定的幽默感,保持身心状态的平衡。

6.能正视问题,善用行之有效的策略。行之有效的策略主要是指在思想观念、认知上面能够建立起富有创见的思维模式。

(二)大学生健康人格养成的途径

1.努力培养正确的世界观和人生观。大学生应努力形成辩证唯物主义世界观,对事物持发展与变化的观点,对人生持乐观积极的看法,对人、对物不要以偏概全或者固步自封,要了解时事,把握社会发展的规律,开阔视野,提高自己的分析能力、理解能力,而不是人云亦云。正确看待成败,将失败视为人生的经验,能够全面地认识失败,进而战胜失败,形成正确的理论指导。

2.积极投身于社会实践。美国心理学家威廉·詹姆斯(William James)说:"播下一个行为,收获一个习惯;播下一个习惯,收获一种性格;播下一个性格,收获一种命运。"行为和行为实践是良好人格的最根本来源。心理学研究表明,良好习惯的形成有助于改变人格的内在品质结构,因此健全人格的另一个重要途径就是培养良好的习惯。首先要确定合理的目标榜样模式,因为榜样的力量是无穷的,在实践中学习模仿生活中具有良好个性的人,取其精华去其糟粕,从点滴小事做起,坚持不懈终能实现自己确定的健全人格的目标。

3.充分认识自我,认识塑造健康人格的重要性。认识自我是一个非常重要的议题,是一个人一生中一直在进行的任务。闻名世界的古希腊时期的德尔斐神托所的入口处,竖立着一块巨大的石碑,上面醒目地写着:"认识你自己!"人们具有明确的自我意识是心理健康的重要标志,是个体发展必备的心理要素。自我意识是个体对自身的认识和对自身与周围世界关系的认识、体验和评价。大学生应该建立积极的自我意识,对自我的认识应该比较清晰、客观、全面。积极的自我认识不仅要了解自己的优点和长处,还应该了解自己的不足和劣势,能够分析哪些是通过努力可以达到的,哪些是无法达到的,从而进行积极的自我肯定。

4.增强应对困难和挫折的承受力。患难困苦,是磨炼人格之最高学校。挫折是人生的炼金石,同时也是人生必经的阅历,没有人可以说他从来没经历过挫折。很多挫折往往是下一个成功的开幕式。有的人在挫折中成长并且让自己强大和坚强,有的人在挫折中跌倒后就不愿再站起来。这两种人的命运是不同的,而差别就来源于如何面对挫折。挫折具有很多积极的意义,比如提高人们的认识水平、激发个体的斗志、修正人们的处世方法等。增强应对困难与挫折的承受力,是一个人身心健康、人格健全的保证。如果一个人无法面对挫折,总被困难打倒,他的人格将会走向扭曲,甚至仇视社会,认为所有的困难都是别人的错,不从自身找原因,终将与社会格格不入。

5.接纳身边的朋友以及家人。自我认识不仅仅包括认识自己,还包括认识自己身边的朋友和家人。朋友和家人是一个人最重要的社会支持系统,研究表明,如果一个人在面对挫折时没有社会支持系统,这个人更不容易尽快地走出困境,甚至还会自暴自弃,淹没于挫折中。一个人的社会支持系统也是幸福感的重要来源。接纳朋友和家人,除了接纳别人的优点,更重要的是接纳其缺点,了解到这个人就是这个样子的,应该尊重其生活方式,善于倾听和了解别人的更多面,不以偏概全,不求全责备。

二、心的体验

（一）心理自测

菲尔人格测试

这个测试是美国菲尔（Phillip C.McGraw）博士在著名主持人奥普拉的节目里做的，国际上称"菲尔人格测试"，时下被很多大公司的人事部门用来测查员工的性格。

1.你何时感觉最好？（　　　）

    A.早晨　　　　　　　B.下午及傍晚　　　　　C.夜里

2.你走路时是（　　　）

    A.大步地快走　　　　　　　　　　B.小步地快走

    C.不快，仰着头面对着世界　　　　D.不快，低着头

    E.很慢

3.和人说话时，你（　　　）

    A.手臂交叠站着　　　　　　　　　B.双手紧握着

    C.一只手或两手放在臀部　　　　　D.碰着或推着与你说话的人

    E.玩着你的耳朵，摸着你的下巴或用手整理头发

4.坐着休息时，你的（　　　）

    A.两膝盖并拢　　　B.两腿交叉　　　C.两腿伸直　　　D.一腿蜷在身下

5.碰到你感到好笑的事时，你的反应是（　　　）

    A.一个劲地大笑　　　　　　　　　B.笑，但不大声

    C.轻声地咯咯笑　　　　　　　　　D.羞怯地微笑

6.当你去一个派对或社交场合时，你（　　　）

    A.很大声地入场以引起注意　　　　B.安静地入场，找你认识的人

    C.非常安静地入场，尽量保持不被注意

7.当你非常专心工作时，有人打断你，你会（　　　）

    A.欢迎他　　　　　B.感到非常恼怒　　　C.在上述两极端之间

8.下列颜色中，你最喜欢哪一种？（　　　）

    A.红色或橘色　　　B.黑色　　　　　C.黄色或浅蓝色　　D.绿色

    E.深蓝色或紫色　　F.白色　　　　　G.棕色或灰色

9.临入睡的前几分钟，你在床上的姿势是（　　　）

    A.仰躺，伸直　　　　　　　　　　B.俯躺，伸直

    C.侧躺，微蜷　　　　　　　　　　D.头睡在一手臂上

    E.被子盖过头

10.你经常梦到自己在（　　　）

A.落下　　　　　　　　B.打架或挣扎　　　　C.找东西或人　　D.飞或漂浮

E.你平常不做梦　　　　　　　　　　　　　　F.你的梦都是愉快的

打分标准：

表 3-2　分值表

题号＼得分	A	B	C	D	E	F	G
1	2	4	6				
2	6	4	7	2	1		
3	4	2	5	7	6		
4	4	6	1	2			
5	6	4	3	5			
6	6	4	2				
7	6	2	4				
8	6		5	4	3	2	1
9	7	6	4	2	1		
10	4	2	3	5	6	1	

经过上述 10 项测试后，再将所有的分数相加。

自我评析：

低于 21 分：内向的悲观者。

你是一个害羞的、神经质的、优柔寡断的人，永远要别人为你做决定。你是一个杞人忧天者，有些人认为你令人乏味，只有那些深知你的人知道你不是这样。

21～30 分：缺乏信心的挑剔者。

你勤勉、刻苦、挑剔，是一个谨慎小心的人。如果你做任何冲动的事或无准备的事，朋友们都会大吃一惊。

31～40 分：以牙还牙的自我保护者。

你是一个明智、谨慎、注重实效的人，也是一个伶俐、有天赋、有才干且谦虚的人。你不容易很快和他人成为朋友，却是一个对朋友非常忠诚的人，同时要求朋友对你也忠诚。要动摇你对朋友的信任很难，同样，一旦这种信任被破坏，也就很难恢复。

41～50 分：平衡的中道者。

你是一个有活力、有魅力、讲究实际，而且永远有趣的人。你经常是群众注意力的焦点，但你是一个足够平衡的人，不至于因此而昏了头。你亲切、和蔼、体贴、宽容，是一个永远会使人高兴、乐于助人的人。

51～60 分：吸引人的冒险家。

你是一个令人兴奋、活泼、易冲动的人，是一个天生的领袖，能够迅速做决定，虽然你的决定不总是对的。你是一个愿意尝试机会、欣赏冒险的人，周围人喜欢跟你在一起。

60分以上：傲慢的孤独者。

你是自负的自我中心主义者，是个有极端支配欲、统治欲的人。别人可能钦佩你，但不会永远相信你。

（二）团体活动

我是一个独特的人

活动目的：协助成员认识自己的长处和限制，欣赏自己的长处，接纳自己的局限，扬长避短，并找到优化自我的方向。

活动准备：每人1张"我是一个独特的人"练习纸（见表3-3），笔。

活动过程：指导者先说明每个人都很独特，有自己的所长所短，了解自己非常重要，可以充分发挥所长，走自己独特的发展道路。然后，各自填写，写完小组内分享。

表3-3　我是一个独特的人

我的长处	我的限制

当我再一次看清楚自己的长处和限制之后，我感到：

三、心灵鸡汤

如果人是正确的，那么世界就是正确的

一个牧师正在准备讲道的稿子，他的小儿子却在一边吵闹不休。牧师无可奈何，便随手拾起一本旧杂志，把色彩鲜艳的插图——一幅世界地图撕成碎片，丢在地上，说道："小约翰，如果你能拼好这张地图，我就给你一块钱。"

牧师以为这样会使小约翰花费上午的大部分时间，但是不到10分钟，儿子又来敲他的房门。牧师看到小约翰如此之快地拼好了一幅世界地图，感到十分惊奇："孩子，你怎么如此快就拼好了地图啊？"小约翰说："这很容易。在另一面有一个人的照片，我就把这个人的照片拼到一起，然后把它翻过来。我想如果这个人是正确的，那么，这个世界也就是正确的。"

　　牧师微笑起来,给了小约翰一块钱,并说:"你替我准备了明天讲道的题目:如果一个人是正确的,他的世界也就会是正确的。"

　　故事启示我们:如果你想改变你的世界,改变你的生活,首先就应改变你自己。如果你的心理态度是积极的,你的生活也会是快乐的;如果你的心理态度是消极的,那么,你的生活也会是忧伤的。

心的思索

一、思考题目

　　1.你觉得自己身上有哪些人格特征是你的优势,哪些人格特征是你的劣势?

　　2.你认为大学生健康的人格应该具有哪些特征?

　　3.你如何理解"如果人是正确的,那么世界就是正确的"这句话?

二、阅读推荐

　　1.[美]兰迪·拉森、戴维·巴斯著,郭永玉等译:《人格心理学:人性的科学探索》,北京:人民邮电出版社,2011年。

　　2.[美]帕尔默著,徐扬译:《九型人格》,北京:华夏出版社,2008年。

　　3.吴来苏编著:《大学生人格教育与修身》,北京:经济管理出版社,2005年。

第四章

我的未来不是梦
——大学生活与生涯规划

心灵书签

在职业生涯早期,对自己锻炼最大的工作是最好的工作;在职业生涯中期,挣钱最多的工作是最好的工作;在职业生涯后期,实现人生价值最大的工作是最好的工作。

心的困惑

我是一名大三的学生,父母都是高级知识分子,从小到大对我的期望一直很高,我也很努力,对自己的要求也很严格。刚进入大学的时候,我就对自己的大学生活进行了详细的规划。我希望自己的学习成绩保持年级前列;二年级时,英语通过国家四级考试,为将来有机会出国留学做好准备;三年级入党,使自己的政治生命有所皈依,与此同时积极参加学校各类社团组织的活动,希望自己各方面的能力得到锻炼。于是,从大一到现在,我每天的生活都排得满满的,不是在图书馆泡着,就是不停地参加各种活动,好像很忙碌很充实。现在我突然发现,理想和现实之间的距离是那样遥远,我设想的目标似乎一个都没有实现。成绩始终一般;英语也没通过四级考试;在各种活动中自己始终是配角……我对自己的未来产生了莫名的担忧,对自己的能力也产生了前所未有的怀疑。我不知道接下来该如何走? 如何对今后的大学生活进行更合理地规划? 老师,您能帮帮我吗?

心理知识

由中学升入大学,学习和生活的客观环境有了显著的变化:由接受信息量小、交往和活动范围狭窄,变为接受信息量大,交往、活动范围较广阔;由父母“包办”的家庭生活,变为需要自主、自立的集体生活;由被动接受知识的过程,变为主动思考问题的过程,并把老师所讲解的知识内化为自己的思想和认知等。尽量缩短这一过程,尽早把握大学生活的规律和特点,是每一个跨入大学校门的学子都应该解决的第一个问题,对大学生顺利完成学业乃至以后的健康发展都具有重要的意义。

第一节　大学生活的特点与生涯规划

学会对大学生活进行生涯规划,在大学生成长中起着至关重要的作用。大学生涯规划会使大学生重新认识和树立奋斗目标,会指导大学生科学地规划自己的大学生活,会引导大学生正确评估自身面临的成长环境,分析自身的长处和存在的不足,明确自身在大学阶段"能够做什么""应该做什么""应该怎么做"。这些都将有助于大学生更科学、更明确、更具体、更理性地认识自己,帮助大学生更好地发展。

一、大学生活的特点

对于许多经过十年寒窗苦读,迈进大学校门的大学生而言,大学都是人生历程的一个新起点。大学是美好的,有人把它比作五彩的画卷、激越的交响曲、浪漫的诗歌、美妙的梦幻。然而,无数的事实表明,这珍贵美好的情趣以及使命与责任,并不是所有大学生都能深切体会得到、享受得到的,要想使大学生活过得既充实又有意义,成为一名合格的大学生,并不是一件容易的事。因此,大学生需要从了解大学生活的特点入手。

(一)生活环境的变化

大学生和中学生的基本生活环境都是学校,但大学的生活与中学在空间、内容、方式上都发生了很大变化。大学的生活空间扩大了,实行间接的自主性管理,或曰开放式管理,各自的衣、食、住、行、经济开支、待人接物等都需靠自己处理,这就对大学生的自我管理能力提出了很高的要求。

总之,大学生活是一个全新的天地。学习、生活的新变化,既是对大学生的严峻考验,也为大学生系统知识的学习、能力的培养、人格的塑造等提供了有利的条件。

(二)学习环境的变化

大学以其重学重才的精神、儒雅的风格和深沉的文化内涵令人肃然起敬。先进的现代化设备、丰富的图书资料、畅通的科技信息和必要的生活设施,为大学生的学习和成才提供了良好的物质基础。与这些物质条件相对应的大学传统、大学校风、大学校训的名言警句、文化长廊和雕塑石刻,以及由此构成的高品位的大学文化氛围,则又是一道独特的大学风景,为大学生的学习和成才提供着精神食粮和精神保证。

大学是"探究高深学问,传递高级文化,培养高级人才"的场所,大学教师的职责是教书育人,大学生的任务是求知成才,这已成为人们的共识。每一个有幸进入大学的学生都应充分利用大学所提供的优越条件,珍惜大学时光,立志成才。

但是大学生也应该看到,大学与高中相比较,学习任务、学习的组织形式、学习的内容、学习的方法等都大有不同。总之,大学的学习内容增多了,难度加深了,自由度增大了。这既是对大学新生的一种挑战,也为大学生自觉性、能动性和创造性的培养提供了客观环境。

(三)人际关系的变化

人际关系的变化主要体现在人际交往的方式与对人际交往的要求等方面。从人际交往的方式上看,中学生人际交往的对象主要是同窗好友、父母亲朋和老师,群体关系简单。接触的同学在语言、生活习惯等方面差别不大,相互间充满着坦诚、单纯的气氛。而大学的同学来自四面八方,地域语言、习惯、性格差异使得群体关系较为复杂。

从人际交往的要求上看,中学生大都依赖性强,有父母的照顾和学习的压力,对友谊的渴望不那么强烈。进入大学后,原来的人际交往圈子被打破了,独立的学习使大学生十分渴望与人交往、交流,建立起和谐友好的人际关系。再加上教师与辅导员并不像中学老师那样事无巨细密切关注,各社团的出现以及寝室、班级、年级、专业、院系形成的各种单位结构,使得学生必须学会与陌生的交往对象交往,尽快适应全新的人际环境。

(四)管理制度的变化

大学管理制度的变化体现在教学管理、管理方法与管理体系方面。从教学管理上来看,中学实行学年制,大学实行的是学分制与学年制的有机结合。大学各门课程都规定一定的学分与学时,大学生必须修满规定的学分方可毕业。另外,还要求大学生必须通过各种等级考试等。从管理方法上看,中学对学生采取直接管理的方法,大学则是强调学生的自我管理,即自我教育、自我服务、自我约束。从管理系统上看,中学都是通过班主任实施,大学则是学校各职能部门齐抓共管,直接参与学生的管理。

二、大学生的生涯规划

(一)生涯和生涯规划

生涯就纵向而言,所关注的范围从幼儿园到退休甚至死亡,也就是人一生中的各个阶段;就横向而言,其范围不只局限于职业选择和职业活动,而是覆盖到个体生活的方方面面。这就意味着生涯规划会超越我们通常所认为的职业规划,强调的是从诸如生涯决策能力的发展、自我概念的发展、个人价值观的发展、个体的差异特征、对外界变迁的适应等不同角度对个体进行规划。目前,研究者普遍认为,"生涯规划是一个人尽其所能地规划未来生涯发展的历程,在考虑个人的智能、性向、价值,以及阻力和助力的前提下,做好妥善的安排,并借此调整和摆正自己在人生中的位置,以期自己能适得其所"。

因此,生涯规划应包括一个人所有的人生阶段,每个阶段所面临的要求或任务,如入学问题、就业问题、婚恋问题等。美国职业管理学家萨柏(Donald E.Super)的生涯发展理论认为,生涯就是终其一生,不同时期不同角色的组合;个体生涯的发展是由生命广度(life span)和生活空间(life space)交织而成的一个复杂过程;生涯规划就是在这个纵横交织的生涯发展框架中展开的,目的在于帮助个体成功地应对各阶段的发展任务;在应对过程中形成必备的身体、情感和认知特征,为下阶段更高一级的生涯规划做好准备,推动生涯的发展。

所谓生命广度,是指跨越一生的发展历程。个体从一个人生阶段过渡到另一个人生阶段,也会经历成长、探索、建立、维持和衰退这五个周期。换句话说,个体的一生要经历从成长到衰退这一大的周期,在不同的人生时段,尤其是面临过渡和转型的时候,也会经历从成长到衰退这一小周期。

所谓生活空间,是指发展历程中各个阶段个人所扮演的各种角色,诸如儿女、学生、公民、休闲者、工作者、配偶、父母和退休者等。个体在不同的生涯阶段需承担不同的社会角色:成长阶段和探索阶段是儿女和学生;建立阶段和维持阶段是工作者、家长和公民;衰退阶段是家长、公民和休闲者,这些角色也会随着社会环境和个体需求的变化而变化。为了应对这些不同角色的要求和期望,个体在生涯规划过程中会根据内在的自我概念系统,对承载着不同要求和期望的角色进行协调与整合,使各个层面的生涯角色成为一个有机的整体,从而避免因角色冲突和角色过度负荷影响心理健康。同时,生涯规划要力图保持生涯角色系统与自我概念系统的一致性。个体所接纳和追求的角色往往有利于发展自己所期望的品质,有利于实现自己的目标。当个体认为自己所要追求的角色无法获得时,会主动地进行自我调节,以解决自我概念与环境中现有的机会之间的冲突,使两者重获和谐的关系。个体在生涯规划过程中能否成功调整自我概念与生涯角色之间的关系,也就是能否有效地适应生活、适应社会,这是生涯满意度和心理健康水平的重要预测指标。

(二)大学期间的生涯规划

大学生涯就是大学生自入校后到毕业这个时期所包含大学生活的全部。大学期间的生涯规划是大学生未来职业生涯的前期准备阶段,是为其个人实现终身可持续发展奠定基础的阶段。大学期间的生涯规划就是学生在老师的指导下,自主地对自身大学生活进行策划,做到四年有策划,期期有目标,并在设计目标的指引下通过大学生活逐步实现自身的规划,定期(原则上至少每学期)自我对照检查目标实现情况,指导老师分析评价和分学年进行阶段性总结,然后采取切实可行的措施,整改发现的问题和存在的不足,形成一个完整的"策划—实施—检查—改进"的循环。大学期间的生涯规划期限是四年时间,但是大学生在做生涯规划时不要把视野仅局限于这四年时间,如果大学生不能正确地认识这四年的真正任务是什么,最多只能当一个批量生产下的"好"学生,一个没有未来目标、没有个性特点、没有独特知识结构的"好"学生。大学生必须用终身视野来规划大学四年的生涯规划,把大学阶段作为终身生涯发展的一个阶段来看待,明确大学阶段在个性化发展中的地位与作用,然后再对大学四年进行规划。

大学期间的生涯规划对大学生个人成长来说既具有长远性,又具有现实性和针对性。大学生要做好大学期间的生涯规划,主要注意以下五个方面:

1.自我评估

自我评估就是通过自身兴趣、特长、性格、气质、学识、技能等各方面的优势和不足进行评估,对自己有个自我检查,从而激发个体的自我意识和责任意识。大学生要进行大学生涯规划,首先必须进行自我评估。

2.环境评估

环境评估就是指对自己所处的生活、学习等环境进行有效分析,主要包括社会、学校、专业、家庭等方面。环境评估其一是评估社会,就是要意识到我国当今社会正处在知识经济时代的学习型社会,是一个经济全球化时代的竞争型社会,是文化多元化时代的转型期社会,大学生要把握社会环境的主流,运用自己的知识能力驾驭社会。其二是评估学校。对学校评估就是对学校教育内涵与外延的变化及大学作用定位的认识,同时还要了解所在学校的教学资源与办学条件。其三是评估专业。所谓评估专业,就是要了解所学专业的内容及要求所具备哪些特定的知识能力等。同时也要辅修相关的第二专业,找到第一专业与第二专业的最佳结合点。其四是评估家庭。大学生在进行生涯设计的时候,还要对家庭予以评估,包括家庭的承受力、家庭对自己事业发展的优势和劣势。

3.明确志向

所谓志向,是指人生的远大理想、终极目标。人在一生中都会经历不同时期,每个时期将会有一定的志向与抱负,大学时期尤为突出。在制定大学生涯规划时,必须要考虑到在大学阶段所产生的志向,只有这样规划大学生涯,才能有明确的方向性,才会去认真思考,形成比较成熟的思想,然后去追求它,实现它;只有这样,我们学习的动力源泉才会永不枯竭;只有这样,才会使大学生涯知所趋赴,永葆激情活力。

4.实施策略

实施策略就是要制定实现大学生涯目标的行动方案,要有具体的行为措施来保证。没有行动,大学生涯目标只能是一种梦想。要制定周详的行动方案,更要注意去落实这一行动方案。做到年年有计划,期期有目标。

5.回馈调整

由于影响生涯规划的因素很多,有的变化无法预测。因此,要对大学生的生涯规划实施进行反馈和修正。定期对大学生的目标完成情况进行对照检查、目标强化、措施调整、规划修订,有益于大学生在实现目标的过程中,不断改进学习方式方法,修订学习目标,从而不断提升个人的学习竞争力。

大学生可以通过"大学期间生涯规划表"(见表 4-1)对自身大学期间的生涯规划进行详细的梳理。

表 4-1　大学期间生涯规划表

一般情况	姓名		性别		年龄		政治面貌	
	就读学校				院、系			
	所学专业				感兴趣的专业			
	起止时限							
	年龄跨度							
自我分析(包括现状分析与潜力测评的发展潜能)	认识自我	我的气质						
		我的性格						
		我的能力						
		我的兴趣						
		我的职业价值观						
		我心中理想的职业						
	角色转为目标	从依赖到独立的转变						
		从被动学习到主动学习的转变						
		从未成年人向成年人的转变						

续表

环境因素分析	学校学习、生活等环境分析	本专业的课程设置（可另附表）	
		与未来职业发展有关的课程设置（可另附表）	
	行业发展趋势与就业环境分析		
	国家相关政策法规、经济形势分析		
我的现状与规划成功标准之间的匹配分析	我的优势		
	我的不足		
征求意见	家长建议		
	老师建议		
	同学建议		
	朋友建议		
大学生生涯规划目标分解	大一的目标	1. 学业规划目标	
		2. 生活成长规划目标	
		3. 社会活动规划目标	
	大二的目标	1. 学业规划目标	
		2. 生活成长规划目标	
		3. 社会活动规划目标	
	大三的目标	1. 学业规划目标	
		2. 生活成长规划目标	
		3. 社会活动规划目标	
	大四的目标	1. 学业规划目标	
		2. 生活成长规划目标	
		3. 社会活动规划目标	

续表

大学期间生涯规划目标组合	学习目标	专业学习目标	
		与职业相关的学习目标	
	生活成长目标	体魄健康	
		心理健康	
		学会理财	
		学会管理时间	
		正确交友	
	社会实践目标	参加社团目标	
		见习、实习目标	
		假期社会实践目标	
大学期间生涯规划成功标准	学习生涯成功标准	专业学习成绩优良	
		与总目标相关的学习成绩优良	
	生活成长成功标准	体魄健康	
		心理健康	
		会理财	
		会管理时间	
		人际沟通能力强	
	社会实践成功标准	积极参与社团活动，成为社团骨干	
		见习、实习成绩优良	
		认识社会与职业	
找出差距			
缩小差距的方案			

（三）大学生的职业生涯规划

当大学生进入大学，开始进行专业学习，意味着他们为未来的职业准备开始了，也意味着大学生们的职业生涯就要开始了。大学生的职业生涯是否失败、停滞，是否获得成功、幸福，尽管往往取决于机遇、命运或他人的影响，但最根本的决定因素是取决于自己是否具有管理和计划其职业生涯的能力。大学生要学会让自己掌握职业生涯发展的主动权，这才是实现大学生潜能开发和人生价值的基础。

1.职业生涯规划

职业生涯规划就是将所期望达到的丰富的目标明确地表达出来的过程，是指组织或者个人把个人发展与组织发展相结合，对决定个人职业生涯的个人因素、组织因素和社会因素等进行分析，制定个人一生中在事业发展上的战略设想与计划安排。

大学生正处在职业生涯的探索阶段。萨柏认为探索阶段可以分为三个时期：尝试期（15～17岁）；过渡期（18～21岁）；初步试验承诺期（22～24岁）。因此，具体来说，大学生应是跨越过渡期与初步试验承诺期。在这两个时期交替的过程里，大学生个体能力迅速提高，在有效的生涯辅导与环境影响下，摒弃了一些不切实际的幻想甚至空想，逐渐缩小职业选择的范围，初步形成对未来职业生涯的预期。

2.大学生职业生涯规划的意义

研究与实践均表明，职业生涯规划在大学生求职就业乃至未来人生发展中均发挥重要作用。据2005年7月27日《中国教育报》报道，在对北京地区高校大学生毕业选择影响因素调研与分析后，得出以下结论：大学生对自我了解越深入，职业生涯规划越明确；而职业生涯规划越明确，毕业选择的结果与最初打算的一致性越高，满意度越高；并且，职业生涯规划已成为确定毕业生职业选择与人生事业走向的最重要决定因素。

首先，职业生涯规划是满足大学生人生需求的重要手段。现代人大部分时间是在社会组织中度过的，大部分人的人生需求都要通过职业生涯来满足。作为个人生命中投入时间和精力最多的人生组成部分，职业生涯将会使大学生们体验到爱与被爱的幸福，受人尊敬、享受美和成就感的快乐。相对而言，人的素质愈高，精神需求就愈高级，对职业生涯的期望也就愈大，这样，个人对企业和社会的贡献才会越大。

其次，职业生涯是促进大学生全面发展的重要手段。随着生活水平的提高，人们的自我意识逐步增强，人们在渴望拥有健康、丰富的知识、能力、良好的人际关系的同时，也渴望在事业上有所建树，并享有幸福和谐的家庭生活和丰富多彩的休闲时光。职业生涯能帮助大学生们确定职业发展目标，鞭策个人努力工作，有助于个人抓住重点，引导他们发挥潜能，帮助评估目前工作成绩。大学生所追求的成功职业生涯,最终是要获得其个人的全面发展。

再次,职业生涯规划帮助大学生开发潜能,超越自我,实现人生价值。职业生涯规划的基础是大学生充分地认识自我和客观地分析环境,而这正是使自我与社会实现最佳结合的前提。任何一个人都是有潜能的,但这种潜能只有在自我与社会的最佳结合点才能有效释放。换言之,如果不能在最适合自己的职业领域发展,自我的潜能将受到压抑,很难表现出来。因此,大学生需要进行科学的职业生涯规划,把迈出的每一步都作为成功的起点,使自我不断地受到成功的激励,只有这样才能不断向更高层次发展,实现自我超越和人生价值。

最后,职业生涯规划帮助大学生应对困境,战胜挫折,完善逆境情商。每个人进入社会都不可能一帆风顺。在困难与挫折面前,有人迈过去了,有人却被淘汰了,甚至一些学业十分优异的好学生,在遭遇挫折时却一败涂地。他们缺少的不是智力,而是一种被称为逆境情商(AQ)的"智商"。事业成功离不开智力与能力,同样离不开逆境情商,只有那些能够应对困境、战胜挫折的人,才有可能达到事业的顶峰。职业生涯规划正是针对个人特质,有针对性地制定培养锻炼计划,以提高应对逆境的能力,完善逆境情商,为事业成功奠定坚实基础。

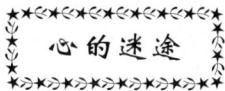

★☆★☆★☆★☆★☆★
心的迷途
★☆★☆★☆★☆★☆★

第二节 大学生职业生涯规划的常见问题

在进行职业生涯规划时,很多大学生会受到一些传统文化和思维定势的影响,从而走入一些误区。下面是大学生在职业生涯规划中的常见问题,只有正确地认识和处理这些问题,大学生才能更好地进行职业生涯规划。

一、职业生涯规划的自觉意识不强

一项"大学生择业因素调查"概括出职业选择过程中遭遇的六类苦恼,其中选择"对自己的职业生涯尚未做长期规划"的占 42.4%,被列为择业苦恼的第三大原因。目前,有相当一部分大学生职业生涯规划的自觉意识不强。主要体现在以下几个方面:

(一)目标模糊

很多大学生不清楚自己每天在干什么,自然,他们也不清楚到底在大学里要做什么及能做什么。因此,大学生在职业生涯规划中确定自己的目标是非常重要的,只有树立明确的目标,才有成功的可能。

(二)依赖心理

有的大学生非常依赖父母。一个学生大四毕业了,问她工作找得怎么样了,她说妈妈还没帮她找呢!因为这些大学生从小到大很多人生的重要决定都是由父母来做的,这就让大学生们缺乏自我选择决断的能力,不能积极主动地去竞争,对父母有很强的依赖心理。有的大学生依赖社会,依赖学校和老师,觉得将来找工作反正国家要兜底,反正有优秀学生的政策,就坐等学校或老师帮助自己落实单位。

(三)缺少职业规划知识

由于我国的职业生涯规划开展时间不长,许多学校把职业生涯规划教育当作就业指导教育,把职业辅导与生涯规划等同起来,职业生涯规划的对象一般是应届毕业生,主要进行的是就业方面的指导。在这种情况下,大学生在大学四年级才进行职业生涯规划,还来不及提高从事某方面的职业所需的职业素质就要去应聘工作,走出社会了。这样的大学生职业生涯规划缺少系统的职业生涯规划理论知识,缺少相关技能的指导。由于缺少职业规划的知识,一些大学生不会规划自我,也缺乏对自我和职业信息的了解,在求职时盲目递简历,屡次受挫,损伤了自己的自信心。也有的由于缺少求职技能,错过了适合自己的发展机会。

二、不能正确地认识自我

有的大学生在面试时会让人觉得千人一面,有的大学生觉得自己没有什么特长,这些现象说明大学生在对自己进行职业生涯规划时还没有正确地认识自己,甚至可以说不了解自己。而大学生的职业生涯规划要求大学生对自身条件进行全面正确的分析和评估,让大学生做到"知己",认清"我是谁",这是大学生进行职业生涯规划的基础,也是难关。一些大学生由于不能正确认识自我,影响了自己的职业选择和职业发展。不能正确认识自我的表现有:

(一)盲目自卑

对于涉世未深的大学生来说,在职业生涯规划时很容易产生自卑,尤其是那些性格内向,在学校期间没有参加过各种社会工作、社会活动锻炼的学生尤为突出。有些大学生表现为缺乏自信,行动退缩不前,害怕失败被别人看不起;有些大学生不敢和不善于推销自我,丧失了许多求职成功的机会;有些大学生不敢为自己设定目标,觉得自己没有资格或能力从事一份更好的职业和职位,也不敢自己去尝试努力。这些心态与人才市场激烈的竞争形成了强烈的反差,是大学生职业生涯规划活动中的一大心理障碍。从心理学的角度来分析,自卑的实质是自我评价过低,自信心差。自卑的学生往往并不是真的能力不如别人,只是过低的自我评价压制了能力的发展和表现。

(二)盲目攀比

有些大学生由于不能正确认识自我,在进行职业生涯规划时,不顾自己的实际情况,盲目和别人攀比。如一些大学生觉得"在校园期间我成绩比你好,荣誉比你多,官职比你大,理所当然工作也应比你好",却不知用人单位并非以此作为评判人才的唯一标准,这些热衷于攀比的"高才生"最终只能在"高处不胜寒"的日子中体会孤苦和冷清。看到别人有好的职业选择时,与其攀比,还不如祝福。要知道攀比不仅不能令自己的心理平衡,反而会带来更多不必要的痛苦。

(三)盲目自信

一些大学生存在盲目自信心理,他们不能客观分析自我的现状,不能恰当评估自我与职业要求的差距,盲目自满。有一些大学生对用人单位的要求知之甚少,对自己在求职市场中的真实位置搞不清,把自己的学历、知识作为资本,过高地估计自己的能力,认为如果到某个单位去求职就是"屈尊""赏脸",所以常常挑剔攀比,提出过分的要求。这些问题的根源在于这些学生对自己的评价过高,盲目自信,存在自负的心理。在现在的就业市场上,大学生已不再是人人称赞的天之骄子,仅从工作经验这点来说,众多大学生已经处于不利的地位。市场经济条件下所需要的人才是个人素质和能力的结合,而所拥有的学历并不是决定因素。如果大学生不能及早对社会的人才需求形势有足够清醒的认识,对自己有一个全面、客观、公正的评价,那么将会坐失良机,耽误自己的前程。

三、不能正确地认识社会

大学生只有正确认识社会,才能把自己和社会有机结合起来,找到自己恰当的职业定位。但是一些大学生对社会缺乏全面、正确的认识。

(一)不能全面了解社会的职业信息

知己知彼,方能百战不殆。规划个人的职业生涯,必须全面了解社会的职业信息。不少大学生对自己专业的选择带有盲目性,对所学的专业及将要从事的职业有种朦胧感。直到临近毕业时,这种朦胧的职业意识才趋向清晰和现实,而这种转变又往往是被动、消极的。

(二)不能适应社会的变化

有的大学生处理问题常常以自我为中心,希望外界环境都服从和适应于他个人,不能根据社会的变化来调整自己的职业目标和个人计划。为了更好地适应社会的变化,大学生要注意培养自己的变通与适应的能力。如大学生在某次激烈的竞争中失败了,他可以通过变通能力合理调整自己的职业目标,将失败良性地转换成为对自己有利的生活经历。如果大学生缺乏变通和适应的能力,一味强调自己的职业意愿,那么他很有可能因为固执和狭隘而错失其他机会。

(三)不能正确认识社会形势

当前社会竞争激烈,谁要想获得职业的成功发展,都必须对社会激烈竞争的形势保持清醒的认识。然而一些大学生对此认识不足,有的人看不到就业竞争的压力,丝毫没有紧迫感,每天在学校中混日子,最终因为自己缺乏竞争的实力,不能找到理想的职业;有的人过分畏惧竞争,看不到挑战中的机会,丧失了发展的机遇。

四、不会选择,不会做决定

在大学生的职业生涯发展中,无论是最初的就业,还是职业发展中的每个变动,都需要个人拥有很强的选择和决定的能力。然而许多大学生在这方面很欠缺,主要表现在:

(一)综合分析评估信息的能力不强

有些大学生面对各种职业信息时缺乏一种综合分析评估的能力,常常在复杂的信息面前表现得惊慌失措,理不出头绪,分不清主次,难以做出选择和决定。

(二)担心决策失败

有些大学生对自己苛求完美,希望自己事事成功,不能承受失败的挫折。因此,他们在职业选择和职业发展的转折关头不敢选择,怕做决定,总是犹犹豫豫,往往把握不住良好的发展机遇。

(三)从众行为

这种心理在当初考大学时就初见端倪,表现在广大考生对热门专业的趋之若鹜。而在大学毕业时,盲目从众心理则表现在"别人如何选择工作,我也这么选择,准没大错"这种思想上。很多大学生都有着强烈的自主意识,主观上希望尽早地独立于学校、家长的社会之外,但客观上他们从小到大都在学校和家长的百般呵护之下,缺乏独立性。就业时,许多大学生产生了严重的依赖思想,觉得还是跟随大众保险一些,他们一方面也希望找到称心如意的工作,另一方面又不愿意自己到处奔波,劳心劳力。这种缺乏独立求职的思想观念致使他们盲目从众。

心海导航

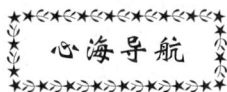

第三节　大学生职业生涯规划的培养

一、培养方法

（一）认识自我

认识自己，了解自己，对自身条件做到全面、正确的分析和评估。不对自己的兴趣、特长、性格、学识、技能、智商、逆商、道商、价值观念、管理协调能力做出全面分析评价，是不能做出正确的职业选择的。同时认识自己是一件很困难的事，尤其是认识自己的短处则更加困难，不能准确地认识自己的长处、短处，不能"兴其利，改其弊"，也是无法实现自己的职业目标的。大学生应当清楚地认识自己，对自己的兴趣、爱好、特征、能力、价值观，特别是对自己的潜能进行分析。

在进行自我分析时，诸多因素与职业有关，但对个体而言，主要应考虑个人的性格、兴趣、能力和气质，以及自己所喜欢的专业。下面就性格、兴趣、能力、气质的特征进行分析。

1.了解自己的兴趣

俗话说："人各有所好。"不同的人有不同的兴趣，正如大学生选择专业一样，有的人对研究自然科学感兴趣，如天文、地理、生物、化学等；有的人对智力操作感兴趣，对读书、写作、演算、规划乐此不疲；有的人则对技能操作感兴趣，对修理、摄影、琴、棋、书、画津津有味。不同的职业是需要不同的兴趣特征的，一个擅长技能操作的人，靠灵巧的双手在技能操作领域能够得心应手，但如果硬要他把兴趣转移到书本的理论知识上来，他就会感到无用武之地。正是这种兴趣上的差异，构成人们选择职业的重要依据。因此，兴趣在职业生活中的作用应引起人们重视，特别是初选职业的人，更应高度重视。

2.认识自己的性格

职业心理学的研究表明，性格是个性中具有核心意义的成分，几乎涉及人的心理过程及个性特征的各个方面。研究表明，性格广泛地影响着人们对职业的适应性，而不同的职业对从业者也有不同的性格要求。性格因人而异，主要表现在以下几个方面：

（1）性格的态度特征不同。例如，有的人诚实、正直、谦逊，而有的人自私、虚伪、自傲；有的人勤奋、认真、创新，而有的人懒惰、自卑、墨守成规。

（2）性格的意志特征不同。例如，有的人自制、果断、勇敢，而有的人冲动、盲目、怯懦；有的人顽强、严谨、坚持，而有的人优柔寡断、轻率马虎。

（3）性格的情绪特征不同。例如，有的人情绪体验深刻，易被情绪支配，控制力较弱，情绪对工作影响较大；有的人情绪体验微弱，意志控制能力强，不易被情绪所左右，情绪对工作影响较小；有的人情绪稳定持久，情绪起伏波动较小，就是在成功和失败的重大事件面前情绪也较稳定；有的人则易激动，情绪不稳，在成功面前忘乎所以，在失败面前垂头丧气；有的人朝气蓬勃、乐观向上；有的人抑郁低沉、无精打采；等等。

（4）性格的理智特征不同。例如，在感知注意方面，有主动观察型与被动观察型、发散型与概括型的区别；在想象方面，有主动想象型与被动想象型、狭窄型与广阔型、创新型与模仿型的区别，也有冷静的现实主义者和脱离实际的幻想家的区别；等等。

3.分析和培养自己的职业能力

职业能力一般包括两个方面：一般职业能力和专业职业能力。一般职业能力主要是指认知能力、文字语言表达能力、空间判断能力、形态知觉能力、手眼协调能力等。此外，任何职业岗位的工作都需要与人打交道，因此，人际交往能力、团队协作能力、对环境的适应能力，以及遇到挫折时良好的心理承受能力都是大学生在职业活动中不可缺少的能力。面对全球化、信息化的竞争，计算机应用能力和外语交流能力也逐渐成为一般职业能力，决定着一个人将来职业选择的空间和灵活性。一般职业能力是每位职场人士都需要具备和不断提高的能力，是职场成功的基础，所以需要大学生在日常学习、生活和工作中不断积累提高。

专业职业能力主要是指从事某一职业的专业能力。就工作与专业的关系而言，有专业对口型、专业相关型和专业无关型。专业对口型是从事与专业紧密相关的工作，因此，工作对专业能力要求非常高，一般以工科居多；专业相关型从事与专业有一定关系的工作，以文、史、哲、语言类居多；专业无关型指从事的工作与专业几乎毫无关联，以经济、管理类居多。大学生在职业生涯规划中，如果立志从事与专业密切相关的技术性岗位，则在校学习期间就必须花大量的时间培养将来胜任岗位的专业能力。

职业能力是一个人完成工作的前提条件，是影响工作效果的基本因素。因此，了解自己的能力倾向及不同职业的能力要求，对合理地进行职业选择具有重要意义。那么，怎样发现和分析自己具有哪些职业能力呢？可以利用能力量表来进行，如常用的职业能力倾向量表、创造才能测验量表、交际能力测验量表等。

大学生分析了自己的职业能力之后，要注意在校期间积极发展和培养自己的职业能力：首先，要处理好知识与能力的关系。知识不等于能力，但它是对顺利完成某种活动起定向作用的重要因素,是能力形成的基础。随着科学技术的不断进步,工作更多地向智力型发展,这就要求大家不仅会动手,而且更应该会动脑。如果要提高自己的思维判断能力,必须要有坚实的理论知识做基础。所以,必须认真学好每一门课程,使自己全面提高,能力才能得到和谐的发展。其次,要有意识地培养自己的实际技能。根据一些实习指导老师反映,一些理论学习成绩很好的学生,到了实习岗位常常手足无措,不能把所学的理论知识与工作实际结合起来,个别学生的动手能力还比不上一些平时学习成绩较差的学生。这并不是说,学校的理论教学没有作用,而是没有很好地建立起理论与实践的联系。所以,在校学习期间,应当有意识地把所学理论知识用于解决实际问题。在课余时间里主动参加一些实践活动,这不仅有利于发展与职业能力相关的实际技能,而且能促进大学生对专业理论知识的深入理解和牢固掌握。最后,要善于捕捉施展能力的机遇。"虚心使人进步",在培养自身能力时要谦虚谨慎、脚踏实地,但是,虚心并不等于谨小慎微、胆小退缩。一个人即使在某些能力上具有优势,如果不主动参与活动,不能捕捉住施展能力的机遇,也不会得到良好的发展。在社会实践活动中,也常常会遇到施展才能的机遇,如学生会、团委会组织的活动,各种类型的技能比赛、社会公益活动等,都是造就良好的职业技能和交往能力的机会,应积极参加。

4.做好职业生涯规划中个人的 SWOT 分析

优劣势分析法(SWOT)是指针对自身优势优点(strength)、劣势缺点(weakness)、发展机会(opportunity)、阻碍威胁(threat)等进行分析。

(1)明确自身优势。首先是明确自身具备的能力和最优秀的品质。不要敷衍自己,给自己做一个详细的描述,并把这些优点逐条写在纸上。给自己写一份自我推荐信,然后与自己面对面地谈话,排除其他杂念,一心一意想着你就是我推荐信里面写的那个人,你的身上有许多别人不具备的优点。其次是我学习了什么。在学期间,我从学习的专业中获取了些什么收益,参加过什么社会实践活动,提高和升华了哪方面的知识,包括各种证书的获得。专业也许在未来的工作中并不起多大作用,但在一定程度上决定了自身的职业方向,因而尽自己最大努力学好专业课程是生涯规划的前提条件之一。再次,我曾经做过什么。即自己已有的人生经历和体验,如在学期间担当的学生干部,曾经为某知名组织工作过等社会实践活动,取得的成就及经验积累,获得过的奖励等。经历是个人最宝贵的财富,往往从侧面反映出一个人的素质、潜力状况,因而备受招聘组织的关注,这也是自己简历的亮点所在和重要组成部分,绝对忽视不得。对一个应聘者来说,经历往往比知识更为重要,因为许多事情只有经历过,才可能有深刻体会。判断一个人的才能,只有在实践的时候才会真正发现其长处与不足。最后,我最成功的是什么。我做过很多事情,但最成功的是什么?为何成功,是偶然还是必然?是否自己能力所为?通过对最成功事例的分析,可以发现自我优越的一面,譬如坚强、果断、智慧超群,以此作为个人深层次挖掘的动力之源和魅力闪光点,形成职业规划的有力支撑。寻找职业方向,往往是要从自己的优势出发,以己之长立足社会。

(2)发现自己的不足。首先,正视自己性格的弱点。人无法避免与生俱来的弱点,因此必须正视弱点,并尽量减少其对自己的影响。譬如,一个独立性强的人会很难与他人默契合作。而一个优柔寡断的人则难以担当组织管理者的重任。卡耐基曾说:"人性的弱点并不可怕,关键要有正确的认识,认真对待,尽量寻找弥补、克服的方法,使自我趋于完善。"要发现自己的不足就要静下心来,多跟别人好好聊聊,尤其是与自己相熟的,如父母、同学、朋友等。看看别人眼中的你是什么样子,与你的预想是否一致,找出其中的偏差,这将有助于自我提升。其次,了解经验与经历中所欠缺的方面。"人无完人,金无足赤",由于自我经历的不同,环境的局限,每个人都无法避免一些经验上的欠缺。有欠缺并不可怕,可怕的是自己还没有认识到或认识到了却一味地不懂装懂。正确的态度是:认真对待,善于发现,并努力克服和提高。

表 4-2　职业生涯规划中个人的 SWOT 分析表

优势 优点		劣势 缺点	
发展 机会		阻碍 威胁	
SWOT 分析 总体鉴定			
自己真实 的卖点			
	内环境因素(自己)		外环境因素
S(优势)			
W(劣势)			
O(机会点)			
T(制约点)			

(二)环境分析

每个人的人生目标只有在符合社会这个大环境要求的前提下才能赖以实现,在制定职业生涯规划时就必须十分清楚地分析环境,明确社会的价值取向,了解社会政治经济、社会科学文化、自然环境等全面态势,才能在职业生涯规划中知道"我可以做什么",才能使自己的规划具有实际意义和可行性,才能做到"顺势而为"。

(三)确定志向

人不能没有追求,不能没有目标,没有目标的人生就像没有灯塔的航行一样,没有方向,也没有意义。大学生应该树立远大的志向,立志是人生的起跑点,反映着一个人的胸怀、情趣和价值观,左右着一个人的奋斗目标,影响着一个人能否成功。在明确"我是谁""我在哪里"后,就应该明确"我想干什么",这是职业生涯规划的关键。

(四)选择职业

每项职业都要求从业者具备一定的条件,知识、技能、体力、品德和心理素质等,而每个人的各方面条件又都是各不相同的,对职业的选择就必然会有所不同。所以,只有认识自己、把握自己,才能做出切合实际的职业选择。

在进行职业选择之前,结合自身特点、社会的需求选择职业,找出一种发展潜力大,在未来若干年中有着较大的社会需求的职业,需要大学生对整个社会的发展趋势做出一个准确的判断,了解社会发展对人才的总体要求,对自己将要选择的职业,每一个职位的名称、职责、工作环境、工作程序、工作内容以及对从业的兴趣、资质、身体条件、受教育程度等方面的各项要求做一个总体的分析。要根据国家政策的调整,对自己将来所从事的职业、行业做出一个总体评价,这要求大学生要及时了解时事、查询书籍、浏览网站、咨询专家,做出准确判断。

1.根据性格特征选择职业

人的性格与职业生活的适应性有密切的关系,性格是个性中最具有核心意义的成分,一定的性格的人适合从事一定的职业。所以,大学生在选择职业时,必须让自己的性格类型与所选的职业门类相适应。从事与自己性格类型相适应的职业,会使人感到工作充满乐趣,生活充满幸福,总有一股激情驱使自己加倍努力工作。人的性格与所从事的职业若不适应,将会在内心长期存在对自己职业的不满,这会极大伤害自己的心理健康,不利于职业的发展及人生目标的实现。所以,在制定职业生涯规划时,必须认真分析自己的性格,根据自己的性格来选择职业。

2.根据职业性向选择职业

当大学生对自己的兴趣、能力、性格等有了一个初步的认识后,就可以把这三方面联系起来,从总体上确定自己的职业性向。

美国著名职业指导专家约翰·霍兰德(J.C.Holland)认为,每一个人的职业性向

都可归为一定的类型,他提出了六种基本类型:

(1)实际性向。这种人乐于做有规则、按基本程序进行的技术性或技能工作,但不善于与别人交往,常常喜欢从事那些包含着体力活动并且需要一定的技巧、力量和协调性才能承担的职业。这类职业有摄影师、电工、木匠、裁缝等。

(2)研究性向。这种人乐于独立解决一些抽象的问题,擅长分析和推理,对发挥创造能力和想象力的工作兴趣浓厚,不喜欢担任管理工作,常常喜欢去从事那些包含着较多认知活动(分析、推理、理解等)的职业,而不是那些主要以感知活动(感觉、反应、人际沟通、情感等)为主要内容的职业。这类职业有机电工程师、计算程序规划员、生物学家、化学家、数学教师等。

(3)艺术性向。这种人感情丰富、想象和创造力均很强,但操作能力差,常常喜欢从事那些包含着大量自我表现、艺术创造、情感表达、个性化活动的职业。这类职业有诗人、编辑、艺术家、广告制作人、音乐家等。

(4)社会性向。这种人擅长处理人际关系,乐于助人,常常喜欢去从事那些包含着大量人际交往内容的职业,而不是那些包含着大量智力活动或体力活动的职业。这类职业有心理医生、外交工作者以及律师、营销人员、护士、医生等社会工作者等。

(5)企业性向。这种人有一定的组织管理才能,擅长开展管理人的工作,常常喜欢从事那些包含着大量的以影响他人为目的的语言活动专业。这类职业有厂长、校长、企业管理人员、律师、公共关系管理者等。

(6)常规性向。这种人喜欢接受稳定的有条理的具体任务,能在较长的时间内从事某一项工作,常常喜欢从事那些包含着大量结构性的且规则性较为固定的职业。在这些职业中,雇员个人的需要往往要服从于组织的需要。这类职业有会计、银行职员、打字员、统计员等。

大学生在充分了解职业的外部环境及其内涵的同时,要对自己的各种内因做出充分评价,然后结合自己所学的专业知识,对自己将来要从事的职业做出正确的抉择,确定自己的职业方向。大学生要明确自己该选择什么职业方向,即解决"我选择干什么"的问题,这是个人职业生涯规划的核心。职业方向直接决定着一个人的职业发展,职业方向的选择应按照职业生涯规划的四项基本原则,结合自身实际来确定,即"择己所爱"的原则(你必须对自己选择的职业是热爱的,从内心自发地认识到要"干一行,爱一行"。只有热爱它,才可能全身心地投入,做出一番成绩);"择己所长"的原则(选择自己所擅长的领域,才能发挥自我优势,注意千万别当职业的外行);"择世所需"的原则(所选职业只有为社会所需要,才有自我发展的保障);"择己所利"的原则(应该本着"利己、利他、利社会"的原则,选择对自己合适、有发展前景的职业)。选择职业一般是"先择行再择职",即先选择行业,再在其中选择职业,然后再选择部门和具体岗位。由于社会的复杂性,在不少情形下是难以一次性到位的,常要经过不断努力才能渐渐地实现择业的设想,对此要有足够的思想准备。

3.自主决定职业的选择

首先,大学生必须对自己的职业选择负责,即应当明白,职业选择中的许多重要决策必须由自己来做,而进行这些决策又要求自己制定大量的个人职业生涯规划并付出大量的艰辛努力。换言之,大学生不能将自己的职业选择交给别人去决定,而必须自己决定去从事何种职业以及为了从事这种职业自己必须做出何种决策、必须具有何种教育程度等等。其次,客观分析自我。大学生必须(通过职业咨询、职业性向测试等)清楚地了解自己的才能或价值观是什么,以及这些才能或价值观与自身所考虑的职业是否匹配。换句话说,进行职业选择的关键是进行自我剖析:透视个人希望从职业中获得什么;透视个人的性格、兴趣、气质、才能与不足;透视自己的价值观及其是否与自己当前正在考虑的这种职业相匹配。通过这一环节,明确自己的技能、职业性向、职业爱好等。

(五)确定目标

人生必须要有目标,有了明确目标,大学生才知道要往哪里走。正如人们常说:"你今天站在哪里并不重要,关键是你的下一步走向哪里。"职业生涯的目标是职业生涯规划的核心之一。在确定好人生目标及职业长期发展目标之后,将其进行分解,一般分为人生目标、长期目标、中期目标和短期目标,其中短期目标又分为年目标、月目标、日目标。大量的事实说明,明确的目标是人生成功的动力之一。它可以引导人们去努力追求、拼搏,而不清楚或很不清楚自己的目标的人常常会无所事事、一事无成。

面对发展迅速的信息社会,仅仅制定一个长远的规划显得不太实际,因而有必要根据自身实际及社会发展趋势,把理想目标分解成若干可操作的小目标,灵活规划。一般说来,以5～10年的时间为一规划段落为宜,这样就比较容易适应时代需要,灵活机动地调整自我,太长或太短的规划都不利于自身成长。具体可有两种方式:一是根据自身的年龄划分目标,如25～30岁的职业规划;二是根据职业道路中的职位、职务阶段性变化为划分标准制定不同时期的努力方向。

(六)制定计划

大学生确定好自己的职业目标之后,接下来几年的大学生活就要为如何获得自己的职业进行努力,制定出自己的行动方案及阶段性目标。如有的学生一进校门就想要继续深造,开始为专升本、攻读硕士学位等准备;有的学生一进校门就确定自己将要考公务员,那么在校期间,就必须要参加和组织各种活动,锻炼自己的组织管理能力。

1.制定选择与自我提升发展计划

根据职业方向选择一个对自己有利的职业和得以实现自我价值的单位,是每个人的良好愿望,也是实现自身价值的基础,但这一步的迈出要相当慎重。如三一重工公司就特别鼓励优秀员工根据自身能力设定发展轨迹,一级一级地向前发展。其认为最好的人才是"有很好的人生目标,不断激励自己"的人,并提出"员工是企业内的企业家"的口号,给员工以充分的决策、施展才华的机会,而不是让他干什么就干什么,管得太死,统得过细。随着职业、职务的变化,必须制定一个完善的自我发展计划以备应对;选择一个什么样的组织,预测自我在组织内的职务提升步骤,个人如何从低到高拾阶而上;预测工作范围的变化情况,不同工作对自己的要求及应对措施,如发展过程中出现偏差(工作不适应或解聘)的话,如何改变自己的方向;预测可能出现的竞争,如何相处与应对,分析自我提高的可靠途径。

2.做好生涯规划的时间管理

要最终达成目标,就要求大学生在大学期间做好时间管理。比较良好的时间管理方法有:第一,对自己近期内的活动有一个理智的分析。看看自己近期内要达到哪些目标,长远目标是什么,自己最迫切需要的是什么,各种活动对自己发展的意义又有多大,等等。然后做出最好的时间安排,并且在执行计划中不断地修正和发展。第二,专门制订一份时间计划,对一些较重大的学习项目和休闲项目做出妥当的安排,能使学习和休闲有条不紊地交叉进行,使身心得到有效的放松和调适。第三,要留出足够的时间来进行体育锻炼,最好能根据自己的身体状况和客观条件制定出一个体育锻炼计划,务必拥有一个健康强壮的身体。身体健康是从事一切活动的本钱,也是一个人心理健康的物质基础。第四,要善于利用课余时间,开展一些有益的文娱活动,如唱歌、跳舞、下棋等;尽量培养自己有多种兴趣爱好,如集邮、书法、唱歌等,这样可以增添情趣,使大学生活充实丰富、生机勃勃。

二、心的体验

(一)心理自测

职业兴趣测量表

以下有60道题目,如果你认为是符合自己情况的选项,便在下表中相应的序号上画个圈,反之则不必做记号。答题时不需要反复思考。

1.我喜欢自己动手干一些具体的、能直接看到效果的活。
2.我喜欢弄清楚有关做一件事情的具体要求,以明确如何去做。
3.我认为追求的目标应该尽量高些,这样才可能在实践中多获得成功。
4.我很看重人与人之间的友情。
5.我常常想寻找独特的方式来表现自己的创造力。
6.我喜欢阅读比较理性的书籍。

7.我喜欢生活与工作场所布置得朴实些、实用些。

8.在开始做一件事情以前,我喜欢有条不紊地做好所有准备工作。

9.我善于带动他人,影响他人。

10.为了帮助他人,我愿意做些自我牺牲。

11.当我进入创造性工作时,我会忘却一切。

12.在找到解决困难的办法之前,我通常不会罢手。

13.我喜欢直截了当,不喜欢说话婉转。

14.我比较善于注意和检查细节。

15.我乐于在所从事的工作中充当主要责任人。

16.在解决个人问题时,我喜欢找他人商量。

17.我的情绪容易激动。

18.一接触到有关新发明、新发现的信息,我就会感到兴奋。

19.我喜欢在户外工作与活动。

20.我喜欢有规律、干净整洁。

21.每当我要做重要的决定,总觉得异常兴奋。

22.当别人叙述个人烦恼时,我能做一个很好的倾听者。

23.我喜欢观赏艺术展和好的戏剧与电影。

24.我喜欢先研究所有的细节,然后再做出合乎逻辑的决定。

25.我认为手工操作和体力劳动永远不会过时。

26.我不大喜欢由我一个人负责来做重大决定。

27.我善于和能为我提供好处的人交往。

28.我善于调节他人相互之间的矛盾。

29.我喜欢别致的着装,喜欢新颖的色彩与风格。

30.我对各种大自然的奥秘充满好奇。

31.我不怕干体力活,通常还知道如何巧干。

32.在做决定时,我喜欢保险系数比较高的方案,不喜欢冒险。

33.我喜欢竞争与挑战。

34.我喜欢与人交往,以丰富自己的阅历。

35.我善于用自己的工作来体现自己的情感。

36.在动手做一件事情之前,我喜欢先在脑中仔细思索几遍。

37.我不喜欢购买现成的物品,希望能购买到材料自己做。

38.只要我按照规则做了,心里就会踏实。

39.只要成果大,我愿意冒险。

40.我通常能比较敏感地觉察到他人的需求。

41.音乐、绘画、文字,任何优美的东西都特别容易给我带来好心情。

42.我把受教育看成是不断提高自我的一辈子的过程。

43.我喜欢把东西拆开,然后再使之复原。

44.我喜欢每一分钟都花得有名堂。

45.我喜欢启动一项项工作,而具体的细节让其他人去负责。

46.我喜欢帮助他人,提高他人的学习能力。

47.我很善于想象。

48.有时候我能独坐很长时间来阅读。

49.我不怎么在乎干活时弄脏自己。

50.只要能仔细、完整地做完一件事情,我就感到十分满足。

51.我喜欢在团体中担当主角。

52.如果我与他人有了矛盾,我喜欢采取平和的方式加以解决。

53.我对环境布置比较讲究,哪怕是一般的色彩、图案,都希望能赏心悦目。

54.哪怕我明知结果会与我的期盼相悖,我也要探究到底。

55.我很看重有健壮灵活的身体。

56.如果我说了我来干,我就会把这件事情彻底干好。

57.我喜欢谈判,喜欢讨价还价。

58.人们喜欢向我倾诉他们的烦恼。

59.我喜欢尝试有创意的新主意。

60.凡事我都喜欢问一个"为什么"。

打分标准:

在下表中将每一列画圈的数量加起来填在最下一行,哪一列分数高,便倾向于这种类型。

表4-3　职业兴趣类型表

R 现实型	C 传统型	E 企业型	S 社会型	A 艺术型	I 研究型
1	2	3	4	5	6
7	8	9	10	11	12
13	14	15	16	17	18
19	20	21	22	23	24
25	26	27	28	29	30
31	32	33	34	35	36
37	38	39	40	41	42
43	44	45	46	47	48
49	50	51	52	53	54
55	56	57	58	59	60

（二）团体活动

澄清个人的择业兴趣

活动目的：

帮助大学生了解和澄清个人选择职业的兴趣是什么。

活动准备：

每个成员准备好五张纸和一支笔。

活动过程：

填写第一张，写下"我的父亲到底想要我做什么"。譬如说，我的父亲希望我毕业后考公务员；或希望我出去闯闯，多赚些钱补贴家里。然后，详细写下你的父亲认为你要从事或下海经商应该具有哪些"好"品质。

填写第二张，写下"我的母亲到底想要我做什么"。譬如说，我的母亲希望我回到家乡找一份当教师的职业等。然后，写下你的母亲认为一位教师应该具有哪些"好"品质。

填写第三张，写下"我的朋友认为我应该从事什么"。譬如，他们认为你特别适合当教师（或者演员、社会工作者、作家、老板等）。然后，也把他们认为主要的品质尽你所能想到的——列举出来。

填写第四张，写下"我不想做的事情"。把你不愿意做的事情都列出来，你愿意写多少不同的项目就写多少，把你肯定讨厌做的事情都尽力回忆列举出来。譬如说，我不愿意做单调的办公室工作；我不喜欢机械修理工作；我不愿意当孩子王等。

填写第五张，写下"我大概不反对做的事"。不必担心写错，因为这不是做决定，权且只是你拓展想象力，只是你以新的思想方法和行动方式来练习一下。这一张请你多动脑筋。写下所有对你多少有些吸引力的事情。即便你相信某件事情是你不可能去做的，也要把它写下来，因为这是希望你比较仔细地考虑一下你的理想是什么，而不仅仅是为了做这个练习。

五张单子都写好了之后，把前四张全部扔掉。你只剩下最后一张单子："我大概不反对做的事"。这张单子反映了你自己的想法，尽管这些想法可能还没有经过仔细斟酌，但是你可以从这里开始采取比较积极的行动。你可以查看招聘广告，去你喜欢的单位考察，也许通过各种接触，发现你一点也不喜欢它。不要紧！你毕竟做了一番探索和努力。

三、心灵鸡汤

积极主动地规划大学生活

李开复

创立"开复学生网"时，我的初衷是"帮助学生帮助自己"。但让我很惊讶的是，更多的学生希望我直接帮他们做出决定,甚至仅在简短的几句自我介绍后就直接对我说:"只有你能告诉我,我该怎么做。"难道一个陌生人会比你更知道自己该怎么做吗?我慢慢认识到,这种被动的思维方式是从小在中国的教育环境中培养出来的。被动的人总是习惯性地认为他们现在的境况是他人和环境造成的,如果别人不指点,环境不改变,自己就只有消极地生活下去。持有这种态度的人,事业还没有开始,自己就已经被击败,我从来没见过这样消极的人可以取得持续的成功。

从大学的第一天开始,你就必须从被动转向主动,你必须成为自己未来的主人,你必须积极地管理自己的学业和将来的事业,理由很简单:因为没有人比你更在乎你自己的工作与生活。"让大学生活对自己有价值"是你的责任。许多同学到了大四才开始做人生和职业规划,而一个主动的学生应该从进入大学时就开始规划自己的未来。

积极主动的第一步是要有积极的态度。大家可以用我在"第三封信"里推荐的方法,积极规划自己的人生目标,追寻兴趣并尝试新的知识和领域。纳粹德国某集中营的一位幸存者维克托·弗兰克尔曾说过:"在任何特定的环境中,人们还有一种最后的自由,就是选择自己的态度。"

积极主动的第二步是对自己的一切负责,勇敢面对人生。不要把不确定的或困难的事情一味搁置起来。比如说,有些同学认为英语重要,但学校不考试就不学英语;或者,有些同学觉得自己需要参加社团磨炼人际关系,但是因为害羞就不积极报名。但是,大学生必须认识到,不去解决也是一种解决,不做决定也是一个决定,这样的解决和决定将使你面前的机会丧失殆尽。对于这种消极、胆怯的作风,你终有一天会付出代价的。

积极主动的第三步是要做好充分的准备:事事用心,事事尽力,不要等机遇上门;要把握住机遇,创造机遇。中国科技大学校长朱清时院士在大三时被分配到青海做铸造工人。但他不像其他同学那样放弃学习,整天打扑克、喝酒。他依然终日钻研数理化和英语。六年后,中国科学院要在青海做一个重要的项目,这时朱校长就脱颖而出,开始了他辉煌的事业。很多人可能说他运气好,被分配到缺乏人才的青海,才有这机会。但是,如果他没有努力学习,也无法抓住这个机遇。所以,做好充分的准备,当机遇来临时,你才能抓住它。

积极主动的第四步是"以终为始",积极地规划大学四年。任何规划都将成为你某个阶段的终点,也将成为你下一个阶段的起点,而你的志向和兴趣将为你提供方向和动力。如果不知道自己的志向和兴趣,你应该马上做一个发掘志向和兴趣的计划;如果不知道毕业后要做什么,你应该马上制定一个尝试新领域的计划;如果不知道自己最欠缺什么,你应该马上写一份简历,找你的老师、朋友打分,或自己审阅,看看哪里需要改进;如果毕业后想出国读博士,你应该想想如何让自己在申请出国前有具体的研究经验和学术论文;如果毕业后想进入某家公司工作,你应该收集该公司的招聘广告,以便和你自己的履历对比,看自己还欠缺哪些经验。只要认真制定、管理、评估和调整自己的人生规划,你就会离你自己的目标越来越近。

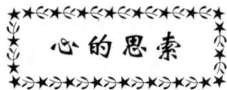

心的思索

一、思考题目

1.在填写《大学期间生涯规划表》的过程中,你遇到什么问题? 如何解决?

2.选择目标人物,做一份职业生涯人物访谈,并谈谈你的访谈感受。

3.尝试做一份职业生涯规划中个人的SWOT详细分析表。

二、阅读推荐

1.方平:《自助与成长——大学生心理健康教育》,北京:教育科学出版社,2010年。

2.李家华主编:《职业指导》,北京:高等教育出版社,2005年。

3.张驰主编:《大学生就业指导》,上海:华东师范大学出版社,2002年。

第五章

博学笃志，神闲气静

——大学生学习心理的培养

心灵书签

没有永远的博学，只有永远的学习；没有永远的聪明，只有永远的思考；没有永远的智者，只有永远的学者。

心的困惑

我是一名来自偏远山区的学生，读中学的时候，我学习一直很认真也很刻苦，因此，学习成绩一直都很优秀。在父母的期盼中，我如愿考上了自己心仪的大学。然而，进入大学后我发现学习不再是最重要的，上课也不再需要很认真地听讲，而只需要期末的时候根据老师给的复习材料临时抱佛脚，背一背就可以轻松地考试及格。班上很多同学上课不认真听讲：看小说、玩手机、睡觉……老师也很少管我们的学习。我很茫然，不知道学习是为了什么？以前不上课的时候，我很喜欢上网玩游戏，现在觉得玩游戏也没什么意思了，感觉自己终日无所事事，失去了学习的动力，浑身没劲。老师，我该怎么做，才能摆脱目前的状态，找到奋进的方向？

心理知识

我们正处在一个市场竞争激烈、科技发展迅速的时代。据资料统计，人类知识在19世纪每10年就增加一倍，20世纪70年代每5年就增加一倍，而目前已经达到每3年就增加一倍的速度。要想求得生存和发展，就必须不断更新知识，一段时间不学习，已有的信息和知识就会变得陈旧过时，就有被时代淘汰的可能，所以，只有不断地学习、终身学习才能符合时代的要求。法国著名成人教育专家保罗·朗格朗（Paul Lengrand）首先提出终身教育的主张。他认为："教育应当是每个人一生的过程，在每个需要的时候，随时以最好的方式提供必要的知识。"一个大学生在校学习的知识只占工作所需的10％，而90％的知识需要在工作期间重新学习。面对浩瀚的知识海洋，面对每天都在不断更新的新信息、新技术，如果我们不善于学习，不会学习，那也只能一筹莫展、无能为力。联合国教科文组织的埃德加·富尔（Edgar Faure）说："未来的文盲不再是不识字的人，而是没有学会怎样学习的人。"为了未来的生存和发展，我们必须学会学习。

第一节　大学生的学习心理概述

一、学习的含义

学习是什么？古往今来，人们对"学习"一词的概念各有不同的说法。中国古代大教育家孔子就说过："学而时习之，不亦说乎？"到了近现代，有更多的学者试图对"学习"进行定义，一般可归纳为广义的和狭义的两种。

广义的学习是指人和动物在生活过程中通过实践或训练，凭借经验而产生的行为或行为潜能的比较持久的变化。广义学习中的个体包括人和动物。其实，动物学习无论多么高级和复杂，都与人类学习有着本质的区别。因此，人类的学习有这样一些基本特征。从根本上说，人类的学习是一种自觉的、能动的过程，具有明显的意识性，不仅是为了人类能适应环境，而且还为了人类能改造环境，而动物的学习是被动的，只是为适应环境而发生的；人类学习除了通过直接经验的方式获得个体经验外，还可以在与他人交往过程通过间接经验的方式获得个体经验，从而扩大了个体经验获得的范围，而动物的学习则基本上都局限于直接经验；人类学习可以以语言为中介来进行，这不仅扩大了个体掌握社会历史经验的可能性，而且也为个体掌握概括、抽象的经验，由感性认识上升为理性认识创造了必要的条件，而动物，即使是最高级的灵长类动物——黑猩猩，经过特殊人工驯养也只能习得一些零星的手势语言和词汇，其语言的运用数量和水平都与人类相距甚远，更不用说自然状态下的低级动物了。

狭义的学习是指学生在学校里的学习，它是人类学习的一种特殊形式。学生的学习的特点是：接受间接经验为主；在教师的指导下，有目的、有计划、有组织、有系统地进行的学习；学习不仅要掌握知识经验技能，还要发展智能，培养良好的行为习惯以及促进人格的健全发展；学习的主动性与被动性并存。

二、学习的生理心理基础

(一)学习的生理机制与科学用脑

1.大脑构造的无限和有限

大脑生理学家指出,正常人的大脑具有 140 亿~160 亿个神经元,可储存 1000 万亿信息单位,相当于美国国会图书馆所藏 1000 多万册图书 50 倍的知识。这就是说,无论怎样增加信息接收量,也不会导致大脑负担过重,它具备了人们刻苦学习的物质基础。日本一些科学家通过一系列实验认为,懒惰会引起早衰,而长期从事脑力劳动的人到 60 岁时仍能像 20 岁那样思维敏捷。因此,从理论上讲,人脑具有近乎无限的创造潜力。然而,事实上人脑尚有 90% 以上的潜力未被利用。

2.大脑功能的兴奋与抑制

大脑是思维的器官,学习心理的注意、观察、记忆、思维和想象,以及动机和兴趣、方法和习惯,都在这里产生、进行和完成。大脑皮层功能定位学说告诉我们,要使大脑皮层各个区域经常交换着工作,以防止某一区域的脑细胞疲劳。大脑皮层在做某一工作时,相应部分的脑细胞就处于兴奋状态,其他部分的脑细胞则处于抑制状态。在大脑皮层上形成兴奋区(工作区)和抑制区(非工作区),互相交替地活动着,随着工作性质的改变,兴奋区与抑制区不断轮换。这样不仅使大脑皮层上的各个区域轮流休息,而且由于兴奋和抑制相互诱导的结果,使原工作区加深抑制,从而更快地使疲劳的机体得到较好的恢复。如果善于变换活动内容或使活动内容丰富化,就学习而言,克服单学科独进倾向,使各学科系统安排、交叉进行,就可以达到轮换休息的目的,即使延长了学习时间也不至于疲劳。

3.学习中的科学用脑

所谓科学用脑,就是要求根据大脑的生理特点及其运动规律,既使大脑运动灵活,又保证大脑健康,从而发挥更大的潜力。在大学学习中,科学用脑可以使用以下方法:

(1)保证睡眠时间。睡眠是大脑皮层自然产生的一种弥漫性抑制。通过睡眠不仅可以解除生理疲劳,防止超限抑制的发生,而且可以给正常的新陈代谢提供补充营养的机会,从而保证人体机能的和谐与平衡。可以说,睡眠同阳光、空气和水一样,是个体生命所需。可见,在一定条件下,睡眠比个体的物质需求具有更重要的意义。对于大学生来说,不但不应过多牺牲睡眠时间,反而越是学习紧张越应保证有充足的睡眠。

（2）及时转移大脑兴奋中心。一定的心理活动，总是发生在大脑皮层的特定区域，与此"无关"的其他区域总是处于相对的静息状态。当某种单一的活动强度过大或持续时间过长时，就会引起该区域的疲劳，从而降低该项活动的效率。法国伟大的思想家卢梭（Jean-Jacques Rousseau）有一套自己的用脑方法，他合理安排读书时间，相继研究领域不同、难度各异的几个问题，使大脑不会老纠缠在一个问题上，从而得到调节和休息。他说："如果我连续研究几个不同的问题，即使毫不间断，我也能轻松愉快地一个又一个地寻思下去。这一问题可以消除另一个问题所带来的疲劳，用不着休息一下脑筋。于是，我就在我的治学计划中充分利用我所发现的这一特点，对一些问题交替进行研究。这样，即使整天用功也不觉得疲劳了。"因此，大学生在学习时，一定要做到学习方式多样化，使之交叉，手脑并用，读写听说并行。

（3）坚持体育锻炼。体育锻炼不仅可以增强大学生的体质，而且可以提高他们的反应速度、灵敏度，培养意志的坚强性和进取精神；有利于大学生适应更加紧张的学习、考试、活动，增强对紧张学习和学习时间的承受能力，推迟或减缓疲劳的产生。事实证明：经常从事体育锻炼的学生，他们的神经系统、血液循环系统、呼吸系统、消化系统等功能都较强。这是因为，体育锻炼使人体不断地分解和消耗能量，但经过恢复过程再合成的能量总是超过其原来具有的水平。生理学上称这种恢复过程为"超量恢复"。如果大学生经常从事体育锻炼，消耗和超量恢复的过程反复发生，体内就可以增加物质能量储备，体质就不断得到增强，从而促进学习效果和考试成绩的提高。

（4）要适当增加营养。营养不良会降低人体机制的兴奋限度，使之难以承受较为强烈或持久的刺激，影响注意力的集中、进取精神和探求行动，从而降低活动的效率。可以说，营养不良是产生生理疲劳的主要根源。只有充分保证人体活动所需要的营养，才能提高人体机制兴奋限度，防止生理疲劳过早或过易地发生。因此，大学生平时吃些蛋白质丰富的食物，如鱼类、肉类等，可以使记忆力明显增强。

（二）学习心理结构

学习心理是人们在学习过程中的心理反映、特点及其活动规律，其中学习心理结构是学习心理研究的主要任务。学习心理结构主要包括智力因素和非智力因素两大类。而大学生的学习活动是一个非常复杂的过程，各种智力因素和非智力因素交织在一起，共同影响学习的进程。智力因素作为心理过程中的认识过程，直接影响着学习活动，而非智力因素虽然不直接参与认识过程，却是学习活动赖以高效进行的动力因素。

1.智力因素是大学生"学会学习"的必要心理条件

智力是一种综合的认识能力，它包括注意力、观察力、记忆力、想象力和思维力等基本因素，抽象思维能力是智力的核心，创造力是智力的最高表现。智力是影响学习的重要因素,尽管智力的定义尚无定论,但它与学习的密切关系则是众所公认的。国内外学者的多项研究结果表明,智力与学生的学业成绩存在着中等程度的相关,智力不仅影响着学生的学业成就,更重要的是影响着学生掌握知识与技能的速度、深度和灵活性,并且在很大程度上决定着学生的准备状态,决定着学生学习的可教育性程度。在人的一生中,智力的发展水平随年龄发展而变化,但并不是匀速直线前进的。一般说来,出生后的前5年智力发展最迅速,5～12岁发展速度仍有较大增长,12～20岁智力缓慢上升,到20岁左右智力达到高峰,这一高峰期一直持续到34岁左右。然后直到60岁,智力缓慢下降;60岁以后,智力迅速下降。大学生学习在智力因素方面正处于智力发展的高峰期,因此在日常学习中要重视自己的智力因素培养。

2.非智力因素是大学生"学会学习"的重要心理条件

非智力因素是指除智力因素之外,影响智力活动和智力发展的那些具有动力作用的个性心理因素。它主要包括需要、动机、兴趣、情感、意志、气质和性格等。在个性心理结构中,诸多非智力因素组成了彼此联系、相互制约与相互作用的动力系统,是人的个性中最活跃、最积极的因素,它决定着人进行活动的积极程度。大学生的学习活动是智力因素和非智力因素协同活动的结果。研究表明,学生的学业成就与智力因素具有中等程度相关,而非智力因素对学生成才起决定作用。

在学习活动中,智力因素和非智力因素是相互制约、彼此促进的,智力的发展会促进非智力因素积极特征的发展,非智力因素的积极特征对学习具有调节、控制、维持和补偿的作用,是提高学习质量和促进智力发展的强大动力。但是,这种一致性并不是绝对的、自发的。因此,无论对智力较好还是智力较差的学生,都必须注意既发展他们的智力,又要培养他们的非智力因素,并有意识地让智力促进非智力因素发展,让非智力因素促进智力水平提高。

三、大学生学习的特点

大学生学习是学习的一种特殊形式。学习是大学生的主要任务,大学生正处于智力发展的高峰期,记忆力、观察力、思考力、逻辑思维能力与创造力都有很大的发展。大学生学习既不同于儿童的学习,也不同于成人的学习。大学生学习既有一定的专业性、目的性和探索性,又有深刻的社会意义,表现出广泛的兴趣和各种各样的学习方法。大学生在学习中具体呈现出以下特点:

(一)大学生的学习具有专业性

大学是为国家培养高级专门人才的,所以大学生的学习具有一定的专业方向性,学习的内容是围绕专业方向的需要展开的。每个专业都要根据社会对该专业人才的要求,制定出该专业的培养目标、教学大纲、教学计划、教学方法和手段,为实现教学目标服务。

不过，大学生在专业学习中虽然要重视自己所学的专业，但也不要完全局限于所学专业，在专业学习中注意增强专业的广博性，也可以跨学科跨专业学习。现代科学技术正朝着两个方向发展，一方面是继续朝"专"的方向发展，原有学科仍在继续分化过程之中，分支还会增多；另一方面是朝着综合的方向发展，交叉学科、边缘学科、综合学科也在不断产生。这种状态，要求大学生要克服只重视专业课的学习，不重视基础课的学习，只重视本专业的学习，不重视相关专业的学习的状况，必须在学好本专业基本知识、基本技能的同时，有意识地拓宽自己的知识面，增强自己的专业适应性，尽可能使自己成为一专多能的"通才"。大学生的学习是在确定了基本的专业方向后进行的，因此，其学习的职业定向性较为明确，即为将来走上工作岗位，适应社会需要所进行的学习；专业与学科群的划分也将大学学习与未来职业生涯紧密联系在一起，而专业学习要求大学生在掌握与专业相关的基础知识与专业基础的同时，要重视关注本专业的前沿知识与经典理论。大学生虽然不一定有能力直接参与到前沿研究中去，但是经常保持关注却是十分必要的。只有这样才能及时掌握新思想、新技术、新工艺，培养创新兴趣，强化创新思维，挖掘创新潜能，增加创新本领。在学好专业的同时，也要做到博学多才，注重拓宽知识视野，努力使自己成为社会需要的一专多能的复合型人才。

（二）大学生的学习具有自主性

大学学习在学习内容、学习时间及学习方式都更加强调大学生在学习活动中承担的角色，要求大学生在学习中具有很强的自主性。这种自主性表现在中、小学时期的学习以教师为主，以教师组织教学为主，大学生学习是以教师为主导、学生为主体进行的；大学生的课外学习计划、自学时间和学习方法可以自觉自控；大学生对学习内容具有较大的选择性，特别是随着高等教育改革的深化，大学的课程安排更加科学合理，既有公共必修课、专业基础课，还有辅修课及大量选修课，大学生可以在学好必修课的前提下，根据自己的兴趣、特长，在学科方向、课程内容方面有侧重地学习，学有余力的还可以辅修其他专业和攻读第二学位；学习的自主性还表现为学习的多渠道性，即可以在学校提供的条件下，通过各种不同的渠道和途径，如学术报告、知识讲座、各种讨论会、社会调查等，丰富和发展自己的知识和能力。

（三）大学生的学习具有实践性

所谓实践性特点，是说大学生在课堂上、书本上学习的基本知识和基本理论，要通过参加一些实践性环节加以巩固，增长一些书本上学不到的知识和技能。实践环节主要是培养大学生的独立思考能力、实际操作能力和解决问题的能力。所有大学生既要重视理论学习，又要重视实践环节，在实践中发现自己在实际动手能力方面的差距,完成从知识到能力的过渡。

(四)大学生的学习具有创造性

大学生学习的创造性,是指在学习过程中的创造意识和创造活动。这是由大学生自身的特点和大学教育的特点决定的。大学生生理、心理、思维、智力发展日趋成熟,为他们的学习由继承性过渡到创造性提供了基础。大学教学的特点,如专业性、自主性、实践性,又为他们在学习中发挥创造性提供了条件。因此,大学生在学习时,不仅仅是知识的接收器,同时还得对现有的知识进行梳理、整合、体验、思考、加工,使之变为"自我"的知识,并且有可能创造出新的知识。大学生学习已具有一定的探索性,即对书本之外的新观点、新理论进行深入的钻研与探索。大学学习不仅仅在于掌握知识,更在于探究知识的形成过程与科学的研究方法,了解学科发展前沿、存在的问题及解决的思路。目前,高等学校普遍加强大学生创新能力的培养,在课程设置、课程安排、课程衔接上突出学生的主体地位,体现创新,加大了学生实践环节的培养,旨在提高大学生的创新能力。

(五)大学生的学习具有多样性

信息时代,教师不再是知识的中心,学生获取知识的多元化带动了学习方式的变迁,网络又开辟了一条学习的新途径。大学开放式的教学为学生提供了多种多样的成功之路,除课堂教学外,课外实习、课程设计、科研训练计划、学年论文、专家讲授、学术报告及走向社会的社会实践、咨询服务等都为大学生学习提供了广阔的道路。

(六)大学生的学习既重视知识学习,也重视能力、素质的培养

目前正在进行的高等教育改革一再强调知识技能的学习与实践能力的培养同样重要。由于受应试教育的影响,长期以来只重视学生学习具有实用价值的知识,忽视学生创造能力的培养。联合国教科文组织提出 21 世纪教育的四大支柱,即学会求知、学会做事、学会共处、学会做人。学会做人和学会共处是四大支柱的关键和核心,也是教育的目的和根本。学会做人、学会共处中,学习交流能力十分重要,著名的外交家吴建民先生就曾一再主张在大学开设"交流学"这门课。其实这门课在学校、在社会,甚至在家庭,都无所不在。希望同学们能够充分利用大学校园良好的求知环境和人际氛围,学会做人,学会与人交往的方法,培养自己的社交能力。在未走出校门之前,就能在一定程度上了解社会,学会必要的待人处事技能。

四、大学生的学习与心理健康

大学生的学习与其心理健康是相互影响、相互制约的。一方面,学习是大学生的主要任务和主要活动方式,因而它对大学生的心理健康与发展有很大的影响;另一方

面,学习又是一个非常复杂的心理现象,大学生的心理健康状况、心理发展水平亦对大学生的学习产生直接的作用。两者互为基础,互相影响、互相促进。

(一)学习对大学生心理健康的影响

学习是现代人赖以生存的必要条件,还能促进人的全面发展,因而,学习对心理健康是有益的。然而如何对待学习,怎样学习,学习什么,学多少等与学习有关的因素,亦会给心理健康带来不同性质、不同程度的影响。

1.学习对大学生心理健康的积极影响

学习能够开发大学生的智力。人们常常说:"刀越磨越快,脑子越用越活。"这话有一定的道理。大学生的观察力、注意力、记忆力、思维力、想象力只有在实际学习过程中才能得到开发、利用和提高。一个人的智力再好、智商再高,如果不学习,智能就得不到开发和利用。

学习能够锻炼和提高大学生多方面的能力。大学生的能力包括:自学能力、操作能力、创造能力、表达能力和管理能力等,大学学习可以使这些能力不断得到锻炼和提高。

学习能促进大学生认知水平的提高。古人说:"玉不琢,不成器;人不学,不知义。""学然后知不足,知不足然后能自反也。"只有多学习,才能提高理论水平,从而提高认识问题、分析问题的能力,掌握科学的认知方法。

学习能够促进大学生自我认知的发展。大学学习的选择性给了学生自由决定是否选择某些科目的权利,很大程度上,学什么、怎么学都是由大学生自己做主的,这对自我认知产生了深远的影响。通过选择科目不断尝试新的领域,通过对专业的学习更加系统地认识某个领域,通过实践亲身体会某个领域是否适合自己……这都会影响到学生对自己的认识:我是一个什么样的人,我喜欢什么,不喜欢什么,适合什么,不适合什么,慢慢都有了一个答案。随着这些学习活动的深入,大学生的自我认知也将得到更好的发展。同时,这种自由还对自我控制提出了更高的要求。如何做到主动学习、经受住各种娱乐休闲的诱惑将是大学学习过程中的一个难题,也正是通过不断拒绝诱惑、合理安排时间,自我控制感才不断得到加强,自我控制能力才会相应提升。这些都意味着大学生只有学习,才能发现自身的不足,才能正确认识和评价自己和他人,也才能不断根据社会需要进行自我控制和调节。

学习能够调节大学生的情绪和情感。学习能够带来愉快和满足,乐于学习的人常常能从学习中找到乐趣和精神寄托,每当完成一项学习任务、取得一定成绩后,就会感到喜悦和快乐。而在遇到不如意的事情时,若能埋头学习,也会冲淡或忘掉烦恼。

学习能够锻炼和提高大学生的意志力。由于大学生活中时间和自由度的增加,外界监督的减少,大学生必须通过自己的努力和自控力来完成大部分的学习任务,一个每天按时上课、保质保量完成作业、主动涉猎相关知识的同学所获得的成绩和一个经常逃课、作业抄袭、从不将课余时间花在学习上的同学可能取得的学习结果肯定是完全相反的。正是这种高度相关,使得大学学习可以锻炼和提高大学生的意志力。

学习能够提高大学生的社会适应性。大学学习的内容主要是为大学生进入社会承担任一定的社会分工而设计的,特别是如果学生在专业学习和综合实践部分可以顺利地完成学习任务并主动积极地"化知识为生产力",将对其尽快地融入社会起到非常重要的作用。

学习能够提升大学生的人际交往能力。大学教学的一大特色是"团队合作"。这种强调团队集体作战的教学方式,使得学生不仅仅在课题进行中实践了所学知识、锻炼了创新能力,更重要的是在一个以专业学习为主要任务的团队中与成员互动,在很大程度上影响着一个人的人际交往能力。在课题进行过程中,可能会碰到以后进入社会工作遇到的一系列问题,可以说是以后工作的一次预演,如何分工协作、如何处理摩擦、如何妥协与坚持,对大学生人际交往能力都将是一大考验或者说是锻炼的机会。

2.学习对大学生心理健康的消极影响

学习既能对心理健康产生积极的、有益的影响,又可以对心理健康产生消极的、不良的影响。学习负担过重,容易造成心理压力,造成精神高度紧张;学习内容不健康,容易造成心理污染,让一些辨别能力差、抵抗力弱的大学生受害;学习难度过大,容易使大学生产生畏难情绪,甚至失去信心;学习方式方法不当,学习成绩长期得不到提高,容易导致自卑心理,甚至自暴自弃;劳逸结合不当,过度疲劳,容易对身体健康造成危害,进而影响心理健康。凡此种种,都应该引起足够的重视。

(二)心理健康状况对大学生学习的影响

学习是一种非常复杂的心理现象,它不仅与感知、注意、记忆、思维、想象等认知过程直接相联系,而且还涉及人的动机、情绪、态度、意志、个性等各种非智力因素。因此,不能简单地在学习与智力之间画等号。不能认为,学生的智力好、智商高,学习成绩就一定好;反之,也不能由学习成绩的好坏,来推知学生智力的高低。经过"过五关、斩六将",被严格选拔而进入高校的大学生,就普遍意义而言,其智力起点比较高,智力的个体差异较小。按理说,他们在校期间学习成绩应该相差不大,但事实却不是这样。同一班级或同一年级的大学生的学习成绩差别比较大,有的成绩优秀,而有的则对学习感到吃力,极少数甚至无法完成学业,不得不中途退学。为什么会出现这种情况呢?原因是多方面的,心理健康状况的影响是一个重要原因。心理学研究表明,心理健康状况对大学生的学习起着重要的影响:心理健康状况良好,对学习有很大的促进作用;反之,如果心理健康状况不佳,甚至有心理疾病,则会不同程度地妨碍大学生学习,阻碍潜能的发挥,严重者甚至无法学习。

五、大学生多元智能的开发

智力是指人们认识客观事物并运用知识经验等解决问题的能力,包括观察力、注意力、记忆力、想象力和思维力。智力是人们从事各种活动所必需的基本能力,它属于认识活动的范畴。能力是人们运用知识和智力成功地进行实际活动的本领,是人们的智力在各种不同条件下的综合表现,如人们的自信能力、操作能力、创造能力等。它属于实际活动范畴。智力偏于认识,能力偏于活动,二者有一定的区别。但人们的认识和活动又是统一的,认识离不开一定的活动基础,活动又必须有认识参与,所以智力与能力是密切联系的,二者是互为前提、互相制约、互相促进的交叉关系。能力中有智力,智力中有能力,智力和能力的总和叫智能。智能结构是指一个人智力和能力的有机组合。由于社会的各种性质、各个层次、各种规格的人才要求不同及每个人的个性差异,其智能结构也是有差异的,但都有一个使之优化、合理的问题。

世界著名的教育心理学家霍华德·加德纳(H.Gardner)最为人知的成就是提出多元智能理论,他否认存在一个普遍的智力,而提出多元智力观。他不是用传统的智力测验因素分析法去决定智力的多维性,而是从生物科学、发展心理学的角度和逻辑分析出发,提出人类具有七种不同的智力,每种智力都有生物学的基础,都有它独特的发展过程,并有不同的最终状态或专家作业的表现形式,以下就是他提出的七种智力。

语文智力:涉及对口语和书写语言的敏感度,学习多种语言的能力,以及使用语言达到某种特别目标的能力。律师、作家、诗人、记者等通常是具有高度语文智力的人。

逻辑—数学智力:这是指用逻辑去分析问题,善于数学运算,以及用科学方法去探讨问题。数学家、逻辑学家和科学家都特别善于利用逻辑—数学智力。

以上两种智力通常是在学校里最受重视的智力,接下来的三项是属于艺术领域,但其中的每一项都可以用于其他方面。

音乐智力:包括在音乐演奏、创作和欣赏方面的技能。各种乐器演奏家、作曲家都有很高的音乐智力。

肢体—动觉智力:包括一个用全身或身体的某些部分去解决问题或创作的能力。舞蹈家、演员和运动员是最明显具有肢体—动觉智力的人,但这一方面的智力对工匠、外科医生、动手操作的科学家、技师等同样是重要的。

视觉—空间智力:这是指能确认和操作广大空间方面的潜在能力以及较小范围的空间模式的能力。前者是航海家和飞行员所必须具备的,而后者对雕塑家、外科医生、棋手、画家和建筑师都很重要。

以下两项属于人际关系的能力。

人际智力:这是指一个人能够了解别人的动机、意图、欲望,并能以此为基础与别人有效共事的能力。推销员、教师、医生、宗教家、政治家和演员都需要有相当敏锐的人际智力。

内省能力:这是指认识、洞察和反省自身的能力。这方面的智力对心理学家、哲学家、教师、家长来说都是很重要的。人际智力和内省智力都属于人际关系方面的能力。

后来,加德纳在他的智力清单中又加上第八种智力:自然观察者智力。这是指善于观察自然界中的各种事物,对物体进行辨别和分类的能力。加德纳认为大部分儿童也倾向于主动探索大自然,5 岁的儿童大多热衷于恐龙世界就是一个明显的例子。在有正式科学训练的文化里,自然观察者则是指那些能够使用正式分类学的知识去辨认及分类物种的生物学家。1999 年加德纳又提出了第九种智力,即存在智力。存在智力是指陈述、思考有关生与死和终极世界的倾向性,即陈述、思考人们的生存方式及其潜在的能力。如人为何会在地球上出现,人类出现之前,地球是怎样的,在另外的星球上生命是怎样的,以及动物之间是否能相互理解等。

加德纳声称多元智力理论有两项基本主张:多元智力理论是对人类认知丰富性的说明,我们每个人都具有这些智力的潜能,可以依照各自的倾向或文化的偏好去动员和开发这些智力;我们每个人都有各自独特的智力组合,因此,当我们面对如何开发人力资源的挑战时,应当考虑如何利用每个人的天赋独特性。

多元智力理论中的智能结构是具有层次性的,也就是说在智力和能力中所包含的各因素并非都是平行的,而是呈现出一定的层次性。如智力因素中思维力是核心,思维力的发展可以促进其他智力因素水平的提高。实际上很多大学生在大学阶段,观察力、注意力、想象力和逻辑记忆力的较大提高,都源于思维能力的提高,所以大学生要特别重视提高自己的思维能力。当然其他智力因素也不能忽视,如观察力,巴甫洛夫(Ivan Pavlov)说过:"不学会观察,你就永远当不了科学家。"想象力是进行科学研究极为重要的条件,可以说,没有想象力,就没有创造。

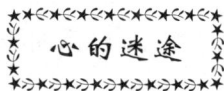

心的迷途

第二节　大学生常见的学习心理问题及成因

大学生在学习中,有许多与学习有关的心理问题,我们将针对大学生中普遍存在的学习动机不当、注意力不集中、考试焦虑、考试作弊等问题进行分析。

一、学习动机不当

学习动机不当包括学习动机不足和学习动机过强,这二者都会影响大学生的学业效能感。学习动机不足主要表现为:无明确的学习目标,为学习而学习,甚至厌倦学习和逃避学习;学习动机过强主要表现为:成就动机过强,奖励动机过强,学习强度过大。

大学生学习动机不足的原因主要有:学习动机不正确,社会责任感不强,价值观念不强,学习态度不端正,学习毅力不强,对专业不感兴趣,对自我的学业期望不足,学业自我效能感低等。

大学生学习动机过强的原因主要有:个体学业期望过高,自尊心强,对自己的学习能力缺乏恰当的估计,因而造成学业自我效能感下降,心理压力大;渴望学业成功而又担心学业失败,受表面的学业动机的驱使,渴望外在的奖励与肯定,特别是由于学业优秀带来的心理满足使学生更看重自己的学业优势,因为造成学习强度过大,引起心理疲劳等。

二、注意力不集中

注意力是心理活动对一定对象的指向,具有指向性、选择性和集中性。注意力是人类学习的前提,没有注意力就没有大学生的学习。注意力在大学生学习中具有极其重要的意义。

大学生注意力不集中的主要表现有:上课不能专心听讲,大脑常常开小差,盯着黑板却心猿意马,自己不能控制思维飘逸;易受环境的干扰,教室外的小小动静都能引起注意力的转移,而且长时间不能静心;参加活动,如体育运动或看一场电影后,久久沉浸在对情节的回忆之中等。

大学生注意力不集中的主要原因有:由于青年时期发展任务多,因而导致压力与心理冲突加剧,恋爱、性幻想等更容易引发注意力问题;生活事件导致心理应激,如重要丧失、考试失败、家庭生活发生重大变故、经济困难、评优失败、失恋、宿舍关系失和等造成的思想负担重,精力分散;学习动机不足,学习焦虑过低,缺少压力与紧迫感等。

三、考试焦虑

考试是一种复杂的智力劳动,是一种非常状态,要求考生头脑清醒、情绪稳定。考试焦虑是一种严重影响考试水平发挥的情绪反应。考试是滋生紧张情绪的土壤,有的学生因考试紧张,不能正常发挥自己的水平,主要是由于求胜心切,加重了心理负担。求胜动机在大脑皮层的某一区域形成了占主导地位的兴奋中心,致使其附近区域处于抑制状态。这会破坏知识之间的联系,妨碍了对知识的调动与提取,而记忆的暂时中断往往会加重焦虑情绪,从而加深考生对考试成绩得失的忧虑,于是导致恶性循环,容易造成错答、漏答或不知如何应答。在焦虑的状态下,学生的分析、综合、抽象、概括等具体思维能力无法正常发挥,从而导致考试失败。

考试焦虑的具体表现有:情绪上表现出担忧、焦虑、烦躁不安;认知上表现为注意力不集中,记忆力下降,看书效率低,思维僵化;行为上表现为坐立不安,手足无措;生理上表现为头痛、食欲下降、恶心、心慌、睡眠不好等。具有高度考试焦虑的学生在考前还会出现明显的生理心理反应,如过分担忧、恐惧、失眠、健忘、食欲减退、腹泻等症状;在临考时心慌气短、呼吸急促、手足出汗、发抖、频频上厕所、思维浮浅、判断力下降、大脑一片空白;个别学生在考场上出现视障碍,如看不清题目、看错题目、漏题丢题、动作僵硬、手不听使唤、出现笔误等。

造成大学生考试焦虑的原因既有客观因素,也有主观因素。客观因素主要有:一是考试本身,如考试的重要性、难易程度、竞争程度等。越是重要的考试,越容易产生考试焦虑;题目越难,越容易产生考试焦虑;竞争越激烈,越容易引发考试焦虑。二是学生的学业期望。一般而言,学业期望越高的学生,对学习投入的精力越多,越看重学业成绩,因而对考试失败的恐惧越高,越容易产生考试焦虑;而那些学业期望较低的学生,满足于60分,一般不会产生考试焦虑;但当学业期望较低的学生面临学业失败时,也可能会激发其考试焦虑。三是知识掌握程度。我们经常说:"难者不会,会者不难。"考试的难易是相对的,现在有一部分学生上课不认真,下课不复习,推崇考前一周效应,平时学习不努力,临阵磨枪,匆忙上阵,面对考题感到太难,便产生考试焦虑。四是考试压力的传递。学生间的相互影响也会造成考试焦虑。如一些学生将继续深造作为重要的人生目标,考前以发誓言、写战书等方式激励自己,人为制造紧张气氛,使部分学生感到考研失败可耻,整天笼罩在失败的恐惧之中。

主观因素主要有:一是个性气质特点。那些敏感、易焦虑、过于内向、缺乏安全感和自信心、做事追求完美的学生在考试中容易出现考试焦虑。二是考试经验。大学生多数在中学时代都有考试成功的经验,而进入大学后,偶然的考试失败会加剧这部分学生的考试焦虑,将过去考试成功归于题目容易、运气好,而将大学的考试失败归结为自己不聪明、能力差,就会对自己失去信心,因而面临考试就会紧张焦虑。三是知识掌握与复习准备。如果复习准备不足,对考试没把握,自然会产生考试焦虑。四是对考试外在价值的过分重视。考试成绩与大学生学业荣誉如奖学金,政治前途如入党等密切相关。因而,大学生会对考试成绩看重,特别是学业成绩优异的大学生,恐惧考试失败的心理压力更大,更容易出现考试焦虑的症状。

四、考试作弊

考试作弊作为一种特定和普遍的现象,被称为"大学流行病"。考试作弊在大学生学习中会影响大学生学业成绩,影响大学生学习的积极性和学业的公平性。

其直接原因既有学生自身的原因，也有考试纪律松懈及不良社会风气影响等客观原因。从学生方面看，一是挂科的压力。成绩较差的学生，特别是在面临挂科的现实压力时，可能铤而走险；而更多的无个人明确作弊动机的学生易受小团体氛围的影响，在一个都寻求考试"捷径"的环境中学习，学生会认为别人作弊对他自身不公平，也就随大流了。二是追求高分的愿望。成绩较好的学生希望在考试中获得成功，保持学业上的优势，而在时间紧迫的情况下可能会找到"捷径"；很多学生认为，分数仍然是命根，凡与学生切身利益有关的都与成绩息息相关，在一定程度上助长了学生的投机心理与侥幸心理。与此同时，作弊也是两难的，如果自己作弊而其他同学不作弊对其他同学不公平，自己不作弊而别人作弊又对自己不公平。因此，作弊加剧了学生竞争的不公平。三是课程的重要程度。学生对那些自认为不重要或"学过以后没有什么大用或学了就忘"的课程易产生心理上的轻视。可以肯定地说，这些因素都是外部控制。从学生心理的角度看，存在侥幸心理和投机心理，个体心理不成熟与自信心不足的学生容易作弊；从道德教育的角度看，主要是内心道德观念的弱化，学生总在寻找作弊的"合理化解释"，如监考不严、课程太难、作弊的普遍存在等，很少有学生从自身找原因。

从社会环境看，大学的作弊存在于一个更广阔的社会与教育环境中，大学生的许多欺骗行为并不仅仅发生在考试中，如作业的抄袭、笔记的拷贝、就业中隐瞒不良成绩都不是个别现象，甚至发生在高等学校中的科学舞弊都对大学生产生不良的影响。在这种环境下成长，必然对不诚实产生心理上的宽容，具有投机心理的学生在利益机制的驱动下可能会铤而走险。大学生自身的成才动机受市场机制的影响，产生了学业的短期行为，学生更热衷于技能类知识的学习而对基础理论有所忽视。

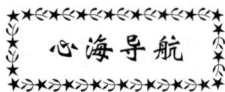

心海导航

第三节　大学生学习心理的调适

一、调适方法

（一）学习动机不当的自我调适

学习动机不足的自我调适方法：一是正确认识学习的价值与大学的目标，重新规划学业与人生。二是调整心态，以积极的心态对待学习特别是学习中遇到的挫折与困难，用自身的意志战胜惰性。三是改进学习方法，提高学习效率与学业自我效能感,提高学业的自我价值与社会价值。

学习动机过强的自我调适方法:一是正确认识自己的潜质,制定恰当的学业目标与学业期望,调整成就动机,与此同时,脚踏实地,循序渐进,不好高骛远。二是转换表面的学习动机为深层学习动机,淡化外在奖励特别是学业成就的诱因,正确对待荣誉与学业成绩。三是端正学习态度,树立远大理想,保持旺盛的学习热情,坚持不懈,便会取得预期效果。

(二)注意力不集中的自我调适

一是学会注意力转移,遇到生活应激事件与挫折,能够尽快从中解脱出来。二是适当强化学习动机,保持适当的学习压力与学习焦虑,并进行积极的自我激励与自我暗示。三是养成良好的学习习惯与生活习惯,保持旺盛的精力。四是选择理想的学习环境,减少与学习无关的活动,并进行适当的自我监控。

(三)考试焦虑的自我调适

1.充分的复习准备。80%的人考试焦虑是由复习准备不充分引起的,因此,牢固掌握知识是克服考试焦虑的根本途径。

2.正确评价自我,确立恰当的学业期望,培养自信心。正确对待考试结果,不以一次成败论英雄。过于担心、焦虑不仅于事无补,而且还会影响水平的正常发挥。

3.学会放松。如:(1)以舒适的姿势坐好,保持身体两边的平衡。(2)用鼻子深深地、慢慢地吸气,再从口里慢慢地吐出来。(3)想象身体各部位的放松,放松的顺序:脚、双腿、背部、颈、手心。可以放轻音乐,想象自己在轻柔的海滩上,暖暖的阳光照在身上,赤脚走在海滩上,海风轻轻吹拂,听海浪拍打海岸,将头脑放空,达到放松的目的。

4.开展考前心理辅导。对一些敏感、焦虑、抗挫折能力差、有心理障碍的学生,在考试前进行有针对性的心理辅导以缓解其心理压力;对高度考试焦虑的学生进行集体辅导,使学生客观地认识自己,提高心理素质,增强自我心理调整能力,提高考试技巧,有效地化解外来压力,发挥出应有的水平。

(四)防治考试作弊

1.从根本上杜绝作弊,从源头治理就是提高大学生的内在学习动机。内在学习动机不足与匮乏是大学生考试作弊的深层动因。从心理健康的角度提高大学生学习的积极性、主动性,激发其内在学习动机是防治作弊的核心手段。

2.切实转变教育体制与教育观念,逐步建立以教师为主导、学生为主体的教学模式,变传授知识为知识创新,强化教师的人格影响力。博学敬业、严谨求实的教师必然会对学生心灵产生巨大的震撼;与此相关,教学方法的改革、教学手段的改进,以及考试制度的相应变革势在必行。由单一的考试向考查学生综合运用知识与创造性运用知识转变,有的课程可以实行课程论文、单独考试、考查等。这包括学生个性教育的开展与完善,即不用一种固定不变的"好学生"标准衡量学生,真正将学生从沉重的考试中释放出来。

3.加强学风建设。良好学风对学生成才起着潜移默化的作用,营造积极向上的良好氛围,帮助学生确立正确的学习观,正确对待考试与荣誉,增强学生的自信心。学风好的班级,学生作弊的可能性就较小;反之,则大。

二、心的体验

(一)心理自测

学习动力自我测试

这是一份关于大学生学习动力的自我测验问卷,一共有 20 个问题,请你根据自己的实际情况,逐一对每个问题做"是"或"否"的回答。为了保证测验的准确性,请你认真作答。

1.如果别人不督促你,你极少主动地学习。　　　　　　　　　　　　　( )

2.你一读书就觉得疲劳与厌烦,只想睡觉。　　　　　　　　　　　　( )

3.当你读书时,需要很长的时间才能提起精神。　　　　　　　　　　( )

4.除了老师指定的作业外,你不想再多看书。　　　　　　　　　　　( )

5.在学习中遇到不懂的知识,你根本不想设法弄懂它。　　　　　　　( )

6.你常想:自己不用花太多的时间,成绩也会超过别人。　　　　　　( )

7.你迫切希望自己在短时间内就能大幅度提高学习成绩。　　　　　　( )

8.你常为短时间内成绩没能提高而烦恼不已。　　　　　　　　　　　( )

9.为了及时完成某项作业,你宁愿废寝忘食、通宵达旦。　　　　　　( )

10.为了把功课学好,你放弃了许多你感兴趣的活动,如体育锻炼、看电影与郊游等。　　　　　　　　　　　　　　　　　　　　　　　　　　　( )

11.你觉得读书没意思,想去找个工作做。　　　　　　　　　　　　　( )

12.你常认为课本上的基础知识没啥好学的,只有看高深的理论、读大部头作品才带劲。　　　　　　　　　　　　　　　　　　　　　　　　　( )

13.你平时只在喜欢的科目上狠下功夫,对不喜欢的科目则放任自流。( )

14.你花在课外读物上的时间比花在教科书上的时间要多得多。　　　( )

15.你把自己的时间平均分配在各科上。　　　　　　　　　　　　　　( )

16.你给自己定下的学习目标多数因做不到而不得不放弃。　　　　　( )

17.你几乎毫不费力就实现了你的学习目标。　　　　　　　　　　　　( )

18.你总是同时为实现好几个学习目标而忙得焦头烂额。　　　　　　( )

19.为了应付每天的学习任务,你已经感到力不从心。　　　　　　　　( )

20.为了实现一个大目标,你不再给自己制定循序渐进的小目标。　　　　（　　）

结果解释：

上述 20 道题目可分成 4 组,它们分别测查你在四个方面的困扰程度:1~5 题测查你的学习动机是不是太弱;6~10 题测查你的学习动机是不是太强;11~15 题测查你的学习兴趣是否存在困扰;16~20 题测查你在学习目标上是否存在困扰。

假如你对某组（每组 5 题）中大多数题目持认同的态度,则说明你在相应的学习欲望上存在一些不够正确的认识,或存在一定程度的困扰。

从总体上讲,假设选"是"记 1 分,选"否"记 0 分,将各题得分相加,算出总分：

总分在 0~5 分,说明学习动机上有少许问题,必要时可调整。

总分在 6~10 分,说明学习动机上有一定的问题和困扰,可调整。

总分在 11~15 分,说明学习动机上有较严重的问题和困扰,需调整。

总分在 16~20 分,说明学习动机上有严重的问题和困扰,需调整。

（二）团体活动

规划大学学习生活第一年

活动目的：

引导大学生做好第一年大学学习生活的规划。

活动过程：

步骤 1:选出在这一年里对你最重要的四个学习目标。请填写下表：

最重要的四个目标	实现目标的理由 （或者目标的重要性）	实现目标的把握

步骤 2:列出你实现学习目标过程中已有的各种重要的有利条件和不利条件,以及你的对策或措施。

条件及对策	目标 1	目标 2	目标 3	目标 4
有利条件				
不利条件				
对策或措施				

步骤 3：回顾过去，总结经验。

案例	成败原因	经验启示
案例 1		
案例 2		
案例 3		

步骤 4：为自己找一些值得效仿的模范。

1.在你的目标领域中找出有杰出成就的人，简单地写出他们成功的特质和事迹。

2.闭上眼睛想一想，仿佛他们每一个人都会为你提供一些实现目标的建议，记下他们每一位建议的重点。

3.记下他们的名字，即使你不认得他们，但通过这种过程，他们就好像成为你追求成功的最佳顾问。

步骤 5：好好地计划每一天的学习生活。

每日清晨，想想：我要做什么？我要如何开始这一天？我要朝哪个方向前进？我要得到什么结果？

三、心灵鸡汤

生活的一切时间和空间都是学习的课堂

当我把 9 岁的儿子带到美国，送他进那所离公寓不远的美国小学的时候，我就像是把自己最心爱的东西交给了一个我并不信任的人去保管，终日忧心忡忡。这是一所什么样的学校啊！学生可以在课堂上放声大笑，每天至少让学生玩两个小时，下午不到 3 点就放学回家，最让我"大开眼界"的是没有教科书！

那个金发碧眼的美国女教师看见了我儿子带去的中国小学四年级课本后，温文尔雅地说："我可以告诉你，六年级以前，他的数学不用学了！"面对她充满善意的笑脸，我就像挨了一闷棍。一时间，我真怀疑把儿子带到美国来是不是干了一生最蠢的一件事。

日子一天一天过去，看着儿子每天背着空空的书包兴高采烈地去上学，我的心就止不住一片哀伤。在中国，他从小学一年级开始，书包就满满的、沉沉的，从一年级到四年级换了 3 个书包，一个比一个大，让人感到"知识"的重量在增加。而在美国，他没了负担，这能叫上学吗？一个学期过去了，把儿子叫到面前，问他美国学校给他最深的印象是什么，他笑着给我一句英语："自由！"这两个字像砖头一样拍在我的脑门上。

此时，我真是一片深情怀念中国教育。我似乎更加深刻地理解了为什么中国孩子老是能在国际上拿奥林匹克学习竞赛的金牌。不过，事已至此，也只能听天由命。

不知不觉一年过去了，儿子的英语长进不少，放学后也不直接回家了，而是常去图书馆，不时就背回一大书包的书来。我问他一次借这么多书干什么。他一边看着借来的书一边打着电脑，头也不抬地说："作业。"这叫作业吗？一看孩子打在电脑屏幕上的标题——中国的昨天和今天,我真有些哭笑不得,这样大的题目,即使是博士恐怕也不敢去做吧?

于是我严声厉色地问是谁的主意,儿子坦然相告:"老师说美国是移民国家,让每个同学写一篇介绍自己祖先生活的国度的文章。要求概括这个国家的历史、地理、文化,分析它与美国的不同,说明自己的看法。"我听了,连叹息的力气也没有了,我真不知道让一个10岁的孩子去做这样一个连成年人也未必能做的工程,会是一种什么结果?我只觉得一个10岁的孩子如果被教育得不知天高地厚,以后恐怕是连自己挣口饭吃的本事也没有。

过了几天,儿子就完成了这篇作业。没想到,打印出来的是一本二十多页的小册子。从九曲黄河到象形文字,从丝路到五星红旗……热热闹闹。我没赞成,也没批评,因为我自己有点发愣,一是因为我看见儿子把这篇文章分出了章与节,二是在文章最后列出了参考书目。我想:这是我读研究生之后才运用的写作方式,那时,我30岁。

不久,儿子的另一篇作文又出来了。这次是《我怎么看人类文化》。如果说上次的作业还有范围可循,这次真可谓不着边际了。儿子真诚地问我:"饺子是文化吗?"为了不耽误后代,我只好和儿子一起查阅权威的工具书。费了一番气力,我们完成了从抽象到具体又从具体到抽象的反反复复的折腾,儿子又是几个晚上坐在电脑前煞有介事地做文章。我看着他那专心致志的样子,不禁心中苦笑,一个小学生,怎么去理解"文化"这个内涵无限丰富而外延又无法确定的概念呢?但愿对吃兴趣无穷的儿子别在饺子、包子上大做文章。在美国教育中已经变得无拘无束的儿子无疑是把文章做出来了,这次打印出来的是10页,又是自己的封面,文章后面又列着一本本的参考书。他得意扬扬地对我说:"你说什么是文化? 其实超简单——就是人创造出来让人享受的一切。"那自信的样子,似乎发现了别人没能发现的真理。后来,孩子把老师看过的作业带回来,上面有老师的批语:"我安排本次作业的初衷是让孩子们开阔眼界,活跃思维,而读他们作业的结果,往往是我进入了我希望孩子们进入的境界。"我问儿子这批语是什么意思。

儿子说:"老师没为我们感到骄傲,但是她为我们感到震惊。"他问我:"是不是?"我无言以对,我觉得这孩子怎么一下子懂了这么多事? 再一想,也难怪,连"文化"这题目都敢做的孩子,还有什么不敢断言的事吗?

儿子六年级快结束时,老师留给他们的作业是一串关于二次世界大战的问题:你认为谁对这场战争负有责任? 你认为纳粹德国失败的原因是什么? 如果你是杜鲁门总统的高级顾问,你将对美国投原子弹持什么态度? 你是否认为当时只有投放原子弹一个办法去结束战争? 你认为今天避免战争的最好办法是什么? 如果是两年前见到这种问题,我肯定会抱怨:"这哪里是作业,分明是竞选参议员的前期训练!"而此时,我已经能平心静气地寻思其中的道理了。

学校和老师正是在这一个个设问之中,向孩子们传输一种人道主义的价值观,引导孩子们去关注人类的命运,让孩子们学习思考重大问题的方法。这些问题在课堂上都没有标准答案,它的答案,有些可能需要孩子们用一生去寻索。看着12岁的儿子为完成这些作业兴致勃勃地看书查资料的样子，我不禁想起当年我学二战史的样子，按照年代事件死记硬背，书中的结论明知迂腐也当成《圣经》去记，不然，怎么通过考试奔向光明前程呢？此时我在想：我们在追求知识的过程中，重复前人的结论往往大大多于自己的思考；而没有自己的思考，就难有新的创造。

儿子小学毕业的时候，已经能够熟练地在图书馆利用电脑和微缩胶片系统查找他所需要的各种文字和图像资料了。有一天，我们俩为狮子和豹子的觅食习性争论起来。第二天，他就从图书馆借来了美国国家地理学会拍摄的介绍这两种动物的录像带，拉着我一边看，一边讨论。儿子面对他不懂的东西，已经知道到哪里去寻找答案了。

儿子的变化促使我重新去看美国的小学教育。我发现，美国的小学教师虽然没有在课堂上对孩子们进行大量的知识灌输，但是他们想方设法把孩子的目光引向校外那个无边无际的知识海洋，他们要让孩子知道，生活的一切时间和空间都是学习的课堂；他们没有让孩子去死记硬背大量的公式和定理，但是煞费苦心地告诉孩子怎样去思考问题，教给孩子们面对陌生领域寻找答案的方法；他们从不用考试把学生分成三六九等，而是竭尽全力去肯定孩子们的一切努力，去赞扬孩子们自己思考的一切结论，去保护和激励孩子们所有的创作欲望和尝试。

有一次，我问儿子的老师："你们怎么不让孩子背记一些重要的东西呢？"老师笑着说："人的创造能力中有两个东西比死记硬背更重要：一个是他要知道到哪里去寻找所需要的比他能够记忆的多得多的知识；再一个是他综合使用这些知识进行新的创造的能力。死记硬背不会让一个人知识丰富，也不会让一个人变得聪明，这就是我的观点。"

我不禁想起和一个好朋友的一次谈话。他学的是天文学，从走进美国大学研究所的第一天起，到拿下博士学位的整整 5 年，他一直以优异的成绩享受系里提供的优厚奖学金。他曾对我说："我觉得很奇怪，要是凭课堂上的学习成绩拿奖学金，美国人常常不是中国人的对手，可是一到实践领域，搞点研究性题目，中国学生往往没有美国学生那么机灵，那么富有创造性。"我想，他的感受可能正是两种不同的基础教育体系所造成的人之间的差异。中国人太习惯于在一个划定的框子里去施展拳脚了，一旦失去了常规的参照，对不少中国人来说感到的可能往往并不是自由，而是惶恐和茫然。

我常常想到中国的小学教育，想到那些课堂上双手背后坐得笔直的孩子们，想到那些沉重的课程、繁多的作业、严格的考试……它让人感到一种神圣与威严的同时，也让人感到巨大的压抑和束缚。但是多少代人都顺从着它的意志，把它视为一种改变命运的出路。这是一种文化的延续，它或许有着自身的辉煌，但是面对需要每个人发挥创造力的信息社会，面对明天的世界，我们又该怎样审视这种孕育了我们自身的文明呢？

心的思索

一、思考题目

1.你如何看待考试作弊？你认为学校应当采取什么样的措施来防治考试作弊？

2.你认为大学生的学习和中学生的学习最大的区别是什么？

3.你的优势智力潜能有哪些？未来的学习生活中你将如何扬长避短？

二、阅读推荐

1.刘建新：《大学生常见心理问题及疏导》，广州：暨南大学出版社，2005年。

2.吕国荣：《小故事大成功》，北京：金城出版社，2005年。

3.张丽珊：《成长是首流动的歌》，北京：商务印书馆，2002年。

第六章

淡泊明志，宁静致远

心灵书签

没有谁能左右你的情绪，只有你自己不放过自己。谁心里没有故事，只是学会了控制！

心的困惑

这个学期是我进入大学后的第二个学期，但是在这之前，我时常担心着什么，晚上时常睡不着。即使入睡了，也常常被一些杂乱的梦境惊醒。在上大学之前，我并没有这样的感觉，所以我觉得自己真的是有心理问题。从小，也是当教师的母亲对我要求很严格，无论是学习上还是生活上，都要求我在同年龄人中必须是优秀的。但是，后来我的学习成绩并不太好，我也因此常常自责，觉得对不起父母为我的操劳。入学以后，我和同学的关系一直都不太好，常常是自己一个人独来独往，成了校园里的"独行侠"；上课的时候总觉得坐立不安，好像有什么事情还没做，却又不想去做，并且注意力无法集中；学校对各项基本技能的要求很严格，作业和考试的压力很大。我知道自己应该提起精神去完成作业和面对考试，可是内心存在焦虑，现实生活中却不知道自己要如何去做，日复一日地在烦躁和焦虑中虚度。我觉得，这可能就是心理问题造成的。后来，在一节团体辅导课中，老师让每位学生写出近一周来自己每天的情绪状况。我发现自己的情绪一直都是不愉快的、焦虑的、消极的。我不想保持这样的状态，我想改变！老师，您能告诉我应该怎么做吗？

心理知识

月有阴晴圆缺，人有悲欢离合。成功了，手舞足蹈；失败了，垂头丧气。分离时，依依不舍；害羞时，扭扭捏捏。奋斗过，无怨无悔；落魄过，忍辱负重。爱，直教人生死相许；恨，欲寝其皮食其肉。有的人笑口常开，活得像阳光一样灿烂；有的人牢骚满腹，永远像是上帝的弃儿。有的人会为区区小事而大发雷霆，有的人总对过去的恩恩怨怨耿耿于怀。有的人经常后悔，却总悔而不改；有的人总感到委屈，好像整个世界都对不起他；有的人时时感到不安全，似乎危机四伏；有的人口口声声"捣糨糊"，却终究心有不甘。子欲养而亲不待，成为人生的剧痛；失去了才懂得珍惜，终成难言的遗憾。在一次次的感动与自我感动中，人性慢慢升华；在一次次的体验与领悟中，个体渐渐成长。

以上种种，展示的均是人的心理的一个重要侧面——情绪与情感。正如诺尔曼·丹森（Norman K. Denzin）所言："情感规定着人的存在。没有情感，日常生活将是一种毫无生气、缺乏内在价值、缺少道德意义、空虚乏味而又充满无穷无尽交易的生活。"因为一个真正的人，必须是一个具有情感的人。所以他认为，情感的本质就是自我的感受。

大学生正处于青年期，有着丰富的情绪体验，情绪的波动性大，爱憎分明。但也因为如此而容易陷入情绪困扰之中，产生消极的情绪体验。不良的情绪体验将明显地影响学习、生活中的方方面面，如果长期处于不良的情绪状态中，还可能产生情绪障碍，从而危害大学生的身心健康。了解大学生的情绪发展特点，努力培养良好积极的情绪，对增进大学生的心理健康有着重要的意义。

第一节　大学生的情绪概述

生活中，情绪与我们时时相伴，有时欣喜若狂，有时焦虑不安，有时孤独恐惧，有时满腔怒火，有时舒适愉快等。这一切使我们的生活时而阳光灿烂，时而阴霾密布，时而晦涩呆板，形成了一个纷繁复杂的心理世界。这些表现就是情绪。情绪最能表达人的内心状态，可以说情绪就是人的心理状态的"晴雨表"。

一、情绪概述

（一）情绪的含义

情绪在日常体验中似乎非常明确，如每一个人都能体验到高兴和愤怒。但是，到底什么是情绪？当前比较流行的一种观点是，情绪是以个体的愿望和需要为中介的一种心理活动，是人对客观事物的态度体验及相应的行为反应。当客观事物或情境符合主体的愿望和需要时，就能引起积极、肯定的情绪；而当客观事物或情境不符合主体的需要和愿望时，就会产生消极、否定的情绪。

　　情绪是多维的，分析情绪的组成部分有利于我们更好地理解情绪的实质。总的来说，情绪是一种主观的、生理的、有目的的和社会的现象。

　　首先，情绪是一种主观感受。它使我们以一种特殊的方式去感觉，如愤怒或高兴。情绪也是一种对情境的生物反应和生理应答。在情绪状态下，我们的身体（心脏、肌肉等）以一种与非情绪状态不同的方式激活。其次，情绪也是有目的的。与饥饿是机能的和有目的的一样，愤怒激发我们想去与敌人战斗，而害怕激发我们想逃离危险。最后，情绪是社会现象。在社会交往过程中，在言语沟通的同时，我们也向他人传递明显的面部和躯体信号（如眉毛的运动、声调），从而交流我们的情绪性的思想。

　　(二)基本情绪

　　我国传统医学根据情绪的性质把情绪分为"七情"，即喜、怒、忧、思、悲、恐、惊。现代心理学则认为人类具有喜、怒、哀、惧四种基本情绪。

　　1.喜

　　喜，即愉快、高兴等情绪，是人的最基本、最原始的情绪。喜实际上是人在需求得到满足时的情绪体验，它使人轻松、愉悦，有益于身心健康。喜的表现可以从得意到狂喜、欢喜、满意，是明显的高兴情绪表现。

　　2.怒

　　怒是欲望和要求被阻抑时所产生的情绪。根据强度的大小可分为轻微不满、气恼、微愠、激怒、大怒、暴怒、狂怒等形态。怒气的强度越大，情绪爆发性就越强烈，也越容易使人失去理智。

　　3.哀

　　悲哀（或痛苦）是最消极、讨厌的情绪。悲哀通常产生于分离或失败的体验。考试失败、评先评优落选或丧失了生命中重要的人等，都可能产生悲哀。因为哀具有讨厌性质，所以会使人们采取必要的行为来改变造成痛苦的环境，使其恢复到痛苦前的状态。

　　4.惧

　　惧，可理解为害怕、恐惧。恐惧是一种企图摆脱危险、逃避危险的情绪。恐惧可以从轻度的担忧、忧虑到惧怕、恐慌、恐怖，恐惧的强度越大，产生的消极作用就越大。恐惧产生于人们将情境解释为有潜在的危险或威胁时，这种危险和威胁可能是心理的，也可能是生理的。当恐惧发生时，人常有退缩或逃避的动作，并伴随着异常激动的表现,如心慌、毛发竖立、惊叫等。

(三)情绪的作用

心理学研究表明,情绪对人们适应周围环境有着积极的作用。例如,狗在保卫它的领土时,会露出它的牙齿;人在面临战斗时,会涨红了脸,眉毛往下往内蹙,这都有机能的意义。牙齿露出的大小和威吓的脸,可以帮助表达者应对敌人的侵略(挡住对手)。由于这些表情具有机能的意义,因而经受住了自然的选择。情绪的作用表现在以下两个方面:

1.应对性作用

人类的基本生活任务是处理所面临的各种困境,如丧失、沮丧等。情绪能为我们提供能量,指引我们采取有利于进化的行为。例如,儿童与父母走散了,哭着寻求帮助,这种行为远比其他行为有效。也就是说,情绪和情绪行为提供了一种与生俱来的整合方式,来应对个体生存面临的重要挑战和威胁。例如,害怕使身体准备退缩和逃跑,这是情绪的保护目的;面对敌人和障碍物,愤怒使身体准备攻击,这是情绪的破坏目的;期待激发了好奇感,使个体准备观察外界,这是情绪的探索目的。对生活中的每一个重要事件,人类都进化了一种相应的、适应的情绪反应。因此,情绪的机能是使个体能对生活基本任务进行适当的反应。

2.社会性作用

情绪的社会机能,强调的是情绪在人们生活、学习和工作中,与他人进行交往中的作用。

(1)情绪表达促进同他人情感的交流。情绪表达是一种有效的非语言交流的信息。通过情绪表达,婴儿可以交流不能用言语交流的内容。婴儿刚一出生就能表达疼痛、高兴、兴趣和厌恶;到2个月,婴儿能够表达悲哀和愤怒;到6个月,婴儿能够表达害怕。有许多的研究都证明,在母亲和婴儿之间,情绪表达可以促进相互之间的情感交流。在我们与他人的交往中,没有修饰的情绪表达也很容易为他人所感知,从而与他人交流我们的情感。

(2)情绪表达可以调节与他人的交往。对儿童的研究表明,一个人的表情能够影响他人的反应,促进他人的选择性行为反应。例如,在一个抢玩具的冲突情境中,表达愤怒或悲哀的儿童与没有这种表情的儿童相比,更可能留住玩具。因为情绪表情向他人传达了表达者接下来可能采取的行动,如果玩具被拿走,有愤怒表情的儿童传达了接下来可能采取攻击行为;而悲哀的儿童可能流眼泪,攻击性信号或哭的信号会使他成功地获得失去的玩具(或开始就能阻止玩具被拿走)。

在社会情境中的情绪表达,既有信号的机能(我感到怎样),又有指向的机能(我想要你怎么做）。但是，有时有"策略"的情绪表达也可能会达不到预期"目的"。例如，抑郁的人向他人表达自己的情绪状态，希望获得支持和宽慰。然而，不幸的是，这种抑郁的交流经常唤起了他人的消极情感，导致了拒绝，而不是希望的支持和宽慰。而悲哀情绪表达了坏心境、低自尊、无助和疲惫，由于悲哀本身是不愉快和人们想避免的，因此，人们倾向于拒绝悲哀情绪的表达者。这样，尽管痛苦的表达旨在恳求他人的宽慰行为，但是结果似乎恰恰是相反的。

另外，通常认为人们高兴时会微笑、悲哀时会皱眉等。但是，我们发现，人们经常微笑，可这时他并没有感到高兴。他们的微笑是想促进与他人的交往。例如，研究表明，在遇到一个陌生人时，如果你微笑，那么，比起不微笑的那个陌生人，你更可能接近陌生人。有时，我们承认自己犯了错误或处于尴尬情境时，也可能通过微笑来矫正失礼。微笑是一个普遍性的欢迎表示，似乎无声地在说"我很友好"和"我希望我们能友好"。

（四）情绪与心理健康

1.不良情绪对心理健康的影响

中医学在很早之前就指出，怒伤肝、恐伤肾、喜伤心、忧伤肺、思伤脾。也就是说，任何情绪都有一个"度"，如果长期或过度的紧张、焦虑、恐惧、抑郁、自卑以及强烈的挫折感等消极情绪，首先是不健康、不成熟的心理表现；其次，这些心理状态将可能导致心血管、内分泌等生理功能紊乱，表现为心身疾病。

2.良好情绪对心理健康的影响

愉快而平衡的情绪能使人的大脑处于最佳活动状态，保证体内各器官系统的活动协调一致，使人食欲旺盛、睡眠安稳、精力充沛，充分发挥有机体的潜能，提高脑力和体力劳动的效率和耐力。同时，愉快的情绪还能使有机体的免疫系统和体内化学物质处于平衡状态，从而增强对疾病的抵抗力。此外，达观快乐的积极情绪还能使别人更喜欢接近自己，从而有助于建立良好的人际关系。

据说，英国著名化学家法拉第（Michael Faraday）年轻时由于工作紧张，神经失调，身体虚弱，久治无效。后来，一位名医给他做了详细检查，没有开药方，只留下一句话："一个小丑进城，胜过一打医生。"法拉第仔细琢磨后，觉得很有道理。从此以后，他经常在紧张的工作之余，去观看喜剧、马戏等，到野外和海边度假，增加生活情趣，以保持心情愉快。

二、大学生情绪的主要特点

大学生正处青春期，在生理发育趋向成熟的同时，心理也正在经历急剧的变化，尤其是反映在情绪上。大学生的社会地位、知识素养同社会文化的联系以及特有的年龄阶段上的生理状况，使得大学生有着其特殊的需要，从而也使其情绪带有自己的特色。

1.情绪的冲动性与复杂性

大学生有着丰富、强烈而又复杂的感情世界，情绪体验快而强烈，喜怒哀乐常常一触即发，表现出热情奔放的冲动性特点。心理学家常用"急风暴雨"来比喻这种激情性的情绪特征。这种冲动性的情绪在群体中往往会变得更激烈。大学生有较强的群体认同感，喜欢模仿，易受暗示，容易受当时情境气氛的感染、鼓动，表现出比单个人时更大胆的举止，因为群体可以增强一个人的力量感，同时在群体中个人可减少其应负的责任。

大学生的情绪冲动性是有其生理和心理基础的。由于性成熟，性激素分泌的旺盛会影响下丘脑的兴奋性，而大脑皮层的调节作用一时还不能适应这种情况。因此在皮层和皮层下之间出现了不平衡状态。心理发展的相对缓慢，心理调节机制的不完善，缺乏对外界变化的弹性和应变能力，缺乏对心理活动调节和支配的意志和能力，从而使得大学生的生理和心理的发展出现了某种程度的不平衡，影响了情绪的表现，使得情绪容易冲动。

2.情绪的摇摆性与弥散性

大学生的情绪容易从一个极端跳到另一个极端，情绪跌宕起伏，表现出动荡不安的状况，他们的积极性往往随情绪起伏而涨落。

大学生情绪还有较强的弥散性。一种情绪一经产生，就可能摆脱原先的对象而扩散开来。在不自觉中，他们把自己的情绪赋予外物，转移到其他事物中去，即具有较明显的情绪迁移性。正是由于大学生对事物带有强烈的感情色彩，因而他们有时就很难保持实事求是的客观态度。

3.情绪的压抑性与高情感性

处在青春期的大学生是情感最丰富最强烈的时期，同时也是一个充满压力和冲突的时期，而这往往会导致情绪的压抑性。相当多的大学生常常感到自己的情感不能尽情地得到倾诉，这种感觉有些是自己意识到的原因引起的，有些则是连自己也不知道究竟这种压抑来自何方，只觉得总有一种不满、烦恼，有一种空虚感、孤寂感。

4.情绪的阶段性与层次性

大学阶段由于不同年级培养目标和培养重点不同，教育方式和课程设置有所区别，各个年级面临的问题不同，情绪、情感特点也不同，呈现出阶段性和层次性特点。

大学新生所面临的是环境适应、学习方法的改变、新的交往对象的熟悉与了解以及新的目标确立等问题。新生自豪感和自卑感混杂，放松感和压力感并存，新鲜感和恋旧感交替，情绪波动大。二、三年级经过适应过程，能够融于校园生活中，情绪较为稳定。毕业班学生面临毕业论文（毕业设计）及择业等多方面的重大问题，压力大情绪波动大，消极情绪多。即使同年级的学生，由于社会、家庭及自身要求、期望不同，能力、心理素质的差别，也会体现出不同的情绪状态，表现层次区别。

5.情绪的内隐性与外显性

大学生的很多情绪是一眼就能看出的，如考试第一名或赢得一场球赛，马上就能喜形于色。但大学生在成长过程中，面临学习、交友、恋爱和择业等具体问题，切肤之痛的影响往往深藏不露，具有很大的内隐性。

三、大学生情绪健康的标准

人们从多种不同的角度对健康情绪的标准进行论述，但健康情绪和不健康情绪之间的区别是相对的，很难有严格的界限。目前大多数人所采用的一种观点认为，健康情绪应当符合以下几个标准：

1.情绪是由适当的原因所引起的。心理学研究表明，情绪反应都是有其原因或对象的。同时，当事人一般都能觉察到，并且周围的人也能觉察到情绪产生的原因，或赞同其对情绪产生原因的解释。毫无原因的情绪反应不是健康的情绪反应。

2.情绪反应的强度和引起它的情境相适应。过于强烈的或强度不足的情绪反应都不是健康的情绪反应。

3.情绪反应能够随客观情境的变化而转移。人们在日常生活中，情绪反应的持续时间是不同的。当引起情绪的因素消失后，情绪反应在较短的时间内恢复平静，但有的情绪（如失恋、亲人的死亡）则需要较长时间才能恢复到正常的状态。不能随客观情境的变化而变化的情绪反应，不是健康的情绪反应。

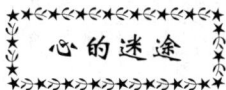

心的迷途

第二节　大学生常见的情绪困扰及成因

一、大学生常见的情绪困扰

大学生常见的情绪困扰又称情绪的适应不良，按其起因，它又具体表现为情绪反应过度、情绪反应不足、负性情绪持续或泛化，以及情绪不能接受或情绪难以控制等几个方面。

（一）情绪反应过度造成的情绪困扰

1.愤怒

愤怒是人在遇到挫折时最常见的反应，是人类的一种基本负性情绪。但是，有不少大学生对其愤怒情绪的表达或控制不当，从而影响了人际关系和问题的解决，更有甚者引发了恶性校园暴力事件。大学生感觉到愤怒情绪无法自控而引发的各种实际冲突或内在困扰，实际是伤害了别人，也伤害了自己。

2.焦虑过度

焦虑，几乎每个学生都曾经历过。焦虑情绪本身并非是一种情绪困扰，这里所说的，是指自身的焦虑程度已经构成了对学习和生活的不良影响或干扰。应该说，适度焦虑有益于个人潜能的开发，如果一个人没有焦虑或是焦虑不足，就会导致注意力涣散，工作、学习效率下降，所以，无论是听课还是课下自习，都需要保持一定的焦虑。但是过度的焦虑，往往又会使人因过度紧张而导致注意力分散和工作、学习效率降低。

焦虑情绪的发生原因是多方面的，可分为情境性焦虑、情感性焦虑和神经性焦虑。情境性焦虑又称反应性焦虑，指包括由于面临考试、学习压力、当众演说等外界的心理压力所造成的焦虑情绪；情感性焦虑是指对预期发生的事的担心，对自己的过错感到自责等引起的焦虑反应；神经性焦虑则是指由于情绪紊乱、恐慌、失眠、心悸等心理和生理原因引发的焦虑。

3.应激状态

应激状态是指当事者在某种环境刺激的作用下产生的一种适应环境的反应状态。在应激状态下，往往会伴随着多种负性情绪。例如，在应激产生的同时附带着恐惧、震惊、厌恶等；应激状态还可能同时附带着痛苦、敌意、惧怕、失望等情绪感受。所以，应激状态实际也是一种消极的不良情绪。

（二）情绪反应不足造成的情绪困扰

1.忧郁

忧郁是一种愁闷的心境，表现为没有激情、忧心忡忡、长吁短叹、话语减少、食欲不振等生理和心理反应。忧郁在大学生群体中表现较为普遍。例如，有些学生因为无法面对学业中的竞争和学习的压力，或是对所学的专业不满意，而陷入忧郁的情绪状态，表现为对生活、学习失去兴趣，无法体验到快乐，行为活动水平下降，回避与人交往。严重者，还伴有心境恶劣、失眠，甚至自杀倾向。特别需要指出的是，忧郁情绪与抑郁症既有联系，又有质的区别。前者属于一种不良情绪困扰，需要的是心理上的调整；而后者则属于精神疾病，需要及时到医院就诊。

2.冷漠

冷漠同样是一种情绪反应强度不足的表现，表现为对人、对事漠不关心的消极状态。处于冷漠情绪的大学生，在行为上常表现为对生活没有热情和兴趣，对学习漠然置之，无精打采，对周围的同学冷漠无情，甚至对他人的冷暖无动于衷，对集体活动漠不关心，麻木不仁。日本心理学家松原达哉教授形容此情绪状态的学生是无欲望、无关心、无气力的"三无"学生。冷漠是一种对环境和现实的自我逃避的退缩性心理反应，它本身虽然带有一定心理防御的性质，但是它会导致当事者萎靡不振、退缩躲避和自我封闭，并严重影响一个人的身心健康。

（三）负性情绪持续时间过长或泛化造成的情绪困扰

负性情绪持续时间过长或泛化造成的情绪困扰，主要是当事人将偶然事件所引发的负性情绪的体验，逐渐泛化到了所有相似的情境之中，造成了学习和人际交往中的情绪障碍。例如，一位同学有一次在课堂上回答老师提问时，由于紧张，出现了口误，引起班上同学的哄笑，并被老师批评。从这以后，每次上这位老师的课，他都感到极度的紧张、焦虑，尔后发展到恐惧。为此，每次上课他都坐在最后一排，但他还是害怕老师注视他的目光，并逐渐严重到不敢进教室听课，最后又发展到害怕进教室和害怕所有上课教师的目光。前面我们曾经谈过，负性情绪并非一定是不良情绪，因为伴随着一定紧张状态的愤怒、憎恨、忧愁、恐惧、痛苦等负性情绪的产生，同样是作为人们适应环境的一种必要的反应，它可以激起人的内在潜能，使人改变或脱离造成这种不良心态的环境。但是，如果此种情绪反应持续时间过长或者泛化，则会严重影响到人的正常工作、学习和生活，而且给人的身心带来严重的负面影响。

（四）不能接受或无法控制自己的情绪状态造成的情绪困扰

在日常生活中，大学生的情绪困扰，有时还来自于因不能接受或无法控制自己的情绪状态而产生的不适感。例如，一名大学生在平时学习时，常为自己头脑中闪现一些毫无意义的杂念而烦恼不已。本想将其克服，但没想到越是绞尽脑汁想将其克服，杂念不仅没有减少，反而越来越严重了。这位学生的情绪困扰，来自于他对自己的情绪反应不能接受。前面我们讲过，情绪是人的一种自然的和本能的感受，无论是否愿意，也无论情绪是否为负性情绪感受，都是不以人的意志为转移的，当我们对某一种情绪排斥和不接受时,实际却正在关注和强化它。

心理学家韦格纳(Daniel Wegner)曾做过这样一个有趣的实验。让一些大学生做实验对象,事先规定,要求他们在实验的5分钟时间内,谁也不得想到白熊,如果谁要是想到了,就必须按眼前的电铃按钮。结果在实验开始后的5分钟内,这些实验对象几乎都在不停地按电铃。因为他们在排斥自己的心理活动过程中,正在关注和强化着这些观念和感受。这个实验解释了为什么一些学生越是惧怕考试时紧张,结果考试过程中反倒越紧张;越是担心自己在与陌生人交往时出现畏惧情绪,当与陌生人接触时,就越会产生担心和恐惧感。这也是一些人感到自己的情绪难以控制的原因。造成这种情绪困扰的内在原因是多方面的,比如过于追求圆满、不良的心理定势,由于早年负性事件所造成的阴影,以及神经性焦虑等。

二、大学生情绪困扰产生的原因

大学生正处于生理、心理及思想的变化时期,其情绪主要受下面两大因素的影响。

(一)客观因素

客观因素主要是指个体生存发展所必需的外在的生活环境,也是大学生产生情绪问题的重要影响因素。

1.社会环境的影响

当今社会正处于急剧变革时期,生活节奏逐渐加快,社会竞争日趋激烈,各种思潮纷乱杂陈,嬗变的环境给大学生的心理带来了极大的冲击。昔日的象牙塔今天也不再安宁,大学生们通过各种渠道接受着新鲜事物。但在这些巨大冲击面前,大学生却因缺乏社会生活的磨砺,社会阅历浅,心理应对和承受能力较为薄弱,情绪及心理状态很不稳定,缺乏明辨是非、决定取舍的能力,对各种社会现象不能正确认识,出现盲目乐观或盲目悲观现象,往往容易引发心理与行为严重失调,导致自卑、逆反、焦虑、抑郁等等情绪问题的产生。

2.学校环境的影响

随着目前高校改革不断深化,招生规模不断扩大,由此带来了高校办学的一系列变化:交费制度、奖贷学金制度、学业淘汰机制及就业制度的逐步变更、完善;同时,为了适应市场的需要,提高自身办学水平,培养合格而优秀、为社会所需要的人才,高校对学生的学习、综合素质等方面的要求更高,并制定了完善的考核标准。而且由于现行教育存在的种种弊端,大学生在校学习时面对种种压力,这一切无不牵动着每一个大学生,冲击着他们动荡不安的心理,成为大学生消极情绪产生的诱因之一。

3.家庭环境的影响

家庭是社会的基本细胞，更是人才成长的启蒙学校。家庭环境对学生良好情绪、情感的培养起着非常重要的影响。家庭环境的影响主要体现在：一是家庭的变化。当前，社会的转型、生活节奏的加快，对家庭的冲击较大。家庭经济状况、家庭成员之间的亲疏关系、单亲家庭、下岗家庭等问题增多，导致自尊心极强的大学生心理压力较大，进而影响着大学生的情绪。二是家长的期望。现在的大学生大多是独生子女，家长的教育态度、教育方式，以及对子女过高的期望或要求，过于急切的心态，无不加重其子女的心理负担，易引发高度焦虑和极度苦闷不安等情绪体验。三是学生的感受。个别大学生因体验不到家庭环境所给予的温暖或感受不到来自教师、同学及社会对他的关爱和体贴，极易产生抵触、冷漠、厌世等消极不良情绪。

（二）主观因素

实践证明，环境因素必定会对大学生的情绪产生一定的心理影响，但大学生自身的改变才是其情绪变化的决定性因素。

1.适应能力不足

大学生的独立意识日益增强，参与意识也逐渐增强，希望尊重自我的选择，凡事想依靠自己的力量，处处彰显个人的主张。一方面，他们渴望关心时事，积极参加校内外各种活动，希望在各方面取得成功；另一方面，多数学生是独生子女，独立性相对较差，攀比意识又较强，对他人有较强的依赖性，缺乏社会经验和独立生活能力。但过强的自尊使他们不愿意接受生活处理能力差、能力不如人的事实，因而对生活中的困难估计不足，缺乏必要的心理准备。这种依赖性和自主性的矛盾心理使部分学生对大学生活出现了不适应，极易陷入孤独无助、自怜自卑和抑郁的情绪状态。

2.认知偏差

大学校园群英荟萃，人才济济，很多大学生的自我意识尚不够健全，对自己缺乏正确、客观的认识，往往习惯于过高或过低地估计自己，不能摆正自己的位置，不能正确地评价自我，对矛盾心理缺乏客观的分析和理解，不愿正视现实，遇到挫折时很容易产生自卑情绪。通常情况下，大学生成就动机更强，自我期望值很高，对学习、工作、生活条件和环境及人际关系常常提出过高的要求，而忽略了客观条件的限制。一旦遇到挫折，就会大失所望，感到理想破灭，容易导致情绪低落，产生自暴自弃的心理或对他人的敌意情绪。这是造成大学生情绪困扰的重要原因。

3.人际关系不良

大学生渴望友谊,对人际关系的期望值较高,对人际交往具有浓厚的理想主义色彩。一旦期望受阻,就容易因失望而对人际交往产生消极冷漠的情绪,或者还有些同学怀有封闭心理、内向腼腆、不善言谈、担心不被人重视和接纳,总是游离于校园交际圈之外,容易陷入自卑、孤独、紧张、焦虑情绪之中不能自拔。而且,当上述情绪困扰发生时,又苦于无处排解倾诉,得不到及时的咨询与辅导,就可能引发精神上的疾病。

4.恋爱与性的困惑

大学生的性功能已趋成熟,他们渴望与异性交往,充分抓住机会展示自己,积极追求美好爱情。但由于大学生心理尚未完全成熟,情绪有较大波动性,对爱情的理解又过于浪漫,而承受挫折的能力又准备不够,一旦理想化的情感与现实冲突,遭受失恋等挫折,便难以接受、心灰意冷、一蹶不振,甚至走向极端而采取毁灭行为。另外,大学生年龄阶段性心理常处于受压抑状态,本能释放与心理压抑的矛盾必然会导致性焦虑。有些大学生由于过去缺乏必要的性教育,性知识缺乏,性观念存在明显的偏差,表现在性行为上,有的学生在还没有做好心理准备的前提下就发生了两性关系,事后又非常后悔、内疚、自责;个别学生会因此遭受精神痛苦,心灵备受煎熬,情绪起伏较大。由于无法得到必要的心理辅导与支持,容易陷入惶恐不安、担心害怕、头昏脑胀、失眠多梦的状态。

5.重要丧失

对于大学生来说,大学期间的重要丧失会对情绪产生重大影响。主要包括:一是学业丧失,如考试失利、过级失利、学业失利等;二是荣誉丧失,如竞选、入党、评优、奖学金失利等;三是情感丧失,如失恋、挚友失和等;四是家庭丧失,如亲人去世、家庭发生重大变故等,都会对大学生的情绪造成一定的影响。特别是负性生活事件影响巨大,如果不及时调整,极易引发情绪问题。

6.人格缺陷

人格缺陷包括内向、自卑、自负、敏感、懦弱、孤僻或自我中心、冲动过激易失控等。心理学研究表明,一个存在人格缺陷的大学生,必定会比别人遭遇更多的挫折,承受更多的痛苦;而且有的大学生本身就有神经或精神方面的疾患,又讳疾忌医,最终可能因抑郁情绪的长期积累,更体验不到大学生活的美好,极易产生严重的心理疾病。

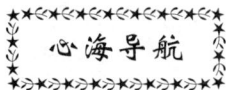

第三节　大学生良好情绪的培养

一、培养方法

每一个大学生都希望自己能经常保持积极乐观的情绪。那么，怎样才能在学习、工作和生活中有效地驾驭自己的情绪活动，保持稳定、健康、乐观向上的情绪呢？

（一）敏锐觉知情绪

1.了解自己的个性特征

一个人的情绪上的特点，往往与其气质和性格特征密切相关。因此，了解自己的气质与个性，对于认识和把握自己的情绪特点有着重要的意义。例如，我们可以看到每个人的情绪表现都是不尽相同的。有的人脾气急，有的人则是慢性子，有的人风风火火，也有的人多愁善感。这些都与一个人的个性心理特征有直接的关系。

2.了解自己的情绪年龄

人的情绪表现与其情绪年龄相关。情绪年龄是一个人情绪发展水平的一种衡量标志。心理学研究表明，不同年龄的人在其情绪的各方面具有不同的发展水平和特点。当一个人的情绪与其应有的情绪表现相符合，即具有相应的情绪年龄。反映人的情绪年龄水平有两点：一是反应是否符合该年龄段的认知逻辑水平。二是表现和调节情绪的方式。例如，一些独生子女大学生，由于父母长期的过度照顾，情绪的自我控制能力方面滞后于他们实际的年龄。

3.回顾自身成长经历和早期经验

人的情绪特点往往与他们的成长经历和早期经验有关。心理学研究表明，在人的婴儿期乃至幼年期，失去家庭的关爱和父母的照顾，会带来情绪上的伤害，并在以后的成长中产生不良的影响。一般而言，幼年时期或在以后的成长经历中，有比较平和、乐观的生活环境和经历的学生要比经历过挫折、创伤的学生在情绪上更趋于稳定和积极。

4.测试自己的情绪状态

除上述情绪的自我认识外,通过一定的心理测验是了解自己的情绪状态的一个重要方式。这里介绍一种简单的自我测评的方法:情绪状况记录法。

我们可以根据图6-1的很愉快到很不愉快坐标线上的7个等级,确定自己一周以来每天的情绪状态,在坐标上标出情绪状态的位置,并将其相互连接画出相应的曲线;一周后,可从记录中感知到自己最近一周的情绪状况,看是否有太大的波动性。这些波动性对自己日常生活是否造成了影响? 再考虑是否需要调节一下自己的情绪。

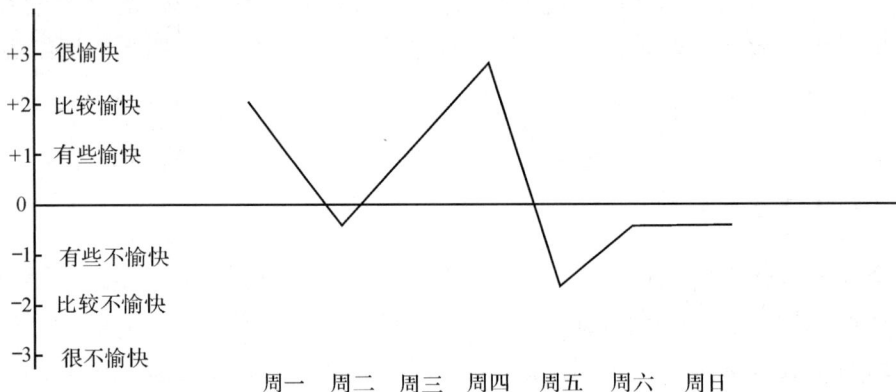

图 6-1　情绪状况记录

（二）善于控制情绪

1.克服冲动

克服冲动的主要方法有:延迟满足、能正确地识别自己的情绪(知道自己是在什么情绪状态下做出的决定和选择)、正确地说出自己的感受(通过倾诉减少冲动情绪)。

2.克服怒气

在遇到可能引发强烈情绪不满的情况下,可尝试从以下方法中学习克服自己的怒气:认清怒意、学会换位思考、给别人找一个理由、从一数到十、以不攻击对方的方式将不满表达出来、倾听、宽容。

（三）学会宣泄情绪

精神分析理论认为,个体的消极情绪必须得到有效的宣泄才能保持心理的平衡。

如果抑郁的情绪得不到发泄，随着挫折的增多，消极情绪就会不断积累，最终超过人们的心理承受能力而导致心理失衡。因此，精神宣泄疗法是一种非常重要的自我心理调适方法。这种方法就是人为创造出一种情境，表达、发泄自己被压抑的情感，通过宣泄达到心理平衡。日本公司比较重视为职工提供精神宣泄的场所。他们大多设有"情绪宣泄控制室"，控制室的墙上挂着公司老板或总裁的照片，室内放着橡皮做的模拟人，还有橡皮棍子和拳击手套，受挫的职工可以尽情宣泄，待心情平静后再回去正常工作。

情绪的宣泄可以分为身心两个方面。身体方面的宣泄是比较常见的，如剧烈的活动，痛哭或大笑，与朋友倾诉等。心理方面的宣泄是指对引起情绪的认知态度的转变，借助于他人的讨论或自我的反省来调整引起不良情绪的认知过程或不合理的观念。一般来讲，身体的宣泄较容易，而心理的宣泄较困难。因为身体宣泄没有触及引起不良情绪的本质问题，而心理宣泄更能从根本上消除不良情绪，从而在以后的类似情境或刺激中，不再或少出现这种不良的情绪。

（四）学习平衡情绪

一般来说，人的心理有两个层面：一个是情感层面，一个是认知层面。精神宣泄法是通过心理宣泄解决情感层面的问题，情感层面的问题解决了，人的理智就会逐渐恢复。但是，有时人的认知层面的问题不解决，情感层面问题的解决也是暂时的，以后遇到问题仍会再次受挫。因此，解决认知层面的问题对于平衡情绪是非常必要的。运用此种方法时可以从以下几个方面入手：

1.避免期望值过高，过分苛求自己

俗话说："希望越大，失望也就越大。"在现实生活中，不少人的挫折感均来源于对自己的期望值过高，苛求自己。因此，我们要学会以平和的心态待人处事，学会给自己留下一定的空间，把目标锁定在能力所及的范围之内。而不是好高骛远，四处出击，要求自己事事都超过别人。同时，对任何人、任何事都不必期望过高，这样，当事物没有朝着你预期的方向发展时，你就不会产生强烈的挫败感。

2.学会妥协和放弃

人的一生会有许多愿望和追求，但由于主客观条件的限制，不可能一一得到实现。这样，就需要我们学会放弃和妥协。否则，我们就会被这些欲望和目标所累，而失去了人生的洒脱和生活的乐趣。就像一个登山者，一心想登上顶峰而急于赶路，结果忘了欣赏沿途的风景。那么，登山的乐趣也就无从体现。即使站在山顶，想想自己的付出与所得，也会有不平衡的感觉。

3.学会自我安慰

自我安慰也称合理化,指个体遭受挫折后,为了维护自尊,减少焦虑,就找出种种理由为自己辩解,增加自己行为的合理性和可接受性,以起到减轻心理压力、获得自我安慰的作用。

自我安慰又有两种具体表现形式:酸葡萄式和甜柠檬式。

(1)酸葡萄式。"酸葡萄"一词源自寓言《狐狸与葡萄》的故事。狐狸因得不到自己想吃的葡萄,就说葡萄是酸的,根本没法吃。用这个寓言比喻,人们对于自己想要但又得不到的东西,就故意说它不好,从而弱化其意义和价值,以起到平衡心态的作用。比如,有人没有当上先进,就故意说:"当先进有什么用啊,又不当饭吃!"

(2)甜柠檬式。甜柠檬式的自我安慰是指人们对于自己的某种行为明知不妥,但又不愿意承认,只好找出各种理由来增加行为的合理性,以获得自我安慰,减轻心理压力。正如花钱买了柠檬,吃到嘴里是酸的,但还得想办法证明自己的行为是正确的,所以只得说,加点糖就甜了。比如,有人上街买东西上了当,心里十分窝火。但别人问起此事,还不能承认是自己经验不足造成的。因此说:"不是我无能,而是对方太狡猾。"平时,我们也经常用这种"甜柠檬式"的方法来安慰自己和他人。比如,摔碎了东西,人们会说:"碎碎(岁岁)平安!"丢了东西,人们会说:"破财免灾","旧的不去,新的不来"。

合理化的辩解有助于精神安慰。在社会生活中,人们的需要不可能全部获得满足,进行自我安慰可以使人的内心达到平衡。因此,在某种情况下,它不失为一种自我防卫心理的方法。

此外,还可以与境况不如自己的人比较,通过比较产生"比上不足,比下有余"的心理。俗话说"人比人,气死人",人们的许多不平衡源于人与人之间的比较。因此,我们要想减少不平衡的心理,就要学会和境遇不如自己的人比较,不要总是和比自己强的人比较,那样,会加重心理不平衡。

4.运用理性情绪理论自我调节情绪

理性情绪理论又称 ABC 理论,是由美国临床心理学家艾里斯(Albert Ellis)提出的。

艾里斯认为,在人们情绪产生的过程中有三个重要的因素,这就是诱发情绪发生的事件、人们对诱发事件所持的相应的信念、态度和解释以及由此引发的人们的情绪和行为的结果。情绪并非是由导致情绪发生的诱发事件直接引起的,而是通过人们对这一引发事件的解释和评价所引起的,即并非事件引起了情绪,而是人们对事件的认识引起了情绪。看下图所示:

A（诱发事件）——→C（情绪与行为结果）

A（诱发事件）——→CB（个体认知）——→CC（情绪与行为结果）

可见，诱发我们产生情绪（好的或是不好的）的，不是直接的诱发事件本身，在诱发事件与情绪产生之间，存在着我们的认知。因此，改变我们的认知才是改变情绪的关键所在。

根据上图所示，理性情绪理论的应用步骤如下：

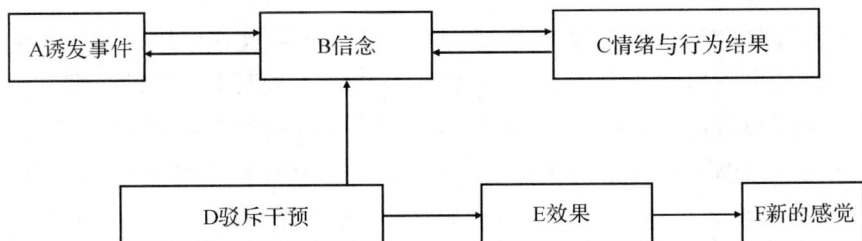

```
┌──────────┐      ┌──────────┐      ┌──────────────┐
│ A诱发事件 │◄────►│  B信念   │◄────►│ C情绪与行为结果 │
└──────────┘      └──────────┘      └──────────────┘
                        ▲
                        │
┌──────────────┐   ┌──────────┐      ┌──────────┐
│  D驳斥干预    │──►│  E效果   │─────►│ F新的感觉 │
└──────────────┘   └──────────┘      └──────────┘
```

第一，是将引发不良情绪的事件和认识一一列出。

第二，找出引发不良情绪的非理性观念。非理性观念有如下几个主要特征：

（1）绝对化。对什么事物都怀有认为必须或不会发生的信念，这种特征常常表现为日常生活中"应该""必须""一定""绝对"等用语。

（2）过分概括化，即以偏概全的思维方式。在这种非理性特征中，世界上事物只有两类，要么正确，要么错误。

（3）灾难化。常会表现为"一旦出现了……即天就要塌了""再没有比这更可怕的了"等。

第三，通过对非理性观念的认识和纠正，找出合理的观念。

第四，通过建立合理的信念，最后达到情绪感受的改变。

5.放松训练——身体放松调节情绪的方法

放松训练又称松弛反应训练，是一种通过肌体的主动放松来增强人对自我情绪控制能力的有效方法。它的基本原理是通过训练放松所产生的躯体反应，如减轻肌肉紧张、减慢呼吸节律和使心律减慢等，达到缓解焦虑情绪。

具体的操作步骤如下（此方法最好在老师的指导下进行）：

在一个较为安静的环境中，舒适地坐（或仰卧）在沙发上或躺在床上。

步骤一：让自己初步体验肌肉的紧张。操作要领：①伸直并绷紧双臂，握拳。②绷紧双臂肌肉；握紧双拳；用力，并保持数秒钟。③之后放松双臂，松拳，放松休息数分钟。

步骤二:在上一步骤基础上进一步绷紧肌肉。操作要领:①伸直双臂,握拳。②同时,伸直并绷紧双腿,双脚脚尖内勾,呈倒钩式。③上述各部肌肉同时用力,并保持数秒钟。④之后放松上述各部的肌肉,放松休息数分钟。

步骤三:在前两个步骤的基础上达到全身肌肉的紧张。操作要领:①伸直双臂,握拳;同时,伸直并绷紧双腿,双脚脚尖内勾,呈倒钩式。②紧皱前额部肌肉,耸紧眉头,紧闭双眼,皱起鼻子和脸颊,咬紧牙关,紧收下颚,紧闭双唇,紧绷两腮;梗直脖子;胸部、腹部肌肉绷紧;躯干用力挺起。③全身各部分用力绷紧,并保持数秒钟。④放松上述各部的肌肉,放松休息数分钟。

步骤四:在全身肌肉紧张的前提下,配合呼吸,加强对紧张的体验。操作要领:①深吸一口气(用腹式呼吸),憋住气。②伸直双臂,握拳,头向后梗;伸直并绷紧双腿,双脚脚尖内勾,呈倒钩式;同时,胸部、腹部肌肉绷紧。③屏住呼吸,全身各部分用力绷紧并保持,直至身体和呼吸的最后极限。④放松呼吸,并放松上述各部的肌肉。

步骤五:紧接步骤四,指导语暗示全身的肌肉、呼吸乃至身心的放松。操作要领:①肌肉放松指导语:头部肌肉放松,面部肌肉放松,脖子放松,双肩放松,双臂放松,双手放松,手指放松,胸部放松,腹部放松,双腿放松,双脚放松,脚趾放松。②呼吸放松指导语:呼吸在放慢,变得越来越慢、越来越深、越来越沉。③身心放松指导语:你会感到身体变得很沉、很重,全身感到越来越沉、越来越重;感到全身很累,很疲倦;好像有一种昏昏欲睡的感觉;自己什么都不去想,什么都不愿意想;感到心情很放松……

步骤六:让自己体验此时此地的放松感受。放松训练结束。

二、心的体验

(一)心理自测

你的情绪稳定吗?

情绪是心身健康的重要标志,想知道自己的情绪是否稳定吗?请做一做下面这个测验,尝试着发现自己!该测验的每道题都有三个备选答案,请你从中选择出与自己的实际情况最相接近的一种答案,凭直觉作答喔!

1.看到自己最近一次拍摄的照片,你有何想法?

□觉得不称心　　　　□觉得很好　　　　□觉得可以

2.你是否想到若干年后会有什么使自己极为不安的事?

□经常想到　　　　□从来没有想过　　　　□偶尔想到过

3.你是否被朋友、同学起过不好听的绰号,或者挖苦过?

□这是常有的事　　　　□从来没有　　　　□偶尔有过

4.你上床以后是否经常再起来一次,看看门窗是否关好?

☐经常如此　　　　　　　☐从不如此　　　　　　　☐偶尔如此

5.你对与你关系最密切的人是否满意?

☐不满意　　　　　　　　☐非常满意　　　　　　　☐基本满意

6.在半夜的时候,你是否经常觉得有什么值得害怕的事?

☐经常有　　　　　　　　☐从来没有　　　　　　　☐偶尔有

7.你是否经常因梦见可怕的事而惊醒?

☐经常　　　　　　　　　☐从来没有　　　　　　　☐极少有

8.你是否曾经有过多次做同一个梦的情况?

☐是　　　　　　　　　　☐否　　　　　　　　　　☐记不清

9.是否有一种食物使你吃后呕吐?

☐是　　　　　　　　　　☐否　　　　　　　　　　☐记不清

10.除了看得见的世界外,你心里是否有另外一种世界?

☐是　　　　　　　　　　☐否　　　　　　　　　　☐偶尔是

11.你心里是否时常觉得你不是现在的父母所生?

☐是　　　　　　　　　　☐否　　　　　　　　　　☐偶尔是

12.你是否曾经觉得有一个人爱你或尊重你?

☐说不清　　　　　　　　☐否　　　　　　　　　　☐是

13.你是否常常觉得你的家庭对你不好,但你又确知他们的确对你好?

☐是　　　　　　　　　　☐否　　　　　　　　　　☐偶尔是

14.你是否觉得没有人十分了解你?

☐是　　　　　　　　　　☐否　　　　　　　　　　☐说不清

15.在早晨起来的时候,你最经常的感觉是什么?

☐忧郁　　　　　　　　　☐快乐　　　　　　　　　☐讲不清楚

16.每到秋天,你经常的感觉是什么?

☐秋雨霏霏或枯叶遍地　　☐秋高气爽或艳阳天　　　☐不清楚

17.在高处的时候,你是否觉得站不稳?

☐是　　　　　　　　　　☐否　　　　　　　　　　☐偶尔是

18.你平时是否觉得自己很强健?

☐是　　　　　　　　　　☐否　　　　　　　　　　☐不清楚

19.你是否一回家就立刻把房门关上?

☐是　　　　　　　　　　☐否　　　　　　　　　　☐不清楚

20.当你坐在房间里把门关上时,是否觉得心里不安?

☐是　　　　　　　　　　☐否　　　　　　　　　　☐偶尔是

21.当需要你对一件事做出决定时,你是否觉得很难?

☐是　　　　　　　　　　☐否　　　　　　　　　　☐偶尔是

22.你是否常常用抛硬币、玩纸牌、抽签之类的游戏来测吉凶？

□ 是　　　　　　　□ 否　　　　　　　□偶尔是

23.你是否常常因为碰到东西而跌倒？

□ 是　　　　　　　□ 否　　　　　　　□偶尔是

24.你是否需用一个多小时才能入睡，或醒得比你希望的早一个小时？

□经常这样　　　　　□ 从不这样　　　　□偶尔这样

25.你是否曾看到、听到或感觉到别人觉察不到的东西？

□经常这样　　　　　□ 从不这样　　　　□偶尔这样

26.你是否觉得自己有超越常人的能力？

□ 是　　　　　　　□ 否　　　　　　　□不清楚

27.你是否曾经觉得因有人跟你走而心里不安？

□ 是　　　　　　　□ 否　　　　　　　□不清楚

28.你是否觉得有人在注意你的言行？

□ 是　　　　　　　□ 否　　　　　　　□不清楚

29.当你一个人走夜路时，是否觉得前面潜藏着危险？

□ 是　　　　　　　□ 否　　　　　　　□偶尔是

30.你对别人自杀有什么想法？

□可以理解　　　　　□ 不可思议　　　　□不清楚

评分方法：以上各题的答案，选 A 得 2 分，选 B 得 0 分，选 C 得 1 分。请将你的得分统计一下，算出总分。总分在 0～20 分之间的，情绪稳定，自信心强；总分在 21～40 分之间的，情绪基本稳定，但是较深沉、冷静；总分在 41 分以上的，情绪极不稳定，日常烦恼比较多。

（二）团体活动

怒也可遏

活动目的：

1.帮助成员了解愤怒对人的行为及身心的影响。

2.帮助成员学会宣泄、表达愤怒的方法，掌握控制愤怒的有效策略。

活动过程：

1. 情景扮演，引发讨论

（1）两位同学分角色扮演进教学楼时不小心相撞，但互不相让，话不投机，发生争吵，导致双方情绪越来越激动，越来越愤怒，乃至于发生肢体冲突的情景。

（2）引导成员讨论，怎样看待这一事件？为什么会出现不可控制的局面？如果是你，你会怎样做？

2. 个体体验，分享交流

（1）纸笔练习。写出自己曾经历的愤怒事件，当时自己的心情、生理反应、行为、后果、事后自己的感受。

（2）分享讨论。当时的我是否应该表达愤怒？应该怎样表达愤怒？

3. 归纳小结，互助成长

（1）成员逐一发言，提出自己控制愤怒等不良情绪的策略，其他成员认真倾听。

（2）领导者带领成员对各种方法的可行性进行鉴别，归纳、整理控制情绪的有效策略，并向成员提出控制和管理愤怒情绪的意见和建议。

（3）每个成员说一句话表达内心的感受，活动结束。

三、心灵鸡汤

坏情绪就像钉子

有一个孩子生性暴躁，只要遇到不顺心的事和不顺眼的人，他都会大发脾气，从不顾及别人的感受。天长日久，周围的人几乎都被他的暴躁伤害过，慢慢地，人们和他的家人都远离了他，他身边没有一个朋友，孤独使他原本不好的脾气变得更坏了。

有一天，父亲拿着一个锤子和一块木板来到孩子身边，心平气和地说："你以后想要发怒的时候，就用这把锤子往这块木板上钉一颗钉子。"此后孩子果然每次发火的时候就往木板上钉一颗钉子。渐渐地，随着孩子发火的次数增多，木板上的钉子也越来越多了。

父亲来到孩子的身边，看着钉满钉子的木板说："从今天开始，如果每次你要发火的时候，就努力克制自己，从这块木板上拔下一颗钉子吧，这样就能消除你的怒气了。"他就照父亲的话去做，木板上的钉子也因为孩子一次次克制自己而全被拔下来了。

父亲来到孩子的身边，看着被拔完钉子的木板，抚摸着木板上深深浅浅的钉眼意味深长地对孩子说："孩子，你知道取钉子为什么比钉钉子难吗？这是因为责备辱骂一个人是一件很简单的事，可想要重新获得友谊却很难。你现在不发火了，脾气也随和多了，可你看见了吗？这块原本完好的木板被你变成什么样子了？你再想想，因为你每次无端地发火，使你的朋友和亲人被你伤到什么程度，就像你和一个人吵架，说了些难听的话，你就在他心里留下了一个伤口，像这个钉子洞一样永远也不可能恢复了。"

不能拿自己的不快乐伤及更多的无辜人，凡事要学会忍耐，抱着乐观向上的态度，才能把事情做好，才能处理好人与人之间的关系。

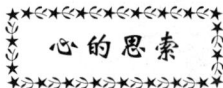

心的思索

一、思考题目

1.生活中总有一些不如意的事,你有没有将自己的坏情绪发泄在身边的人身上?最先遭受你坏情绪伤害的人是谁?

2.你最近是不是有情绪不佳的时候,应该如何调节呢?

3.当坏情绪影响了你与同学的交往时,你会怎样弥补?

二、阅读推荐

1.李开复:《做最好的自己》,北京:人民出版社,2005 年。

2.彭书淮:《情商的惊人力量》,天津:天津科学技术出版社,2009 年。

3.叶素贞、曾振华:《情绪管理与心理健康》,北京:北京大学出版社,2007 年。

第七章

厚以责己，薄以责人
——大学生的人际交往与培养

★★★★★★★★★★
心灵书签
★★★★★★★★★★

你可以要求自己守信但不能要求别人守信；你可以要求对别人好但不能期待别人对你好；你怎样对别人并不代表别人就要怎样对你。如果你看不透这一点就只会徒增不必要的烦恼。

★★★★★★★★★★
心的困惑
★★★★★★★★★★

我是大学三年级的学生。最近两周以来，我感觉我的人际关系很紧张，觉得自己与人相处很失败。现在我也不想去和同学交往，有时候一想到要和同学交往，我就害怕。我感觉自己很焦虑，很郁闷，有着无数的苦恼。前天考试的时候，我遇到了一道难题，我心里很着急，当时却不知道为什么想起了前段时间和寝室同学的关系问题。我努力克制自己不要去想，但就是忍不住要去想，结果是越想越心烦，脑子就像填满一些杂乱无章的东西，考试的任何内容都记不起来了。我和寝室同学之间的矛盾冲突是这样的：我们宿舍里有一个人，上厕所总是忘记关水，早上起来开水龙头也总是把水开得很大。我为此经常说她这样做既浪费了水又影响到我睡觉。上个星期有一天晚上熄灯后，我用台灯在看书，她觉得影响了她，就说让我早点睡觉，明天还要考试，我就关了灯。可是，第二天早上起来时，她就故意把水龙头开到最大，水声也就特别响，我想她肯定是在报复我，故意不让我睡觉。我就让她开小声点。可没想到，她就很生气地和我吵了起来。这件事过后我觉得也没有什么，本来就是她不对。可是，那天中午我无意中看见她在和同宿舍的另一个同学QQ聊天，看到她说："我才不像你那么容忍她！"我一看就知道她肯定是在说我！从这以后，她们两个人的关系变得很好，而对我却是爱理不理，有时还冷嘲热讽，我心里感觉特别不舒服！因为突然之间我感觉我是被孤立的人，心里觉得特别不平衡。老师，您说是我想多了呢,还是那个同学确实不对? 我该怎么调整我们之间的关系呢?

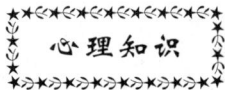

心理知识

心理学家丁瓒说:"人类很多心理问题的产生都是因为人际关系的失调导致的。"社会生活中,每一个人都生活在人际关系这张巨大、无形的"网"中,每个人的成长和发展都依存于人际交往。而人际关系的好坏往往是一个人心理健康水平、社会适应能力的综合体现。进入大学之后,思想活跃、精力充沛、兴趣广泛的当代大学生,对人际交往的需要便显得极为强烈。但是,由于大学生们面临着新的环境、新的群体,需重新整合各种关系,处理好与交往对象的各种关系,这些将成为大学生们新的生活内容。

第一节　大学生的人际关系概述

一、人际关系的含义

什么是人际关系? 可以从广义和狭义两个方面来理解。广义的人际关系,指大学生和与之有关的一切人的所有的人际联系。而通常,我们更倾向于从狭义角度理解人际关系。狭义人际关系是指大学生在校期间和周围与之有关的个体或群体的相处及交往的关系,其中最主要的是师生关系和同学关系,而同室关系是大学生的一种特殊的人际关系。大学生人际关系是大学生日常生活、学习和工作的一种基本条件和背景。从人际关系与心理健康的关系来看,大学生人际关系大致可以分为人际相处和人际交往两个方面。人际相处是大学生在较长时间内和周围他人的共同生活,有关系融洽与关系紧张之分。人际交往是大学生在日常生活中和周围他人的相互交流和往来,有适应与障碍之分。毫无疑问,人际相处和人际交往不是截然分开的,大学生在相处过程中必不可少地要有交往,在交往过程中也无法避免相处。因此,本章主要从人际交往的角度进行讨论。

二、大学生人际关系的类型

大学生常见的人际关系类型包括以下几个方面:

(一)同学关系

同学是大学生人际交往的最基本的对象。从一进入校园到即将离开大学,同学之间的交往最普遍也最复杂。在不同的阶段,同学之间的交往也会发生着微妙的变化。进入大学之初，由于大家的社会阅历浅，思想单纯，相互间能够自然地产生纯朴的同窗情谊，形成友好的同学关系。一方面，因为大家年龄相仿，经历相同，兴趣爱好相近；另一方面，又在一个集体学习、生活，比较容易相处。但是，随着交往的不断深入，不同的家庭背景、个性特点、生活习惯以及利益的冲突都有可能成为继续交往的障碍。尤其涉及评奖学金、评先进、入党、留校、保送升学等利益冲突时表现得更加明显。面对现实，许多人学会了彼此尊重、宽容、忍让，同学之间尽量友好相处，但也有些人渐渐地开始有意无意地逃避与周围同学的交往，变得独来独往，甚至出现了人际关系适应不良。

在同学关系中比较特殊也十分容易出现障碍的是同室关系。大学生都是几个同学住在一个房间，犹如一个家庭，交往频率高、空间距离小，在交往过程中难免发生各种各样的矛盾和冲突。住在同一屋檐下的同室同学彼此经过磨合，既可能成为亲密无间的好朋友，也可能成为互不来往的"死对头"。同学关系中另一种比较特殊，经常困扰大学生的是男女同学之间的关系，而恋人关系又是男女同学关系的特殊情况，这种关系如果处理不好，同样会影响大学生的学习、生活。在大学校园还有一种比较亲密的同学关系即老乡关系，共同的方言、生活习惯，很容易使不同专业、不同年级甚至不同学校的大学生联系起来，大家一起交流大学生活经验，减轻心理震荡，获得情感共鸣，摆脱暂时的孤独和对家乡的思念。

（二）师生关系

师生关系是大学生活的一种重要的人际关系。大学生获取专业知识和技能必须通过师生的交往才能实现。大学生思想品德的形成也和师生的密切交往有关。大学师生关系主要有学生与班主任或辅导员以及学生与任课教师的关系。由于辅导员主要负责学生思想政治工作以及生活方面的一些事情，辅导员和学生们接触的机会较多，而大学生与班主任或辅导员的关系如何，直接影响大学生的个性发展。各高校辅导员多为学历较高的青年教师，由于年龄的接近，辅导员与学生在对一些事情的看法、态度、兴趣、爱好上比较接近，隔阂较少，所以，多数辅导员和学生的关系比较融洽。但也有个别辅导员和学生的关系相当紧张。

另外一种重要的师生关系是学生与任课教师的关系。由于大学教育的特点，任课教师与大学生的接触不像中小学那样频繁，一般情况下，任课教师上课来、下课走，只在其授课时间与学生接触、切磋学问、探讨问题，课外时间师生交往不多，一般是单纯的教学关系。

（三）亲情关系

进入大学以后，随着年龄的增长，多数的学生觉得自己长大了，生活、学习都能自己管理了，除了经济之外，其他事情不再依赖父母。但为了避免父母的牵挂，他们一般会给父母打电话,主动向父母汇报自己的学习、生活等情况。有的同学家境比较困难,进入大学后,在不影响学习的基础上开始勤工助学,尽量减轻家里的经济负担。他们尽管会有各种各样的困难,但总是通过自己的努力去克服,对父母总是报喜不报忧,这部分学生让家长感到欣慰。也有一些大学生,特别是低年级有一小部分学生依赖性非常强,他们离不开父母的关照,每当遇到困难立即向父母汇报,几乎每天给家里打电话,这类大学生像长不大的孩子,他们的情绪常常会影响父母,让父母总是放心不下。但也有少数学生则完全相反,他们认为终于脱离了父母的管教和唠叨,自己可以自由自在了,特别是随着知识的不断增加,和父母的共同语言越来越少,所以,他们很少和父母联系,只有在缺钱的情况下才会想到父母。

(四)网络关系

网络拓展了人类交往的空间,网络交往已经成为一种重要的人际交往方式。网络空间好比一个巨大的都市,有博物馆、图书馆、娱乐场所等,也有各种各样的人。无论什么人,都是可以到这个"都市"去逛逛,在这个空间里不仅可以获取和发布信息,还可以通过 QQ、E-mail、ICQ、IRC、BBS 等虚拟的方式进行聊天、交友、娱乐、游戏等,缓解压力,寻求解脱,满足好奇心,寻求角色转换。

但是,网络是一把双刃剑,网络人际交往对心理发展和心理健康既有积极意义,也有消极影响。其积极意义主要表现为:(1)网络交往超越了时空限制,拓展了人际交往的范围,使人际关系更具有开放性。(2)通过网络交往结交了许多朋友,彼此之间相互切磋,合作学习,获取了很多有价值的信息,丰富了自己的知识,促进了个体的成长。(3)通过网络交往有助于放松心情,容易让大学生实现沟通,排解不良情绪。

网络改变大学生的生活方式和社会互动,但网络交往也会对大学生成长产生消极作用,主要表现为:(1)网上不良信息易误导大学生的思想。(2)网络人际交往弱化了现实中的人际交往。(3)网络人际交往淡化了个体的责任感,并对传统的道德价值观形成了冲击。(4)过分迷恋网络会打乱大学生正常学习、生活节奏,这将对他们的日常学习、生活产生很大的影响,严重者甚至会荒废学业。

三、大学生人际交往的主要特点

大学生人际交往的特点呈现出多元性与开放性。大学生渴望友谊,渴望结交更多的朋友,交流更多的信息,接受更多的新思想。它具体表现出如下几个特点:

1. 交往范围扩大化

交往对象由以前的亲人、朋友交往转向更广泛的社会交往群体。同学交往不局限于同班同学,而逐渐发展到同级、同院系甚至是同校的可认识的同学;不仅包括同性交往,异性交往也是交往的重要方式。同时,作为大学生群体中的一员,他们十分关心自己所扮演的社会角色以及在集体中的位置，关心自己的发展和奋斗目标、肩负的义务，希望开阔视野，早日成熟，适应社会。所以，大学生表现出比以往更加强烈的交往愿望。

2. 交往频率提高和交往手段多元化

大学生交往由偶尔的相聚发展到经常的聊天、社团活动、体育活动、娱乐以及其他一些集体活动。网络和电子产品的发展为大学生的交往提供了更加广阔的交往空间，交往手段的发展使大学生的人际交往变得更方便、更快捷。

3. 交往方式现代化

大学生由于时间、精力、生活环境、经济条件等方面的原因，交往的主要场所在校园，中心是学生的寝室和教室。因此，大学生的交往方式主要是以寝室为中心，社会工作和网络社交占主导。尤其是网络这种新型的社交方式成为大学生们的最爱，如BBS 和 QQ 等。

4. 交往目的多样化

随着社会的发展变化，大学生在选择与什么样的人交朋友，并不纯粹是由于情感和志同道合，交往动机变得很复杂，越来越注重与自身社会利益相关的务实性，呈现出情感型交往与功利型交往并重的趋势。

5. 交往过程个性化

随着自我意识的逐步觉醒和独立思考能力的增强，大学生为人处世变得不愿墨守成规。无论在交往方式、交往内容还是交往对象的选择上，都十分重视自己的意见和主张，喜欢用自己逐步形成的观念和尺度去评价社会事物，在各方面都努力体现其独立个性，勇于追求交往中的自主和平等关系，喜欢通过交流思想、感情，探讨共同感兴趣的问题。

6. 交往对象"小群体"化

小群体是指由于成员彼此认同而自发形成的群体，多以情感因素调节人际关系为主要特征，另外还具有不定型、多样、多变等特征。对学校管理者来说，应积极支持大学生中好的小群体，使其在集体的建设中发挥积极作用；对不利于集体的小群体则应进行教育、改造，防止其任意发展，危害集体。

心 的 迷 途

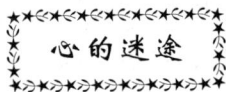

第二节　大学生人际交往的常见问题及影响因素

人际交往是指人们运用语言或非语言符号交换意见、交流思想、表达情感和需要的过程。一般来说，大学生在人际交往过程中，出现一些困难或不适应是难免的，这就是人们常说的交往困惑。但如果个体的人际关系严重失调，人际交往时常受阻，就说明存在着交往障碍。

一、大学生常见的人际交往困惑

大学生常见的人际交往困惑主要表现在以下三个方面。

(一)认知方面的困惑

认知方面的困惑在大学生的人际交往中表现突出而常见，这是由青年期的交往特点所决定的。青年期自我意识迅速增强，开始了主动交往，但其社会阅历有限，客观环境的限制使其不能够全面接触社会，了解人的整体面貌，心理上也不成熟，因而人际交往中常常带有理想的模型，然后据此在现实生活中寻找知己，一旦理想与现实不符，则交往出现问题，心理出现创伤。另外是以自我为中心。人际交往的目的在于满足交往双方的需要，是在互相尊重、互谅互让、以诚相见的基础上得以实现的。而有的大学生却常常忽视平等、互助这样的基本交往原则，常以自我为中心，喜欢自吹自擂、装腔作势、盛气凌人、自私自利，从不考虑对方的需要，这样的交往必定以失败而告终。

此外，由于大学生社会经历十分有限，心理上的不成熟使其不能全面了解一个人的整体面貌，对人的认知往往带有理想化色彩。这主要表现在以下几个方面：

1.首因效应

首因效应也称第一印象效应，是指一定条件下最先映入认知者视野中的信息在形成印象时占优势。在初次交往中，彼此的第一印象都很重要，双方会根据彼此的外貌、表情、谈吐等做出认知，形成印象，因而容易以貌取人，使认知具有表面性和片面性。在以后的交往中，第一印象会先入为主，忽视、否定出现的新信息，影响交往的正常进行。

2.晕轮效应

晕轮效应是指某个人的整体印象直接影响到对此人的具体特征的认识评价的一种心理现象。说通俗一点，就是对某人的印象不好，就会觉得此人一无是处；对某人印象好时，就会觉得一好百好，所谓的"爱屋及乌"是也。晕轮效应是一种明显的从已知推未知，由片面看全面的认知现象，往往会歪曲一个人的形象，造成交往的异常，导致交往障碍。

3.刻板印象

刻板印象表现为把交往对象机械地归入某一类群体，并把自己对该类群体的习惯化认知推及交往对象身上。刻板印象使我们对每一类人都有一套固定看法，而这些看法具体到某人时未必正确，如人们通常认为北方人厚道，南方人精明等。刻板印象虽有积极的认知作用，但会造成对交往对象的偏见、成见，影响人际交往。

4.自我投射

自我投射是指内在心理的外在化，即以己度人，把自己的情感、意志、特征投射到他人身上，强加于人，认为他人亦如此。自我投射包括情感投射和愿望投射。情感投射是指认为别人与自己的好恶相同。愿望投射是指把自己的主观愿望投射于他人，认为他人也如自己所期望的那样，把希望当成了现实。结果往往对他人的情感、意向做出错误评价，歪曲了他人，造成交往困惑。

5.自我评价不当

自我评价不当，这在大一新生中表现得比较突出。每一个人到了一个新的环境，都面临着重新认识自己，重新为自己定位的课题，但往往由于信息和客观环境的限制，使自我评价失之偏颇；或把自己看得高人一等，或把自己看得过低。前者对他人的肯定性评价较低，从而轻视、看不起他人；后者则易导致自卑，从而轻视、看不起自己。这些不当的自我评价会使交往不能顺利进行。

(二)情感方面的困惑

情感成分是人际交往中的主要特征，情感的好恶决定着交往者今后彼此间的行为。交往中感情色彩浓重，是处于青年期大学生人际交往的一大特点。情感困惑具体体现在以下几个方面。

1.嫉妒

人们往往通过与他人比较来确定自身的价值。如果别人的价值上升，便会觉得自己的价值在下降,这是一种令人痛苦的体验。尤其是所比较的对象原来和自己不分上下,甚至不如自己时,更觉得难以忍受。这是嫉妒产生的主要原因。嫉妒导致对比较对象的不满和怨恨,在行为上很容易从对立的立场上寻找对方的不足,通过看对方的笑话或诋毁对方达到暂时的心理平衡。

应该说,嫉妒是一种消极的心理品质,常常表现出对他人的长处、成绩心怀不满,报以嫉恨,乃至行为上冷嘲热讽,甚至采取不道德行为。嫉妒容易使人产生痛苦、忧伤、攻击性言论和行为,导致交往困惑,甚至发生人际冲突。

2.自卑

自卑是一种过低的自我评价。自卑的浅层感受是别人看不起自己,而深层的体验是自己看不起自己。有自卑心理的大学生在交往中常常缺乏自信,畏首畏尾;遇到一点挫折,便怨天尤人;如果受到别人的耻笑与侮辱,更是甘咽苦果、忍气吞声。实际上,自卑的人并不一定能力低下,而是凡事期望值过高,不切实际,在交往中总希望自己的形象理想完美,惧怕丢脸、受挫或遭到他人的拒绝与耻笑。这种心境使自卑者在交往中常感到不安,因而常将社交圈子限制在狭小的范围内。

3.自负

自负在人际交往中表现为傲气轻狂、居高临下、自夸自大,过于相信自己而不相信他人,只关心个人的需要,强调自己的感受而忽视他人。与同伴相处,高兴时海阔天空,不高兴时大发脾气。这种自负的心理使他们在交往中容易摆出"目中无人"的态势,或对别人吹毛求疵,难免引起对方的厌倦和反感。他们与熟识的人相处,常过高地估计彼此的亲密程度,使对方出于心理防卫而疏远。自卑和自负是导致大学生人际交往存在问题的两个极端。

4.害羞

害羞是一种正常的心理现象。有些人性格内向,说话低声细语,见到生人就脸红,常怀有一种胆怯心理。而有的人是在童年早期没有得到很好的引导,到青春期,随着自我意识逐渐成熟,其敏感于别人对自己的评价,变得胆怯、拘谨。另外,缺乏自信也是导致害羞的一个原因。有些人总认为自己没有迷人的外表,没有过人的本领,属能力平庸之辈。这种状况不仅使他们长期体验不到成功的喜悦,而且使他们更加不相信自己的能力。害羞虽然是正常的心理现象,但如果一个人在任何场合与人交往都害羞,甚至不敢或不愿与人交往,就会影响正常的人际关系。具有害羞心理的人在交往中常表现出腼腆、动作扭捏、不自然、脸色绯红、说话音量小等特征,有严重害羞心理的人甚至怯于交往,对交往采取回避态度。害羞这一交往心理问题对大学生的直接危害是使交往者无法表达自己的感情,常常造成交往双方的不理解或误解,使交往以失败告终；其间接危害则是会导致交往者情绪与性格的不良变化，使人交往后产生沮丧、焦虑与孤独感，进而导致性格变得软弱、退缩和冷漠。

5.孤僻

孤僻也会导致交往障碍，具体表现为孤芳自赏，自命清高，结果是"水至清则无鱼，人至爱则无朋"，与人不合群，待人不随和；或是由于行为习惯上的某种怪僻使他人难以接受。这样在心理上与行为上与他人有着屏障，自己将自己封闭起来。

（三）人格方面的困惑

人格是指人在各种心理过程中经常地、稳定地表现出来的心理特点，包括气质、性格等。人格的差异带来交往中的误解、矛盾与冲突，人格不健全可直接造成人际冲突。如不同气质类型的人对同一问题的处理方式不一样，胆汁质的人性情急躁，言谈举止不太讲究方式，这会使抑郁质的人常感到委屈和不安，造成双方的互相抱怨和不满。而相同性格类型的人（同是内向性格或同是外向性格）也很难相处融洽。

二、影响大学生人际交往的主要因素

人际交往是一种非常复杂的社会心理现象，受到许多因素的影响。社会心理学研究表明，影响人际交往的主要因素包括以下几个方面。

1.外貌

容貌、体态、服饰、举止、风度等个人外在因素在人际交往中的作用很大。尤其是在交往的初期，好的外貌容易给人良好的第一印象，人们也就往往容易以貌取人了。虽然不少人对此颇感不平，认为外貌是人无法改变的因素，把它作为吸引人的条件太不公平。也有人认为"人不可貌相，海水不可斗量"，但外貌在人们初次交往时的作用是不可否认的。所谓"爱美之心，人皆有之"，这也是人之常情，无可厚非。美貌之所以有吸引力，一方面，美丽的容貌能使人感到轻松愉快，构成一种精神奖赏，而且人们常常认为，同外貌美的人在一起是一种荣耀和光彩，仿佛自己的身价也随之升高了。为了满足自己的虚荣心，不仅愿意同外貌美的人接触，而且也会更喜欢他们。另一方面，美丽的容貌可以产生晕轮效应，即较好的外貌会使别人以为这个人还具备其他一系列较好的品质。实际上，这个人并非一定如此。通常情况下，外表美丽、英俊、衣着整洁、仪表大方的人，常因外表的魅力而给人留下好印象，相对评价也高。尽管人人都懂得"以貌取人，失之于人"的道理，但是在人们的交往过程中，外貌总是有形无形地影响着人与人之间关系的建立与发展。

2.邻近性

人与人之间时空上的距离是影响人际交往的一个重要因素。人们在生活上时空距离越小,双方相互交往、接触的机会越多,彼此之间越容易接近、越容易熟悉并建立友谊和融洽的关系。另外,根据社会交换理论的解释,人们在互动中总是想用最小的代价换取最大的报酬。遵循邻近交往原则,所付出的代价最小,所获得的酬赏会很多。因此,同学、同事、同乡、邻里之间容易建立起亲密的人际关系。但交往频率与喜欢程度的关系呈倒 U 形曲线——过低或过高的交往频率都不会使彼此喜欢的程度提高,处在中等的交往频率时,彼此喜欢的程度较高。此外,邻近性并非一定具有吸引力,我们喜欢的人一般是邻近的人,而我们讨厌的人一般也是邻近的人,因为接近,所以容易了解对方的缺点,也会因为经常接触而发生矛盾,产生摩擦,久而久之成为仇人。

3.相似性

在交往初期,人们的外在吸引力会产生较大的作用。但随着交往的深入,外在吸引力的作用就变得越来越小,而人们在政治、经济、文化、个性等方面的相似性会对彼此的吸引力产生越来越大的作用。也就是说,人们喜欢那些同他们相似的人交往。人与人若对具体事物有相同或类似的态度,有共同的语言,共同的理想、信念和价值观,就容易产生共鸣、共情、理解、支持、信任、合作,从而形成密切的关系。相似性主要包括:信念、价值观和人格特征的相似;兴趣、爱好等方面的相似;社会背景、地位的相似;年龄、经验的相似。实际的相似性很重要,但更重要的是双方感知到的相似性,即态度倾向上的相似性。

美国社会心理学家纽科姆(Theodore M.Newcomb)曾用现场实验研究的方法,探讨了态度相似程度与喜欢之间的关系。他为愿意参加研究的大学生提供一个月的免费住宿,以这些大学生必须定期接受访谈和测验调查作为交换的条件。在住进宿舍之前,研究者先对这些彼此不认识的实验对象施以态度、价值观和个性特征等测验,将态度、价值观和个性特征相似或不相似的大学生分别安排在一间房子里住。然后,定期测验他们对一些事情的态度、看法,就他们对同房室友喜欢的程度进行评定。结果发现,住宿初期,空间距离是决定彼此交往密切程度的主要因素。但到了后期,彼此间态度、价值观和个性特征的相似性超过了空间距离的重要性而成为密切人际关系的基础。在研究的最后阶段,他让这些大学生自由选择住同一房间时,结果表明,相同意见和态度者均喜欢选择同一房间,这充分体现了相似性的作用。

4.互补性

互补是指在交往过程中,交往双方互相获得心理满足的心理状态。当双方的需要以及对对方的期望正好成为互补时，就能形成强烈的吸引力，双方之间的喜欢程度也会大大增加。有些外向型的人愿意和内向型的人相处，而且能够互相欣赏；依赖性强的人愿意和独立性强的人相处，这反映了人们有心理补偿的倾向。在恋爱与婚姻中，人们有时候喜欢与自己在某些方面互补的人在一起。有研究发现，在大学生中，一个男性只要有地位，即使他不帅气也能吸引女性；而没有地位的女性只要长相好，她依然吸引男性。这也许与女性看重男性的事业成功，而男性往往看中女性的外表是否漂亮有关。但这一效应反过来却不成立，从表面上看，相似与互补是矛盾的，但实际上，二者是协同的。互补性产生的吸引往往建立在价值观以及对重要问题态度的相似性的基础上。互补其实是相似性的特殊形式。以下三种互补关系会增加喜欢的程度：需要的互补、社会角色的互补、某些人格特征的互补。

5.才能

人们一般都喜欢聪明能干的人，而不喜欢愚蠢无能的人。一方面，聪明能干的人在某些方面可以给人以帮助；另一方面，聪明能干的人其言行会使人感到恰到好处。这其实也是一种酬赏。但并非一个人越聪明能干就越招人喜欢，一个极其聪明的人，会使他人产生一种自卑感，从而敬而远之，反而降低了吸引力。有研究表明，一个有才能的人如果偶尔露出些小缺点，反而更招人喜欢。所以，在现实生活中，不要苛求自己做一个完美无缺的人。因为完美无缺不但不会增加个人的吸引力，反而会让人敬而远之。

6.人格品质

人格品质是影响人际交往最稳定的因素，也是影响个体人际交往最重要的因素之一。我们经常说外表美是一时的，而心灵美是经久不衰的，实际上这里的心灵美有一部分内容是指人们的人格品质。生活经验告诉我们，一个人具有美的心灵，才会真正受人欢迎和喜爱。比起容貌和才能，个性品质具有无与伦比的吸引力，而且这种吸引力持久、稳定、深刻。美国心理学家安德森（N.H.Anderson）研究了影响人际关系的人格品质。研究结果表明，最受人们喜爱的人格品质分别是真诚、诚实、理解、忠诚、真实、可信，最不受欢迎的人格品质是说谎、假装、不老实等。

心海导航

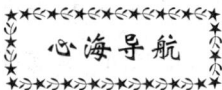

第三节　大学生良好人际交往能力的培养

一、培养方法

人是社会的人,必须与人交往。当我们走上社会的时候,我们会与各种各样的人物打交道,在与人交往中,你能否得到别人的支持、帮助,这与个人的人际交往能力相关。作为一名在校大学生,要培养自己与同学、老师、领导等进行交往的能力。与同学交谈,可以争论不同的学术观点,可以谈对社会现象的不同认识,在论辩中提高自己的思辨能力;与老师交谈,可以交流读书心得,厘清不同的思想认识,可以从中受到启迪;与领导交谈,可以充分交流自己对问题的不同见解,也可以锻炼自己在领导面前不怯场。如果善于与人交际,你将会学习到很多书本上学不到的东西。

(一)大学生人际交往的原则

1.正直原则

正则"品"端,直则"人"立。正直是公正坦率,它是人生的脊梁,是立世的风骨,是动机和效果的统一,体现着智慧与境界。大学生在人际交往中坚持正直的原则,主要是指正确、健康的人际交往能力,营造互帮互学、团结友爱、和睦相处的人际关系氛围。

2.平等原则

主要是指交往的双方人格上的平等,包括尊重他人和保持他人自我尊严两个方面。彼此尊重是友谊的基础,是两心相通的桥梁。交往必须平等,平等才能深交,这是人际交往成功的前提。要以朋友的身份进行交往,才能深交。切忌因身份、相貌、经济等方面比较差而自卑,也不要因为自己比他人拥有更多的优质资源而趾高气扬。这些心态都影响人际关系的顺利发展。古人云:"欲人之爱己也,必先爱人;爱人者,人恒爱之;敬人者,人恒敬之。"尊重不是单方面的,而是取决于双方,既要自尊,又要彼此尊重。

3. 诚信原则

在与人交往时,一方面,要真诚待人,既不当面奉承人,也不在背后诽谤人,要做到肝胆相照，襟怀坦荡；另一方面，言必行，行必果，承诺的事情要尽量做到，这样才能赢得别人的拥戴，建立起深厚的友谊。马克思曾经把真诚、理智的友谊赞誉为"人生的无价之宝"。古人也说："精诚所至，金石为开。"真诚是打开友谊之门的钥匙。日本著名作家池田大作写道："只有抛掉虚伪，以诚相见的人际关系，才是最有力、最美好、最崇高的。"

4.宽容原则

在与人相处时，应当严于律己，宽容待人，接受对方的差异。常言："金无足赤，人无完人。"在人际交往中，对别人要有宽容之心，如果"眼睛里容不得一粒沙子"，斤斤计较，苛刻待人，或者得理不饶人，最终将会成为孤家寡人。另外，要有宽容之心，还须以诚换诚，以情换情，以心换心，善于站在对方的角度去理解对方。

5. 换位原则

在人际交往中，要善于从对方的角度认知对方的思想观念和处事方式，设身处地地体会对方的情感和发现对方处理问题的独特方式等，从而真正理解对方，找到最恰当的沟通和解决问题的方法。

6.互补互助交互原则

这个原则是大学生人际关系处理的一种心理需要，也是人际交往的一项基本原则。因为大学生在经济生活上还没有独立，依然处在以学为主的学生时代，因此，互补性原则主要体现在精神领域。这包括大学生气质、性格、个性特征等内容。我们往往发现，不同气质、性格和能力的人能够相处配合得较好，而能力非常强的两个人倒并不一定配合相处得很好。所以"尺有所短，寸有所长"，在交往过程中要勇于学习他人的长处，以弥补自己的不足。

从心理学上讲，每个人都是天生的自我中心者，个体都希望别人能承认自己的价值，支持自己，接纳自己，喜欢自己。由于这种寻求自我价值被确认和情绪安全感的倾向，人在社会交往中，更重视自己的自我表现。

福阿夫妇（U.G.Foa，E.B.Foa）1975年的研究表明，任何人都有保护自己心理平衡的稳定倾向，都要求自身同他人的关系保持某种适当性、合理性，并依此对自己与他人的行为做出解释。这样，当别人对我们表示出友好、接纳和支持时，我们也感到应该对别人报以相应的友好。这种"应该"的意识会使我们产生一种心理压力，接纳别人，否则我们的行为就显得不合理。与此同时，如果我们的友好行动被别人接纳，我们也希望别人做出相应的回应。如果别人的行动偏离了我们的期望，我们会认为其不通情理，从而产生一种不愉快的情绪体验，对对方产生心理排斥。我国古人所说的"爱人者，人恒爱之""己所不欲，勿施于人"是有其心理学基础的。

7.功利作用原则

美国社会学家霍曼斯(George C.Homans)提出,人与人之间的交往本质上是一个社会交换过程,人们希望交换对自己来说是值得的,希望在交换过程中至少得等于失,不值得交换是没有理由去实施的,不值得交换的关系也没有理由维持,所以,人们的一切交往行动及一切人际关系的建立与维持都是根据一定的价值观进行选择的结果。那些对自己来说值得的,或得大于失的人际关系,人们倾向于建立和保持;对自己来说不值得,或失大于得的,人们就倾向于逃避、疏远或终止。

我国心理学家研究发现,随着人们的价值观倾向不同,人际交往中存在着不同的社会交换机制。对重内在情感价值的人而言,他们在人际交往中个人情感卷入更多,因而有明显的重情谊、轻物质的倾向,与别人的交换倾向于增值交换过程。他们在人际交往中感到欠别人的情分,因此在回报时往往也超出别人的期望,这种过程的循环往复就导致了交往双方都感到得大于失。与此同时,对重外在物质利益的人而言,他们在人际交往中重物质利益意识多于个人情感的投入,因此倾向于用物质来衡量自己的得失,在人际交往中处于减值交换。

8.自我价值保护原则

自我价值指个人对自身价值的意识与评判。自我价值保护指人为了保持自我价值的确立,心理活动的各个方面都有一种防止自我价值遭到否定的自我支持倾向。人在任何时期的自我价值感,都是既有的一切自我支持信息的总和。自我价值支持的变化无非来自两方面:一方面,符合人们意愿,自我支持力量的增加;另一方面,与人们的期望相反,使人们面临自我价值威胁,因而必须进行自我价值保护的消极变化,即自我价值支持力量的失去或自我面临新的攻击。

特别是在肯定的人转向否定时,我们面临两种选择:一是承认别人转变的合理性,否定我们自己,贬低自我价值;二是进行自我价值保护,尽可能维护自我价值的不变,降低所失去的自我价值对自己的重要性。许多研究表明,自我价值否定是非常痛苦的,因此,当面临自我价值威胁时的优先反应不是否定自身,而是尽可能保护自己。

(二)大学生人际交往技巧和能力的提升

1.善用人际交往技巧

(1)换位思考。这对建立良好的人际关系很重要。如我们经常用"如果我在他的位置上,我会怎样处理?"经常站在对方的角度去理解和处理问题,一切就会变得简单多了。一般而言,善于交往的人,往往善于发现他人的价值,懂得尊重他人,愿意信任他人,对人宽容,能容忍他人有不同的观点和行为,不斤斤计较他人的过失,在可能的范围内帮助他人而不是指责他人。他懂得"你要别人怎样对待你，你就得怎样对待别人"；懂得"己所不欲，勿施于人"；懂得"得到朋友的最好办法是使自己成为别人的朋友"；懂得别人是别人而不是自己，因而不能强求，与朋友相处时应存大同，求小异。

（2）善用赞扬和批评。心理学家认为，赞扬能释放一个人身上的能量，调动人的积极性。"赞扬能使羸弱的身体变得强壮，能给恐怖的内心以平静与依赖，能让受伤的神经得到休息和力量，能给身处逆境的人以务求成功的决心。"有报载，一位欧洲妇女出门旅行，她学会了用数国语言讲"谢谢你""你真好""你真是太棒了"等，所到之处，都受到热情接待。真心真意、适时适度地表示你对别人的赞扬，赞扬要对人也对事，能够提升彼此的吸引力。

要善于落落大方地说谢谢。我们经常认为特别亲近的人不需要说谢谢，太小的事不需要说谢谢，我们在生活中不太愿意直接表达我们的感谢，而是愿意记在心中。事实上，真诚的发自内心的感谢闪烁着人性的光辉。与赞扬相对的是批评，一般情况下，应多做赞扬，少用批评，批评是负性刺激。批评通常只在用意善良、符合事实、方法得当时，才有可能产生积极的效果，才能促进对方的进步。批评时应注意场合与环境，应对事不对人，不能对一个人产生全盘否定，这样会挫伤对方的积极性与自尊心，应就现在的一件事而不是将以前的事重新翻出来，措辞与态度应是友好的、真诚的。

（3）主动交往。每一个风华正茂的大学生都需要有丰富的人际关系世界，并在这个世界里帮助与被帮助、同情与被同情、爱与被爱，共享欢乐与痛苦。在社会交往中，那些主动发起交往活动、主动去接纳别人的人，在人际关系上较为自信。而主动交往稀少则源于两方面的原因：一是缺乏自信，担心遭到拒绝，担心别人不会像自己期望的那样理解、应答，从而使自己处于窘迫的局面，伤害了自己的自尊。事实上，问题远没有我们想象的那么严重，因为人际关系中，双方都需要适应，需要人际关系支持陌生情境。二是人们在人际关系方面有许多误解，如先同别人打招呼，在别人看来低人一等，"那些善于交往的人左右逢源，都有些世故，有些圆滑""我如此麻烦别人，别人会认为我无能，会讨厌我"等。其实，大学生的主动交往很重要，特别是当面临人际危机时，主动解释，消除误解，重新建立良好的人际关系非常重要。

（4）移情。人际关系的本质是人与人之间情感的联系与沟通，情感的沟通越充分，双方共同拥有的心理领域就越大，人际关系就越亲密。移情不是同情，而是交往双方内心情感的共通与同一。人是经验主义者，对别人的理解高度依赖于自己的直接经验，因此，自我经验的丰富是理解与移情的必要前提。

（5）帮助别人。心理学家发现，以帮助与相互帮助开端的人际关系，不仅良好的第一印象容易确立，而且人与人之间的心理距离可以迅速缩短，使良好的人际关系迅速建立起来。日常生活中的患难之交正说明这点，所谓"雪中送炭"的心理效应正是如此。

2.提高人际交往的洞察力

人际交往能力与社交经验的关系如此密切，如果可以提高自己的人际交往能力，人们的日常社交生活也会得到改善。人们不仅可以减少与别人发生冲突，亦可以令自己和别人有更愉快的交往经验。

有些人认为人际交往能力是与生俱来的特质或属性。譬如，一个社交能力强的人天生较外向，善于交际。所谓"江山易改，本性难移"，要改变人际交往能力比移山更为艰难。但多数的心理学家并不赞同这种看法；反之，他们认为只要能辨认出可以预测人际交往能力的因素，便可以设计一些课程来培训这种能力。如何提高人际交往能力，可参考以下两方面内容：

（1）对环境的辨析力。对环境的辨析能力是社交能力的一个重要部分。一个人如果能够对情境间的细微不同之处加以区分，往往更能掌握社交环境的变化而做出合宜的行为，以适应不同性质、千变万化的环境。这种对环境的辨析能力即"因时制宜"。

在相关的研究中，研究者采用一些虚构的处境，记录受测者在这些处境中的反应。这两个虚构的情境，一是你很怕见牙医，但现在却要到牙医那里修补牙齿；二是你被一群持械的恐怖分子胁持在一所公共大楼内。研究发现，人们在这两种情境中，均可以选择细心地观察周遭的危险讯号。譬如，在第二个处境中，可以留心恐怖分子有什么武器。他们也可以尽量分散注意力，不去注意一些会令自己紧张的危险信号。当然，在见牙医的处境中，主动地监察危险信号只会令自己更紧张，肌肉收得更紧，痛苦愈多。但在被胁持的处境中，留心危险信号可以提高逃生的机会。接受测试的人当中，有些人较能辨析两种情境的不同，在见牙医的处境中选择分散注意力，在被胁持的处境中选择观察环境。有些人的辨析能力则明显较低，在不同的情境中也选择观察环境。

相关研究也显示，辨析能力愈高的人，社交能力也愈高。他们在与父母、师长、朋友和不喜欢的人交往时，较能完成交往目标，并改进双方的交情。需要强调的是，"因时制宜"并非指盲目跟随形势变化而改变自己的行为，也不是指盲目顺从对方的意思。辨析能力高的人不一定是"社交变色龙"，只懂得盲目附和。他们有自己的生活目标，并且在追求这些目标时，懂得审时度势，既能够完成自己的生活目标，亦能对他人有所帮助。

（2）对别人心理状态的洞察力。洞察别人的心理状态也是社交能力重要的一环。一些人看到别人的行为时，不尝试去了解对方做事时的处境和感受，便马上从别人的行为去判断对方是一个怎样的人。这种重判断而轻了解的取向，是社交能力发展的一大障碍。

在一项研究中，研究者向受测者描述一个人的行为，然后请他们将这个人的资料转述给另一个受测者听。在转述过程中,有些人自发地加入了一些对故事人物的性格和道德判断(例如"他是一个讨厌的人"),而有些人则主动地对故事人物的内心世界加以剖析(例如"因为他想取得辅导员对他的好感,所以对辅导员的决定一味地服从")。研究发现,越倾向性格和道德判断的人,他们的社交能力越差;反之,越倾向做内心剖析的人,他们的社交能力越高。既然主动地做性格判断和道德评价对社交能力的发展有碍,而尝试了解人的内心感受对社交能力有利,那么如何可以降低前一种倾向而加强后一种倾向呢?

一个人对性格和道德的看法是一个十分重要的因素。有些人觉得性格和道德是不可改变的个人素质,相信每个人也有固定不变的道德水平和性格。因此,在与人交往时,他们的注意力便集中于从别人的言行举止来推断对方具备哪种性格。而有些人在社交场合中,并不急于判断别人的性格和道德水平,而是较留心一些可变的因素和行为的关系。譬如,他们较留心环境因素的改变如何影响一个人的心理状态,而心理状态的改变又如何影响一个人的行为。

这种倾向判断行为的好坏和别人的道德性格的人,不仅容易忽略别人的心理状态,也较容易因为对人多做以偏概全的评价而产生偏执和成见。总之,要提高个人的人际交往能力,一方面要提高对自己及别人的需要、思想、感受的洞察力;另一方面亦要细心观察不同的情境和人物,分辨其中不同之处并加以理解分析,以加强对千变万化的社交环境的掌握。虽然心理学家认为社交能力是可以训练提高的,但要真正提高社交能力,实在不是一件容易的事,亦非一朝一夕可以做到,成功与否取决于一个人的动机、决心、努力与恒心。

3.提升自我人际交往能力

(1)良好表达能力的培养。社交中受人欢迎、具有魅力的人,一定是掌握社交口才技巧的人。社交口才的基本技巧表现在适时、适量、适度三个方面。

一要适时。说在该说时,止在该止处,这才叫适时。可有的人在社交场上该说时不说,见面时不及时问候;分手时不及时告别;失礼时不及时道歉;对请教不及时解答;对求助不及时答复……反之,有的人该止时不止,在热闹喜庆的气氛中唠唠叨叨诉说自己的不幸;在别人悲伤忧愁时嘻嘻哈哈开玩笑;在主人心绪不安时仍滔滔不绝发表宏论;在长辈家里乐不可支地详谈"马路新闻"。请设想一下,假如你在社交中遇见了上面这种人,你会对他产生什么样的印象呢?

二要适量。适量的社交口才还包括声音大小适量。大庭广众之中说话音量宜大一点,私人拜访交谈音量宜适中,如果是密友、情人间交谈,小声则可以表现亲密无间、情意绵绵的特殊关系,给人一种亲切感。这些都是在社交场合与人交谈应该掌握的技巧。

三要适度。主要是指根据不同对象把握言谈的深浅度,根据不同场合把握言谈的得体度,根据自己的身份把握言谈的分寸度。此外,体态语也要恰到好处。

不要因为目前自己的口语表达比较差而灰心丧气,因为口才是可以通过后天的培养而形成的。古希腊雄辩家德摩斯梯尼(Demosthenes)年轻时有口吃毛病,为了纠正口吃,清晰地发音,他把小石子含在嘴里朗诵,迎着大风讲话。他还经常朗诵诗歌、神话、悲喜剧。经过苦练,他终于成为一位闻名于世的雄辩家。

(2)人际融合能力的培养。人际融合是一种能力,一种智慧,一种艺术。

美国俄亥俄州的RMI公司,一度生产滑坡,工作效率低,员工面临失业,情绪不稳。受总公司委派前来担任总经理的大吉姆·丹尼尔面临着与大家融合并带领大家改变面貌的严峻考验。他在公司中处处张贴标语:"如果你看到一个人没有笑容,请把你的笑容分些给他""任何事情只有做起来,兴致勃勃,才能取得成功"。大吉姆还把工厂的厂徽改成一张笑脸,贴在工厂的大门上、办公用品上、员工的安全帽上。亲切感产生信任感、归属感,在没有增加投资的情况下,公司的生产效率提高了80%。

由此观之,与人融合并非深不可测。一句真诚的话语,一次放松的谈心,一个会意的笑容或眼神,都可以换来健康、乐观、平和的心境,营造出宽松和谐的人际空间。关键是你有没有不断学习、不断提高这方面能力的意识。

(3)解决人际问题能力的培养。处理日常学习生活的各种问题,是我们最重要的责任。但是,当问题接踵而来,而且复杂度不断升高时,我们要考虑如何有系统地找出问题的成因,对症下药,以最有效率的方式解决问题。

曾听过这样一个故事:有一个人,因为遇到很多他认为无法解决的问题而到酒吧,用他仅剩的几十元钱要了一杯酒,并暗下决心,花完这最后的钱,也就是他告别这个世界的最后时刻了。酒吧老板见他神态异常,便找他聊天,知道了他的想法。于是,酒吧老板和他约好第二天在一处地方见面,如果见了面他还是想结束自己的生命,那么谁也不会再干涉。第二天,两人在一处墓园见了面。酒吧老板说:"躺在里面的人都没有问题了,而站在外面的每一个人都有许多的问题,人生就是由一个又一个的问题构成的。如果没有问题,那就只能躺在里面了。"听了酒吧老板的话,他终于明白了。于是,他勇敢地面对问题,并试着去解决问题。

二、心的体验

(一)心理自测

人际关系综合诊断量表

这是一份人际关系行为困扰的诊断量表,共28个问题,每个问题做"是"(打√)或"非"(打×)两种回答。请你认真完成,参看后面的评分、计分办法,对测验结果做出解释。

1.关于自己的烦恼有口难言。　　　　　　　　　　　　　（　　）

2.和生人见面感觉不自然。　　　　　　　　　　　　　　（　　）

3.过分地羡慕和忌妒别人。　　　　　　　　　　　　　　（　　）

4.与异性交往太少。　　　　　　　　　　　　　　　　　（　　）

5.对连续不断的会谈感到困难。　　　　　　　　　　　　（　　）

6.在社交场合感到紧张。　　　　　　　　　　　　　　　（　　）

7.时常伤害别人。　　　　　　　　　　　　　　　　　　（　　）

8.与异性来往感觉不自然。　　　　　　　　　　　　　　（　　）

9.与一大群朋友在一起,常感到孤寂或失落。　　　　　　（　　）

10.极易受窘。　　　　　　　　　　　　　　　　　　　（　　）

11.与别人不能和睦相处。　　　　　　　　　　　　　　（　　）

12.不知道与异性相处如何适可而止。　　　　　　　　　（　　）

13.当熟悉的人对自己倾诉他的生平遭遇以求同情时,自己常感到不自在。

　　　　　　　　　　　　　　　　　　　　　　　　　（　　）

14.担心别人对自己有什么坏印象。　　　　　　　　　　（　　）

15.总是尽力使别人赏识自己。　　　　　　　　　　　　（　　）

16.暗自思慕异性。　　　　　　　　　　　　　　　　　（　　）

17.时常避免表达自己的感受。　　　　　　　　　　　　（　　）

18.对自己的仪表(容貌)缺乏信心。　　　　　　　　　　（　　）

19.讨厌某人或被某人所讨厌。　　　　　　　　　　　　（　　）

20.瞧不起异性。　　　　　　　　　　　　　　　　　　（　　）

21.不能专注地倾听。　　　　　　　　　　　　　　　　（　　）

22.自己的烦恼无处可倾诉。　　　　　　　　　　　　　（　　）

23.受别人排斥与冷落。　　　　　　　　　　　　　　　（　　）

24.被异性瞧不起。　　　　　　　　　　　　　　　　　（　　）

25.不能广泛地听取各种意见和看法。　　　　　　　　　（　　）

26.自己常因受伤害而暗自伤心。　　　　　　　　　　　（　　）

27.常被别人谈论和愚弄。　　　　　　　　　　　　　　（　　）

28.与异性交往不知如何更好地相处。　　　　　　　　　（　　）

表 7-1　人际关系诊断量表

Ⅰ	题目	1	5	9	13	17	21	25	小计
	分数								
Ⅱ	题目	2	6	10	14	18	22	26	小计
	分数								
Ⅲ	题目	3	7	11	15	19	23	27	小计
	分数								
Ⅳ	题目	4	8	12	16	20	24	28	小计
	分数								
评分	标准	打"√"的给打一分,打"×"的给0分							

结果解释:

如果你得到的总分在0~8分之间,那么说明你在与朋友相处上的困扰较少。总分在9~14分之间,说明你与朋友相处存在一定程度的困扰。你的人缘很一般,换句话说,你和朋友的关系并不牢固,时好时坏,经常处在起伏波动之中。总分在15~20分之间,表明你在同朋友相处上的行为困扰较严重。总分20分以上,则表明你的人际关系行为困扰程度很严重,而且在心理上出现较为明显的障碍。

Ⅰ横栏上的小计分数,表明你在交谈方面的行为困扰程度。

Ⅱ横栏上的小计分数,表明你在交际、交友方面的困扰程度。

Ⅲ横栏上的小计分数,表明你在待人接物方面的困扰程度。

Ⅳ横栏上的小计分数,表明你与异性朋友交往方面的困扰程度。

临界值是6分,分数越高交往障碍越大。

(二)团体活动

我说你画

活动目的:

1.通过活动,让学生明白人际互动过程中,语言的清晰表达非常重要。人际交往中的双向互动效果比较好。

2.引导学生多角度查找人际交往中存在问题的原因,并学会主动承担责任,从而力求改进。

3.体验有效的信息沟通要素,包括准确表达、用心倾听、思考质疑、澄清确定等。

活动准备:每人一张 A4 白纸、笔、样图两张(样图可根据开展活动的学生情况、难易程度自定)。

活动过程:

1.第一轮,请一名自愿者担任"传达者",其余人员都为"倾听者","传达者"看样图一

1分钟,背对全体"倾听者",下达画图指令。

　　2."倾听者"根据"传达者"的指令画出样图上的图形,其间"倾听者"不许提问。

　　3.根据"倾听者"的图,"倾听者"和"传达者"双方交流自己的感受。

　　4.第二轮,再请一位自愿者,看样图二1分钟,面对"倾听者"下达画图指令,其中允许"倾听者"提问,看看这一轮的结果如何。

　　5.请"传达者"和"倾听者"谈自己的感受,并比较两轮过程与结果的差异。

三、心灵鸡汤

天堂与地狱

　　一个人想知道天堂和地狱的区别。他去找上帝,上帝把他带到一个大厅中。大厅里挤满了人,在大厅的中央,支着一口大铁锅,里面盛满了热汤,整个大厅中弥漫着香气,大锅周围,一层层地挤满了人,可是这里的人却饿得面黄肌瘦。为什么呢?因为他们每个人手里都拿着一个长把的勺子,柄太长,盛了汤以后无法送到自己嘴里,所以,谁也无法喝到汤。久而久之,这些人当然就饿得面黄肌瘦了。面对这种情况,上帝对那个人说:"看到了吗?这就是地狱。"那么,什么是天堂呢?上帝把他带到另一个大厅。这里也有许多人,在大厅中央同样放着一大锅热汤,就像刚才所见到的一样。这里的每个人手中也同样有一把长勺,但这里的人个个营养充足,满面红光。这是什么原因呢?原来,这里的人吃饭时总是彼此用自己手里那个很长的勺子舀了汤后喂对方喝,这样,每个人都能很顺利地喝上对方舀的汤。面对这种情况,上帝对那个人说:"看到了吗?这就是天堂。"

　　这个故事虽然不长,蕴含的道理却很深刻。它告诉我们,天堂是建立在每个人与他人和睦相处、相互合作的基础上的。如果彼此之间没有合作,大家都是只关心自己,不关心他人,就会制造出地狱来。当今社会分工越来越细,每个人对他人的依存度也越来越高,不会与别人合作,其实就等于把自己送入了地狱。"助人就是助己,生存就是共存",只有学会了与人和睦相处,学会了帮助别人,学会了彼此间的合作,才能使自己和他人生活得愉快而幸福。

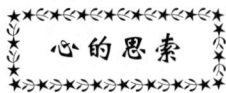

★☆★☆★☆★☆★☆★☆★☆★
☆　心 的 思 索 　☆
★☆★☆★☆★☆★☆★☆★☆★

一、思考题目

　　1.在与同伴交往过程中,你经常遇到什么样的人际交往问题?如何解决?

　　2.在与别人的交往中,你特别看重的是人际交往中的哪方面因素?有没有失之偏颇?需要从哪些方面加以改进?

　　3.在咨询中,经常听到这样的话:"我对××那么好,可××却经常对我有所保留,有时还对我爱理不理的。"如果你是咨询老师,你会给来访者哪些建议?

二、阅读推荐

1.胡邓:《人际交往从心开始》,北京:机械工业出版社,2008 年。

2.[美]戴尔·卡耐基:《人性的弱点　人性的优点》,北京:中国长安出版社,2011 年。

3.李昊轩:《成功人际交往的 8 种方式》,北京:中国三峡出版社,2008 年。

第八章

爱,不要伤害
——大学生的性心理与恋爱心理

★心灵书签★

男女之间,在没有婚姻的承诺前,还是保持简单的关系为好;否则,真的没有岁月可以回头。

★心的困惑★

老师,我是您在三年级开设的校级选修课程"团体心理辅导"班上的学生。尽管我很喜欢上您的课,但我还是不好意思跟您面对面地交谈,只好在 QQ 上给您留言了,期待您的答复。半年前我在参加校际交流活动的时候认识了另一所高校的一个男生。活动过程中,我们聊得很开心,分别的时候我们互留了联系方式。之后,通过一段时间的接触,我们建立了恋爱关系。我们彼此深爱着对方,每个周末我们都聚在一起。这期间我们有身体的亲密接触,但我始终坚持着女孩子的最后一道防线。因为我记得您曾经跟我们说过:"情到深处,恋爱中的人是很容易情不自禁地渴望拥有彼此的。只是男孩子跟女孩子在对待性爱问题的态度上是不一样的。男孩子会对女孩子说——爱我你就给我! 女孩子则对男孩子说——爱我你就等我! 那么到底是给还是等呢? 老师不想说教太多,只是提醒你们 hold 住,冷静一下,想想你是否真的准备好了? 是否确信自己伤得起?"老师,我真的很害怕出现意外,给自己的身体带来不可弥补的伤害。所以,半个月前当他约我到外面宾馆的时候,我选择了逃跑。接下来的日子里,我给他打了很多次电话,他都对我爱理不理的,昨天晚上他竟然告诉我他已经有了新的女朋友,希望我不要再打扰他! 老师,我失恋了,我很痛苦,真的很痛苦,因为我是那么地爱他,曾经他也是那么地爱我,难道我的坚持不对吗? 您能告诉我接下来我该怎么做吗?

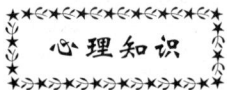

性,一个神秘而诱人的字眼,一门方兴未艾的科学。性心理的健康与否,将对大学生的学习、生活和工作产生巨大而深远的影响。恋爱是人生美好的乐章,只有真正懂得爱情的人,才会生活幸福、事业成功。

第一节　大学生的性心理与恋爱心理概述

一、大学生性心理概述

性作为一种生理、心理、社会现象,始终伴随着一个人,深刻地影响着一个人的健康、幸福和人格完善。它能给人以快乐,也能给人以痛苦;它可以引人走向崇高的境界,也可以诱人误入歧途。

大学生正处于性生理发育成熟、性心理逐渐趋向成熟的时期,性意识已十分活跃,性冲动和性需求较为强烈。于是,性生理成熟与性心理未完全成熟之间的矛盾,性的生理需求与性的社会规范之间的冲突,成了大学生心理卫生的主要问题之一,直接影响着大学生的心理健康和发展。

(一)性心理的含义

性是我们每个人生命的重要组成部分,个体总是伴随着性的发展而逐步长大的。那么,性心理是什么? 性心理是指个体与性征、性欲、性行为有关的心理状况和心理过程,包括异性交往、恋爱、婚姻等与异性有关的心理问题。简言之,就是与性生理、性行为有关的心理现象。大学生由于其生活环境和成长背景与其他同龄人不同,性心理有明显的校园色彩。

从本质上看,性心理是人的生物性与社会性的统一。生物性是指男女在生理结构上的差异和人生来就有的性的欲望和本能。它是人类生存和繁衍后代的必要基础条件。从这个方面来说,人与一般动物具有相同之处。但是,性心理的本质是它的社会性,如人的择偶标准、恋爱、性行为等都体现出个体性的社会需求。因此,个体性心理既要受到人发展的生物规律的支配,也要受到人类社会文化发展条件和各种社会需要的制约,是两者密不可分的有机统一体。

(二)青春期性心理的发展

人的一生要经历一系列的性心理发展阶段。奥地利精神分析学家弗洛伊德

(Sigmund Freud)认为,儿童时期就有性心理,其发展对以后的性健康和人生发展有着不可低估的影响。但人们更关注青春期及之后性心理发展的意义,因为它的变化很显著,影响很明显,由此带来的适应问题也特别多,有些问题甚至表现得很严重。

美国心理学家赫洛克(E.Hurlock)认为,从性意识的萌芽到爱情的产生和发展,大致可分为四个阶段:一是青春初期疏远异性的否定期;二是向往年长异性的牛犊期;三是青春中期积极接近异性的狂热期;四是青年后期浪漫的恋爱期。

我国学者一般将性心理的发展分为以下四个阶段(其中女性比男性早一两年):

1.疏远异性期(12~14岁)。刚进入青春期,由于生理迅速变化,性别差异日益明显,性意识、性动机已经出现,便产生明显的性不安、羞涩感甚至对自身的反感,而对异性则怀有神秘感和恐惧感。以前两小无猜的童伴开始疏远,他们选择同性做伙伴,对异性产生某种嫉妒和反感。男女生在一起会产生一种不安和害羞心理。两性接触时,双方都很腼腆,尽量避免目光接触。学校里男女界限分明,有时男女同学间的正常交往也遭到起哄和嘲笑。这种特殊的性反感情绪,逆反性地刺激他们对异性的好奇心,他们很想知道被成人极力掩饰的秘密到底是什么,女孩为什么要来月经,男孩为什么会遗精,等等。这时同性交往的现象进一步强化了各自性角色的认同与差异,是一种短暂的、引发今后对异性兴趣与爱恋的前奏曲。

2.接近异性期(14~16岁)。短暂的疏远和相斥之后,必然是渐浓的关注与接近。这在初二、三年级后逐渐明显。他们常常以欣赏的心情和友好的态度对待异性的言谈和行为。男女青年开始注意异性对自己的态度,喜欢在异性面前表现自己,以博得异性的好感。这时他们会特别注意修饰打扮,衣服换得勤,头发常梳理,男女生以各种理由接近异性,愿意在一起活动、游玩、学习,主动接近异性者增多。有些男女生课间休息时在教室、走廊相互碰撞、嬉闹。少数大胆者会从眉目传情发展到写纸条、写信示爱。

此阶段的少男少女正处于钟情、思春的朦胧状态。他们对异性的关注具有好奇性、实验性和盲目性。其交往指向是泛泛的,多数是因相互的好感自然吸引。有些虽然以摘抄模仿文学作品中炽烈诗句表达情感,但实质上并不具有恋爱的情感深度和心理准备,也很少具有专一的恋爱对象。这时还会出现崇拜、向往年长异性的现象,特别是有些少女把一些成年男性(如歌星、影视明星、体育明星、艺术家、作家、教师等)作为自己崇拜甚至追求的对象。

3.向往异性期(16~18岁)。这一时期主要表现为对异性的向往和倾慕。这时的男女青年常以各种主动的方式对异性表示好感,希望得到对方的积极反应。这个阶段的大多数学生还没有对特定异性的倾慕,但也有少数高中男女生开始倾慕特定的异性,出现了初恋。这时他们的性机能虽然日趋成熟,但正确的道德底线和恋爱观一般尚未形成。如果他们之间的正当交往受到压制,又受到不良影响,对异性的神秘感和好奇心便可能导致他们的越轨行为和不正当的交往关系。

4.恋爱期(18岁以后)。18岁以后,青年人身心的发展和丰富的社交活动,促使他们把对异性的情思逐步导向恋爱的轨道。青年还受到小说、电影、电视剧以及其他途径的影响,逐渐在头脑中确定了自己心目中"白马王子"或"梦中情人"的形象,并且在现实生活中寻找着。青年们在各种社会交往活动中,培育着友谊,随着时间的推移,全方位的友谊逐渐集中到与自己的理想模式相符的个别异性身上,这样恋爱便产生了。这种恋爱已不是游戏性的恋爱,而是与结婚、未来的事业和家庭相联系的。大学生则基本上属于此阶段。

上述四个阶段的性心理表现,是青年性心理发展的自然现象,是多数人必须经过的必由之路,是积极的、正常的。但如果缺乏正确的引导,也可能出现某种心理与行为问题。在疏远异性期,如果受到习俗和观念的影响太深,就可能出现与异性交往的长期恐惧感;在接近异性期,如果过分热衷于与异性接触,特别是喜欢谈论两性的风流韵事,看淫秽影视书刊,可能出现心理不正常;在向往异性期,性机能日趋成熟,而正确的恋爱观、道德观一般尚未形成,对异性的神秘感和好奇心有可能导致他们的越轨行为;在恋爱期,如果缺乏性道德,可能出现许多性问题甚至违法行为。

(三)大学生性心理的一般特征

随着性生理、性心理的发展,大学生多会出现一系列的性心理行为,如对性知识的兴趣、对异性的好感、性欲望和性冲动、幻想、自慰行为等。具体地说,大学生性心理的特征主要表现为:

1.性心理的本能性和朦胧性

相当一部分大学生的性心理尤其是低年级大学生的性心理,尚缺乏深刻的社会内容,基本上还是生理急剧变化带来的本能作用,好像鬼使神差似的对异性发生兴趣、好感、爱慕,但这种萌动披着一层朦胧的轻纱。不少学生不了解性知识,对性有较浓厚的神秘感。所以,对异性的兴趣、好感和爱慕主要还是异性的自然吸引。然而正是在此基础上,在朦胧纷乱的心理变化中,性意识逐渐强烈和成熟起来。

2.性意识的强烈性和表现上的文饰性

青年期很显著的特征是闭锁性和强烈的求理解性,这就导致了其心理外显方式的文饰性,在对待性问题上也是如此。他们十分重视自己在异性心目中的印象、评价,但表面上又表现得拘谨、羞涩、冷漠;心里对某一异性很感兴趣,表面上却有意无意表现得无动于衷,不屑一顾,或做出回避的样子。他们表面上十分讨厌那种亲昵的动作,但实际上很希望体验体验。诸如此类的矛盾心理与表现容易使他们产生种种冲突和苦恼。

3.性心理的动荡性和压抑性

青年期是人一生中性能量最旺盛的时期,但由于不少大学生的心理还不成熟,尚未形成稳固的、正确的性道德观和恋爱观,自控能力较弱,因而他们的性心理易受外界不良因素的影响而动荡不安。现实生活中,从五花八门的性信息,特别是"性自由"的思想,易使个别大学生的性意识受到错误强化而沉湎于谈情说爱之中,甚至发生性过失、性犯罪。

与此相反,另一些人由于性的能量得不到合理的疏导、升华而导致过分的压抑,少数人还可能以扭曲的方式、不良的甚至变态的行为表现出来,如厕所文学、课桌文学、窥视、恋物行为等。

4.男女性心理的差异性

大学生的性心理因性别不同而有所差异。比如,在对异性感情的流露上,男生表现得较为外显和热烈,女生往往表现得含蓄和深沉;在内心体验上,男生更多的是新奇、喜悦和神秘,女生则常常羞涩、敏感和内心矛盾;在表达方式上,一般是男生较主动,女生则喜欢采取暗示的方式。此外,男生的性冲动易被性视觉刺激唤起,而女生则易在听觉、触觉刺激下引起性兴奋。

(四)大学生性心理活动的表现

大学生性心理活动的表现多种多样,主要表现有以下几种:

1.对性知识的渴求

大学生由于性生理的成熟而对性知识、性行为、生育现象等产生了较强烈的探求欲望和浓厚的兴趣,这是性心理发展的正常现象。他们会利用各种途径和多种渠道来获取这方面的知识,如医学书籍、文学作品、影视作品、网络媒体,甚至黄色书刊等。这种对性知识的探求和了解往往是隐秘的,避免被别人知道的。由于社会上各种不良思潮泛滥,他们也会在探求中受到各种不健康性观念的影响和诱惑。他们还喜欢阅读各种描写性心理和恋爱中人物心理的文学作品和观看爱情影片,以满足好奇心理。

2.性意识活动增强

根据大学生的年龄结构,大学生的性意识活动达到了高峰期,性意识活动明显地增强。大学生性意识活动主要表现在被异性吸引、常想到性问题、出现性幻想、性梦等。

在意和留意异性,关注异性的表现、打扮,对漂亮或英俊的异性会禁不住多看几眼,期望自己吸引异性的注意力或引起异性的爱慕。

遇到对自己有吸引力的异性时,会想到对方或与自身有关的性意向、裸体形象、性感部位及体验到自身的性冲动等。

伴随性欲的产生或在某种特定因素的影响下,会出现"自编""自导""自演"的与异性交往内容有关的性联想、性幻想。性幻想可以导致生理上的性兴奋和性器官充血,因此,性幻想也是性冲动的一种宣泄形式之一。

性梦是大学生在青春期最容易发生的现象,指在睡梦中出现与性内容有关的梦境。一般认为与性激素达到一定水平、日常生活中接受性刺激与性信息、睡眠中性器官受到内外刺激及潜意识的性本能活动有关。性梦中可伴有男性遗精、女性阴道分泌液增多等性兴奋现象的出现。

3.性行为活动发生

大学生性意识的出现,必然会在行为方面反映出来。随着性生理的成熟和性心理的发展,大学生不可避免地出现不同程度的性欲望和性冲动,并伴有相应的性行为,如自慰、婚前性交等。

性自慰是青少年和未婚成年人最普遍的性行为现象。世界上许多国家的调查都表明,在性成熟期,有93%~96%的健康男性和31%~45%的健康女性有性自慰行为。自慰算不上疾病,也不属于道德败坏。在青少年性成熟后,性冲动难以抑制但又没有合法的满足途径时,自慰虽然不是一种完美的性满足方式,但危害不到他人,对个体也是一种自我心理慰藉,在一定程度上能够起到宣泄性能量、缓解性紧张、维持身心平衡、避免性犯罪的作用。

此外,大学生的边缘性行为和婚前性交的发生率也占有一定的比例。边缘性行为包括接吻、抚摸、拥抱、摆弄性器官等。这些性行为如能达到较好的控制,一般不会对大学生造成严重的身体伤害和心理影响,但也有个别大学生由于控制不好而产生严重的心理困扰。

4.对异性的爱慕与追求

爱慕与追求异性是大学生性心理的主要表现,也是其恋爱成功与今后美满婚姻的性心理基础。爱慕异性是性生理、性心理走向成熟的必然结果,是性心理发展的一条主线,男女大学生由吸引、接近、向往、倾慕再到爱恋,性心理也就向纵深发展。

一般说来,男女大学生对异性的追求特点是有所不同的。男生对爱情的情感特点是外露和热烈的,显得英姿勃勃,但有些粗犷。女生对异性爱慕的情感特点在于内含与深沉,表现为因娇媚、自尊而有些羞涩、执拗。

二、大学生恋爱心理概述

爱情是人类情感中最复杂、最微妙的一种。爱情是一个古老而常新并且永恒的话题，对爱情既有诗意的赞颂，也有痛切的抱怨、百般的感慨、不解的疑惑。正值青春年华的大学生，爱情悄悄地生长并繁茂，无疑是大学生们最为关注的话题之一。大学生的爱情如同夏日里的太阳雨，美丽却又有些伤感，因为恋爱问题处理不当，容易导致当事人心理痛楚、人格扭曲，甚至引发精神失常。这样的例子在大学校园里时有发生。

(一)爱情的含义

爱情是男女两性间的一种特殊感情，它既不同于父母子女、兄弟姐妹之间的亲情，也不同于同学、朋友之间的友情。爱情是指一对男女基于一定的客观物质基础和生活，在各自内心形成的对另一半异性的最真挚的仰慕并渴望对方成为自己终身伴侣的强烈的、持久的、专一的情感。简言之，爱情是"人们彼此间以相互仰慕为基础的关系"。

真正的爱情需要彼此理解、关心、宽容、拥有共同的志趣；真正的爱情是催人上进的；真正的爱情是需要不断追求和培养的，不是一旦拥有就永远拥有的。

(二)爱情的本质

爱情是人类特有的精神活动，是包含生理、心理和社会诸多因素的复杂现象。人类通过清醒的自我意识和无限想象力，构成了复杂深刻的精神活动和人类生存的主旋律，在此基础上产生了令人魂牵梦萦的爱情。研究爱情的心理学家认为，爱情既有生物属性，更具有社会属性。

1.爱情的生物属性

爱情是人类性生理、性心理发展的必然产物，就其本质说，它是在繁衍后代的本能基础上产生的，必定指向成年异性之间的情感。所谓柏拉图式的爱情，就是应该诅咒性行为，认为男女只能在纯粹的精神享受的云端遨游，这样才能使双方获得永恒的幸福。这种对爱情的看法显然是不科学的。远古时代，人们以坦率、单纯和自然的眼光看待性欲，他们对其顶礼膜拜，怀着一种对自然力的崇敬之情，并不会羞得面红耳赤，也没有那种下流的感情。大量研究资料表明，禁欲主义的生活方式会使人智力停滞，精神容易受到创伤。

2.爱情的社会属性

作为高等动物的人，在表达爱情、求偶、性交、忠于爱情等方面都与动物有相似性,这就是爱情的生物属性。同时,我们也应看到,人和动物的根本区别在于:人是一种高度社会化的动物,有发达的智慧和文明,是万物之灵,是具有社会性的,是有理想、有理智并受社会道德约束的。所以,人类的爱情还具有社会属性,主要表现在以下几个方面:

(1)爱情具有道德性。爱情把道德带入两性关系中,一个人一旦爱上某个人,他(她)就会尊重这个人的人格,珍惜这个人的情谊和维护这个人的利益。他(她)常常可以表现为自我奉献和自我牺牲的道德行为。

(2)爱情具有责任性。选择恋爱对象的自由性与责任性是共存的,爱恋的双方不容轻易离异。爱情往往指向婚姻,爱情的责任也包括对子女负责,对社会负责。

(3)爱情具有排他性。所谓排他性,是指排斥其他人与自己所爱的异性有暧昧关系。如果恋爱一方发现这种现象,他(她)会顿生醋意,感到愤怒。

(4)爱情具有平等性。爱情要求把对方看作是一个具有人格的实体。爱情作为人的生理和心理需求的高度统一,体现在恋人之间的相互尊重、相互信任、相互关心、相互支持,这是平等的关系,不是依附的、占有的关系。现代社会中的女性走进了过去属于男性的天地,同样参与社会生活、为社会发展做贡献,男女双方在人格上是平等的。因此,爱情要求两性合作、男女平等。

(5)爱情具有持久性。男女双方的情感持久稳定,这是真正的爱情的标志。双方不会因为一方地位的变化及其他因素而移情别恋。可以说,真正的爱情不是朝秦暮楚地游移不定,而是心目中永远只有一个人,而不会情外生枝。这种爱情的持久性不仅表现在婚姻之前,而且在婚姻中更是如此。

(三)爱情的发展阶段

1.选择求爱阶段

选择求爱是恋爱成功与否的关键。选择一个合适自己的伴侣并不容易。当你觉得自己找到了那个心中的他(她)时,求爱就开始了。有人把求爱细分成醉我、疑我、非我、化我四个阶段。

所谓醉我,是指被所求的对象迷住而陶醉,一想到对方就会如醉如痴,勾起无限遐想。

所谓疑我,是指怀疑对方是不是爱上了自己,今天对自己多说了几句话,是不是想表露和自己的亲密? 对方的眼神是不是告诉自己他(她)的心意?

所谓非我,即开始了实质的求爱,为对方抛弃自己的兴趣爱好等,一切为了适应对方,即"只要你喜欢,我都喜欢"。

所谓化我,是指恋爱对象基本固定,恋人把对方利益置于自身之上,即"为了支持他,我什么都能舍去"。

2.进入热恋阶段

求爱阶段结束之后就进入热恋阶段。热恋中的双方感情起伏波动，时而达到高峰，时而进入低谷，甚至破裂。恋爱对青年来说是一个证实、发现、判断、发现的时期，即证实自己在求爱阶段对恋人的一些理想化看法，发现另一些在求爱中并没有注意到的优缺点。热恋是两人朝夕相处的阶段，优缺点较求爱阶段容易表露出来。恋爱双方根据这些优缺点的综合印象做出判断，看这段感情值不值得延续下去。

3.家庭角色扮演阶段

如果在热恋阶段做出肯定的判断，恋爱就会慢慢发展到家庭角色阶段。恋人从浪漫的迷雾回到现实，开始考虑柴米油盐和谋生途径。这种家庭角色扮演为以后的婚姻生活打下现实基础，做出了必要的铺垫。

（四）大学生恋爱的特点

当前大学校园里恋爱成风已不是耸人听闻的事。大学生的恋爱问题成为学校、家庭乃至社会所共同关注的话题。大学生的恋爱呈现年龄低龄化、方式公开化、观念开放化、动机简单化、恋爱观多元化等特点。

1.恋爱中的心理行为表现

恋爱状态下的男女学生常常表现出以下特征：
（1）恋人之间常有眉目传情的语言沟通；
（2）常有美化对方，"情人眼里出西施"的倾向；
（3）力图完善自己，表现得更好；
（4）渴望与恋人在一起，若一日不见便如隔三秋；
（5）常防备恋人被他人抢走，看见恋人跟别的异性在一起会有嫉妒心理；
（6）期望在身心上与对方融为一体；
（7）希望能为恋人多做奉献；等等。
恋爱中的人常常表现出隐蔽性（尤其是恋爱初期）、羞怯性、兴奋性、冲动性、幻想性等心理特征，同时，在行动上表现出焦灼不安、记日记、读爱情小说、欣赏音乐等个人独自进行、独立体验的内隐行为，以及写情书、修饰自己、去舞场、看电影、郊游、倾心交谈乃至拥抱、接吻等外显行为。

恋爱的这些复杂心态，使得恋爱行为成了大学生的应激源。如果大学生不善于把握自己，就容易分散精力，消耗时间，产生矛盾。一些人本想丰富大学生活，体验爱情浪漫，不期品尝到的却是苦涩和伤痛。

恋爱在很大程度上改变着一个人的思想、心理和行为。恋爱对人的影响越大，这种改变也越大。恋爱越健康,那么积极的改变就越多;反之,这种改变也可能是消极的。正如日本学者在《现代青年的性意识》一书中指出:"对青年来说,恋爱更多的是一种涉及生活全貌和人格整体的事情。如果说一个人进入青年期以后,在人格、生活态度以及人生观上发生了很大变化,那么导致这种变化的最大因素,大概莫过于恋爱的影响……"

2.大学生恋爱的特点

上面是就恋爱的一般心理行为特点而言。大学生由于特殊的生活内容和文化环境,致使其恋爱生活具有鲜明的特征。

第一,浪漫性。恋爱本应以婚姻为目的,但由于大学生的爱情是在特殊的生活背景和文化环境中萌生的,所以其恋爱生活很少与婚姻相联系,而成了大学生活本身的一种需要。许多大学生在恋爱过程中更多的是看重对方的外貌、能力、兴趣和感情,谈论的话题大多是人生、社会、学习、娱乐等,注重花前月下、诗情画意,追求丰富多彩的精神生活,而很少涉及家庭、经济等现实问题,从而使得大学生恋爱具有浓郁的浪漫气息。

第二,冲动性。大学生恋爱有很明显的冲动性,这种冲动性主要有三种表现:

表现之一:择偶时对自己的感情缺乏审慎的思考,一有好感就采取行动,凭一时冲动做出草率的决定。

表现之二:感情升温快。恋爱就像冲击心岸的海浪,一旦开始,便会久久不能平静,一浪高过一浪,从初恋到热恋,很难找到明显的分界线,过渡期很短,很快便达到了高潮。于是约会相当频繁,形影不离,吃在一起,"学"在一起,玩在一起,恨不得一天 24 小时都不分离。

表现之三:情感的强度大,不易控制,对亲吻、拥抱等亲密行为迫切,有的还可能冲破理智的防范,偷吃禁果。

第三,轻率性。一部分大学生恋爱有轻率性的特点。一方面表现为仓促上阵,仅仅是在好奇心、神秘感、性冲动或从众心理的支配下,甚至他人的起哄下与异性恋爱。由于恋爱开始就缺乏慎重的考虑,把爱情大厦建筑在沙滩上,所以,这种爱情往往像美丽的沙雕,经不起风吹雨打,常常会因为挫折而使恋爱出现危机。另一方面,表现为恋爱的动机是为了填补一时的空虚与寂寞,因而多为与婚姻脱离的虚假恋爱。不仅择偶时缺乏审慎的考虑,而且在恋爱中也很难承担起应有的责任,他们的恋爱一般追求过程,而不在乎结果,"不为天长地久,只求曾经拥有"。故常发生恋爱冲突,对恋爱者的学习生活和身心健康造成不利影响。

第四,自主性。大学生由于脱离了家庭生活,自主自立意识明显增强,因而在恋爱上大多自己做主,自由选择,和谁恋爱以及怎样恋爱都没有统一的模式,不受条条框框的限制,有的直到毕业家长也未必知道。由于大学生恋爱的自由度很大、自主性很强,但同时自己又缺乏经验,得不到成人的指导,因而恋爱挫折不断。

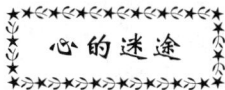

```
★☆★☆★☆★☆★☆★☆★
☆   心 的 迷 途   ☆
★☆★☆★☆★☆★☆★☆★
```

第二节　大学生常见的性心理和恋爱心理问题

一、大学生常见的性心理问题

(一)大学生性心理健康的基本状况

诸多调查显示,大学生的性心理发展总的来说是正常的、健康的,多数大学生能较好地调节性欲、性冲动,表现出符合社会规范也符合身心健康要求的性心理行为,能较正常地对待两性交往,具有比较健康文明的性观念。

然而,比较起心理发展的其他方面,大学生在性心理发展过程中的问题还是比较多的,由此而引起的性困扰、苦恼和适应不良也最多。

当代大学生的一个显著特点是生理成熟提前而心理成熟滞后,其中最重要的是性生理成熟提前而性心理成熟相对滞后。并且在性心理走向成熟的过程中,由于传统性观念与西方性观念及整个社会性心理氛围的影响,相当一部分的学生的性观念出现了混乱。这种矛盾和混乱使原来就已存在的性的生物性需求与社会性要求之间的矛盾、冲突更为扩大、剧烈。然而面对这种状况,大学生的性教育却远远跟不上大学生心身发展的需要。

大学生性心理健康问题具有广泛性、轻微性、冲突性和隐蔽性的特点,即虽涉及的人数众多,但多数属于调节问题而非障碍,且以对性的内心矛盾不安为主。这些问题常会由于社会的忽视或个体的掩饰而不易被发现,而以其他曲折的形式表现出来。

大学生性心理健康问题集中表现在对性缺乏健康、科学的认识态度,性价值观模糊,对自身的性生理、性心理感到困惑、不适应,对性欲、性冲动存有不安、压抑感等,这在一部分大学生身上表现得尤其明显。

(二)大学生性心理问题

在性成熟的过程中,大学生一方面要面临生理上的巨大变化,另一方面要受到多种价值观、性观念、性知识的约束,因此,一些大学生感到不知所措,从而无法避免地产生了性心理问题。这些问题能否妥善解决直接关系到大学生身心能不能健康发展。

1.性生理困扰

大学生的性生理困扰主要表现在如下两个方面。

(1)性体像的困扰。男女大学生在进入青春期后,体像一般都会发生比较大的变化。如男生的身材变得高大、健壮,音调更浑厚、圆润,言行举止更加得体、潇洒等。这一时期的男生声音富有磁性,容易吸引女性。女生则身材苗条、匀称,容貌妩媚动人,音调柔美、动听等。此时的女生可谓魅力四射,让男性觉得既可爱又美丽。但也有极少数学生在第二性征出现后体像不尽如人意,又无法改变,这时就会产生焦虑、烦恼、失望等情绪。在心理健康教育过程中,我们时常遇到一些大学生为自己的个子过高或过矮而烦恼,也有学生为自己的乳房或阴茎发育不理想(偏大或偏小)而苦恼、焦虑。事实上,个子的高矮不会影响自己智力的发展,阴茎或乳房的大小也不会影响到性生活或生育后代。第二性征不理想的大学生要努力修炼内功,从个人知识、能力、气质、风度和才华等方面提升自己的内在美,以弥补自己外在的不足。

(2)遗精或月经的困扰。男生对遗精的忧虑和女生对月经的不适,也是大学生生理困扰的重要问题。所谓遗精是指大学生在无性交状况下射精的现象。这标志着男子渐趋成熟,是正常的、必然的生理现象。但受传统性观念的误导,一些大学生认为射精会伤男性的"元气",减弱其阳刚之气。为此,少数男生在每次遗精之后就非常焦虑、惊惶失措,以至于影响到正常的学习、生活和工作。有关调查表明,青年男子有90%以上都遗精。在男子一次排出的精液(2~6毫升)中,精子只占精液的10%,精液中含有少量果糖、蛋白质、脂肪、前列腺磷酸酶等30多种物质,但80%都是水分。可见,人体用于制造精液的营养物质很少,遗精不会对人的身体健康造成不利影响。

女生一般在月经期或月经前几天会感到身体不舒服,如腰酸背痛、怕冷、注意力下降、忍耐力下降、易疲劳等症状,这是一种正常的生理反应。但有的女生不了解这种生理变化,认为来月经是倒霉的或伤身体的事,甚至产生经前恐惧症,这些都增加了女生对月经的不适感,引发消极的情绪。由于女性行经期间生理曲线降到了最低,成为一个"非常时期",这时需要外界给予更多的关心、体贴与呵护。

2.性心理困惑

大学生的性心理困惑囿于成长经历和校园环境而表现出独特性,主要包括如下几个方面:

(1)性幻想和性梦的困惑。性幻想和性梦都是青年大学生性心理较为普遍的现象。当大学生对自己钟爱的异性的性需求在现实生活中不能获得满足时,性幻想和性梦就有可能发生。性幻想是指个体在清醒或半清醒的状态下,当遇到特定的性刺激时,自编、自导、自演的与性行为有关的心理活动。如当看到一对恋人在亲昵时,便幻想出自己和心爱的人在约会、拥抱、接吻、性交等。这种性幻想能使人性兴奋,有时也能达到性高潮，可以适度缓解个体的性紧张。但这种幻想毕竟是自欺欺人的白日梦，往往自己会感到荒唐、羞愧，甚至自责。

性幻想可谓性的白日梦，而性梦则是人在睡眠或昏迷的状态下，由一定的梦境所诱发的性兴奋或性高潮，其间有可能出现遗精现象。性梦的梦境往往与白天现实生活有或多或少的联系，但总体上是模糊的。大学生通过做性梦的形式可以把白天被性道德和社会规范所压抑的性欲释放出来，有利于恢复性心理平衡。一些大学生由于对性梦和梦遗知识不了解，醒来后往往因梦中的经历和遗精而焦虑、自责和后悔。

（2）自慰的困惑。自慰是指个体在性心理和性生理冲突的情况下，利用手或其他工具来刺激自己生殖器而获得性快感，以获得性满足、释放性欲的行为。青年中（尤其是未婚青年）自慰现象比较普遍，有关调查资料表明，青年自慰率在 25％～94.6％之间，女性稍低于男性。我国传统性观念认为，自慰是邪恶的、不道德的、伤身体的，甚至是有罪的。在这种"自慰有害"观念的影响下，一些大学生在每次自慰后都会产生自责、后悔的心理，但有时自慰是情不自禁的，因而这种心理矛盾也会经常发生，如果得不到合理调适，有可能形成心理障碍。

3.与异性交往的困惑

大学生与异性交往一般要经历这样一个过程：对异性感兴趣→渴望与异性交往→恋爱→结婚。但大学生在与异性交往过程中，经常遇到进退两难的尴尬境况，一方面非常想走近异性，主动地与意中人发展友谊和恋情，展示自己的智慧和才华；另一方面又缺乏与异性交往的技巧和方法，拥有青春期相对闭锁的心理，加之受到封建社会"男女授受不亲"性观念的影响，许多大学生不敢与异性交往，往往表现为疏远异性。即使鼓足勇气与异性交往，通常也显得局促不安，言行举止很不自然。

4.性别认同的困惑

性心理健康的重要标准之一就是对自己的性别认同。性别认同就是对自己性别的识别和确认。胡珍等人的调查结果表明，大学生喜欢自己性别的占 76.5％，不喜欢的占 8.8％，无所谓的占 14.7％。可见，大学生中有一定数量的人对自己的性别不满意，甚至还有极少数学生存在同性恋现象。这种对自己性别不认同的大学生往往有一种自轻、自贱、自卑的心理，很难适应社会生活环境。

5.性骚扰的困惑

性骚扰问题在西方国家尤其严重，在我国近年来一直处于上升趋势。常见的性骚扰表现为故意碰擦异性身体的性感部位，故意谈论色情话题，用色眯眯的眼光盯视异性，打骚扰电话等。一些大学生在遇到性骚扰时，由于缺乏应对的有效方法和经验，往往惊恐万状、不知所措。一些大学生在受到性骚扰时，不是积极地反抗、自卫，而是自责或消极逃避。性骚扰会使人感到慌张、恐惧，严重的会让人极度压抑、冷漠或精神衰退。

（三）性行为失当对大学生心理的影响

当代大学生的性行为失当主要表现为如下两个方面：

1.边缘性行为

在课余时间走进大学校园，我们经常会看到一对对大学生情侣在或明或暗的地方拥抱、热吻、抚摸和嬉戏，这种相依相偎、卿卿我我的行为就是边缘性行为。应当承认，这些边缘性行为有些是大学生在一定情景下真情实爱的表现。潘绥铭教授对全国638所高校进行抽样调查，结果显示，在校大学生中，有41.4%人接过吻，26.7%有过性爱抚摸行为。这种边缘性行为的失当主要表现在三点：一是有些大学生不分时间和场合，肆意做出上述亲昵行为，有损社会风尚；二是有些大学生行为举止粗俗无礼；三是以身体的接触代替心理的亲密。有些大学生在边缘性行为发生后，通常感到不安、烦恼或自责。另外，这种过多的亲昵行为会使人产生强烈的性冲动，容易导致性行为的发生。所以，大学生要学会调控自己的性冲动，使之得到合理转移和释放。

2.婚前性行为

婚前性行为是指未婚男女在结婚前自愿发生的性交行为。爱是双方的事情，虽然婚前性行为的主动者常常是男性，但男性的进攻也往往开始于女性的默许和需要，所以，婚前性行为的主动权掌握在女性手里。影响男女双方对婚前性行为要求的心理因素是不同的。

（1）婚前性行为的心理因素。在男性方面，提出婚前性行为要求的主要心理因素为：

①性好奇心。热恋中男女竭力揭开性生理的神秘，体验性快感，在强烈的好奇心的驱动下，希望更早地发生婚前性行为，以满足其性好奇。

②试探对方的感情。当女友态度模棱两可时，男性以投石问路之心，判明对方心迹。

③担心对方感情变化，以此通过"生米煮成熟饭"来拴住对方。

④认为性行为早晚都会发生，早突破这道防线，可早安定人心，深化感情，加速恋爱进程。

⑤极个别男性以恋爱为借口，混迹情场，以玩弄异性为乐趣。

女性在婚前性行为方面处于相对被动的地位，而且一般会拒绝男友的性要求。女性选伴侣较为慎重，情感表露较为矜持；同时，社会舆论对女子贞操要求比对男子苛刻。尽管如此，仍有不少女性的心理性防线被攻破。女子发生婚前性行为的心理因素主要有：

①示爱心理。认为男友是理想中的"白马王子"，本人条件不如男友优越，对方喜欢自己是某种恩赐，以"献贞"来表达自己真诚相爱之心，加强双方的凝聚力。

②回报心理。当男友为自己或亲属解决了难题或做出了某种牺牲时，为表感激之情，把答应男友的性要求当成回报。

③轻信心理。轻信对方的甜言蜜语，轻信海誓山盟，以身相许。

④情不自禁。理智无法完全控制住情感，情到深处，有些女性会情不自禁地与恋人发生婚前性行为。

（2）婚前性行为的危害。有人认为，婚前性行为是两相情愿的情感表达方式，不管将来怎样，只要两人都能为自己的行为负责，那有什么不可以的呢？针对此种看法，有必要弄清婚前性行为的危害和后果。

①从生理上看，有可能造成女生怀孕，又因不具备结婚条件，女性被迫进行人工流产，不得不忍受手术的痛苦及所引起的并发症。为掩人耳目，手术后不敢休息，营养得不到补充，可能遗留下多种疾病，从而给女性身体造成很大的危害。

②从心理上看，当事人可能产生焦虑、恐惧、自卑、无价值感等心理，思想压力比较大。临床资料显示，一些妇女的性心理障碍，如性冷漠、性高潮缺乏等，溯其根源，往往有婚前性行为经历，从而对性生活产生了不洁感、犯罪感、厌恶感。

③从社会上看，婚前性行为的后果不受法律保护，破坏了道德规范和社会行为准则，影响到社会风气的好转。

④从发展上看，婚前性行为不利于婚后夫妻关系和谐及家庭稳定。恋爱中的男女通过不断深入了解、交往，如果觉得对方不合适，是可以也应该分手的。但如果没有结婚就发生了性关系，重新选择的可能性就会大大受到限制。女性因已经失身，明知与对方没有共同语言，为了顾及名誉，也只好勉强凑合；男性因"生米煮成熟饭"，即使对方不理想，好汉做事好汉当，只好勉强结婚了事，这给婚后生活投下阴影。再者，男性在性冲动时，尽管是自己坚决要求与对方性交，但到事后又会觉得女方太随便，认为女方既然能在婚前与自己发生性关系，就有可能与别的男性发生性关系，彼此产生不信任感，造成家庭的不稳定，甚至婚姻破裂。

（四）性心理障碍

由于家庭、学校和社会等诸多方面的原因，有极少数大学生存在较严重的性心理障碍，主要有性偏好障碍、性指向障碍和性身份障碍。

有性偏好障碍的人，其性心理和性行为具有儿童性活动的特点，以幼年的方式取得性满足，如喜欢穿戴异性服装和饰物，以引起性兴奋达到性满足（异装癖）。

有性指向障碍的人把性欲的对象指向不应该指向的人（未成年人、同性别的人），如同性恋者把性爱或性行为指向同一性别的人。

有性身份障碍的人通常否认自己的性别和服饰,非常希望转变成异性(异性癖),这是对自己的性别不认同的严重后果。

上述性心理障碍会给大学生的学习、工作和生活带来极大的危害。有这些心理障碍的大学生必须及时求助于专业心理咨询人员或心理医生,加以治疗,以尽快恢复正常状态。

二、大学生常见的恋爱心理问题

(一)大学生恋爱的现状

1. 恋爱比例大,且低年级化

有调查显示,在一些高校中,大学生恋爱比例竟达到60%以上。一些新生在入学之初,便得到老生的面授技艺:恋爱是大学的必修课,在大学里如果没谈过恋爱,就不算是一个合格的大学生。在这种思想的影响下,很多大学生义无反顾地投身于恋爱的洪流中。

2.恋爱方式从隐蔽化向公开化转变

在恋爱中,一些大学生也抛开了应有的矜持与含蓄,表现得越发投入与大胆,在教室、食堂、操场等公众场合旁若无人,其表现令人生厌。他们自己竟美其名曰:爱就爱得轰轰烈烈。这种表现在师生中间产生了不良的影响,破坏了大学生的良好形象。

3.恋爱动机多样化

据调查统计,以"建立家庭"为恋爱目的的大学生只占30%,更多的是以"丰富生活""摆脱孤独寂寞"为目的,也有为追求金钱、名誉和地位的。他们只注重恋爱过程的情感投入和体验,走出了"交往—恋爱—结婚"的传统爱情三部曲,认为恋爱不必托付终身。于是,校园里便出现了"契约式恋爱":在校时卿卿我我,心理上相互填补空白,甚至有人在校外租房同居,但毕业时互相说声"拜拜"。这种缺乏责任感与严肃感的盲目的"寂寞期恋爱",是十分危险的游戏,是不可取的人生态度。

4.恋爱成活率低,悲剧增多

由于大学生缺乏经济基础和未来的确定性,恋爱走入婚姻的机率较低。有部分大学生不会处理学业和恋爱的关系,爱情至上,厌学、旷课现象增多,严重的甚至不能顺利毕业,耽误了自己的美好前程。也有的大学生社会阅历浅,心理承受能力弱,而期望值又高,易冲动,一旦失恋或受到打击,往往造成爱情悲剧:伤害对方的有之;自杀的有之;精神分裂的有之;厌恶俗世、破罐破摔的亦有之。

（二）大学生恋爱的利弊分析

恋爱现象在大学校园里已十分普遍。今天的大学生再也不会像他们的前辈那样以恋爱为羞耻，或认为恋爱是见不得人的事。国家修订的《婚姻法》，明确规定大学生可以结婚，虽然结婚后的学业和生育问题仍在讨论之中，但已经为大学生的恋爱提供了法律依据。大部分因各种理由不去恋爱的人，对别人的恋爱大都持肯定态度。

从个体发展的角度来看，恋爱对青年心理的成熟健全有一定的促进作用。首先，恋爱是青年释放日益强烈的性冲动的重要途径。通过恋爱接触异性，使青年不再感觉到性的压抑紧张。其次，性意识的发展必须经过恋爱阶段才能完善。因为恋爱是两个人人格的深层接触，在此过程中，青年的自我概念受到对方的影响而发展，真正懂得了如何在保持自身独立性的前提下调整自身缺陷以适应对方。恋爱对一些个性因素和社会情感的发展有重大意义。难怪有些心理学家认为，恋爱是青春晚期和成年早期最重要的事件，只有经过了恋爱，人才会真正成熟起来。

不过，恋爱的意义虽有积极的一面，但有时也会危害青年的心理健康。心理学家指出："在人格尚没有成熟的时候就谈恋爱，对该人的人生可能产生不利。"不成熟的心灵既难以把握自己要选择什么样的人，也难以处理恋爱中的各种矛盾。正如张洁的小说《爱是不能忘记》所言："人在年轻的时候，并不一定了解自己追求的、需要的是什么，甚至别人的起哄也会促成一桩婚姻。等到你再长大一些，更成熟一些的时候，你才会知道你真正需要的是什么。可那时，你已经干了许多悔恨得使你锥心的蠢事。"

因此，大学生谈恋爱如果不能用理性控制自己，处理好各种问题，弊端更甚。首先，谈恋爱花前月下，如胶似漆，必然会占用时间、消耗精力。大学时代正是学习知识、锻炼能力、为未来打基础的黄金时期，如果把时间和精力过多地用于谈恋爱，必将对学业乃至整个人生的发展有影响。其次，经济基础决定上层建筑，大学生谈恋爱离不开父母金钱的"赞助"。送礼、送花、看电影、玩游戏，哪一样不需要经济的支援？若再加上虚荣攀比之风，这无疑会给一些不太富裕的家庭带来压力。再次，虽说《婚姻法》已规定大学生可以结婚，可事实上大学生结婚的个案寥寥无几。大学生都是20岁左右的年轻人，血气方刚，对性充满了好奇，而由于社会传统的隐晦，对性知识了解明显不足（多指女性）。大学生相对于生理的成熟，心理上的成熟程度远远不足，缺乏责任感和承受能力，一旦发生性行为，如果处理不好，对其身心和未来的发展都会造成巨大的伤害和不良的影响。最后，大学时期也是大学生锻炼自己的社交能力，为将来走向社会打基础的时期。谈恋爱之后，社交范围必将缩小，乃至忽视家人和朋友，只有二人世界，造成自己情感上的孤立，一旦爱情失败，就会变得一无所有。

可见，恋爱对青年来说是一把双刃剑：一方面，它帮助青年心理发展走向成熟；另一方面，它又带来各种各样的问题和不良影响。这绽放在圣殿里的爱情之花虽然美丽,但也很脆弱。

没有爱情的学业固然有点枯燥乏味,但离开了学业的爱情,如同在沙漠中播种,缺少坚实的根茎,迟早会枯萎的。大学生受到对方爱慕的因素是爱的土壤,这土壤中生长出忠诚。忠诚、理智、承受、宽容等合力之树,能开出圣洁而又美丽的真爱之花,结出幸福而又灿烂的真爱之果。

(三)大学生恋爱的常见心理问题

爱情是人类最美好的情感。大学生向往甜蜜幸福的爱情。然而,由于自身的不成熟,一些大学生并没有获得真正美好的爱情,也难以体验到恋爱所带来的美好感觉。他们在选择中常面临着不知道应不应该谈恋爱、不知道怎样表白、不知道如何拒绝对方的求爱、不知道如何提出分手、不知道如何分清楚喜欢与爱情、不知道能不能相信一见钟情的爱情等困惑,同时,恋爱过程中也存在着不少的心理问题。

1.单相思与爱情错觉

单相思是指异性关系中的一方倾心于另一方,却得不到对方回报的单方面的"爱情"。爱情错觉是单相思的另一种形式,是指在异性间的接触往来关系中,一方错误地认为对方对自己"有意",或者把双方正常的交往和友谊误认为是爱情来临。它常会使当事人想入非非,自作多情。单相思是恋爱心理的一种认知和情感的失误,会使某些学生陷入痛苦的境地,处于空虚、烦恼,甚至绝望之中。如果处理不好,对其日后的恋爱婚姻生活都有消极的影响。

2.恋爱中的情感纠葛

情感纠葛是指在恋爱过程中因某些主客观原因引起的,欲爱不能、欲罢不忍的一种强烈的内心矛盾和情感冲突。常见的情况有:一是相爱双方之间持久的分分合合的纠葛冲突——两人之间存在一些情感基础,但又在一些问题上不能取得共识,导致分手舍不得,在一起却又总有矛盾的尴尬局面;二是某些同学在寻求爱情的过程中陷入了三角恋、多角恋、师生恋、与已婚者恋等情感纠葛旋涡中。在恋爱过程中,不论是哪种情感纠葛,都会导致当事人情绪受到严重的冲击和干扰,进而影响正常的学习和生活。

3.恋爱动机不端正

有些人的恋爱动机不是出于爱情本身,而是由于打赌、报复、怜悯,脱离不如意的家庭或追求者,或是为了填补内心空虚、好奇、随大流等。大学生中的"寂寞期恋爱""痛苦期恋爱""攀比性恋爱"等多半不是因为有了爱情而恋爱,而是因为生活的单调、寂寞,或心情烦闷、痛苦,或因为虚荣心等而导致的。

恋爱动机的单纯和健康是保证恋爱顺利的重要基础。万丈高楼平地起,没有扎实的、建立在真挚感情基础上的恋爱往往先天不足,容易夭折或发育不良,最终只能自食其果。

4.择偶标准不实际

有些人根据心中的偶像按图索骥,发现现实中的人很难与其吻合,不免失望懊丧;有些人择偶的标准过于理想化,希望对方十全十美;也有些人固执于某一择偶标准而不放弃,比如个子不能低于 1.75 米,非研究生不找,农民的子女不要,相貌不漂亮、身材不苗条的不谈等。一框定标准,就限制了自己的择偶范围,束缚了自己的手脚。俗话说:“金无足赤,人无完人。”人不可无标准,但标准不能定得太理想;同时,不可死守标准不变,尤其不可因虚荣而划标准。

5.亦真亦幻的网恋

网恋,顾名思义,就是通过网络平台来进行恋爱。时下似乎没有什么比网恋更酷、更时尚、更浪漫的。网恋虽然没有花前月下的卿卿我我,却也是虚拟世界中两颗炽热的心在碰撞,有时也能放射出耀眼夺目的火花。网恋作为近年来出现的一种新的恋爱方式,为不少大学生所喜爱。大学生网恋包括游戏型、感情寄托型、追求浪漫型、表现自我型、追求时尚型、随波逐流型等多种类型。不管哪一种类型,几乎都具有一个特点:抛弃“恋爱是为了缔结婚姻”的观点,把网恋视为一种网络游戏,视为在网上进行网络情感交流的一种方式。他们认为网恋不仅可以把现实社会的种种规则完全抛开,而且可以模糊性别和身份,把所有的事情都当作游戏。有调查表明,在大学生中确有一些通过交流学习心得、人生看法,逐渐情投意合而网恋的。但就多数而言,都是经不起外界的诱惑,看见同宿舍的同学都在网上谈情说爱,觉得自己孤零零地难受,于是也就加入了网恋队伍。无论大学生们如何卷入网恋,作为恋爱的一种方式,本无可厚非。但是,网恋一般很容易上瘾,大学生一旦上瘾就会沉湎于网络而不能自拔,把网上爱情视为生活的唯一追求,加班加点在网上谈恋爱,上课时无精打采,有的大学生甚至为了上网谈恋爱而逃课。网恋不仅严重地影响了学习,而且容易使学生减少与老师、同学的交流,不愿意参加集体活动,性格变得孤僻,甚至造成人格分裂。

6.失恋

成功的恋爱令人陶醉和神往,可谁能断言,在爱情的江河里不会有惊涛骇浪、狂风巨澜?有恋爱就有失恋,这是恋爱过程中的正常现象。因为每个人都有追求爱情的权利,对方也就有接受或拒绝爱的权利。失恋是指恋爱过程的中断。失恋的巨大痛苦常常会导致一些不良的心理以及行为反应:有的人因为无法承受失恋的痛苦而盲目补救，反而更深地伤害了自己，甚至失去了尊严；有的人会因为失恋而打击报复对方，在这个过程中还可能不择手段，违背道德的要求，甚至触犯法律；有的人会寻找一些刺激来麻醉自己；也有的人会悲观厌世，甚至采取轻生的做法。失恋所引发的消极情绪若不及时化解，会导致身心疾病。

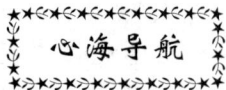

心海导航

第三节　大学生健康性心理和恋爱心理的培养

一、培养方法

（一）大学生健康性心理的培养

大学生健康的性心理不是自然而然就形成的，它需要大学生立足于性心理状况的实际，从系统的角度，有意识、有目的地进行自我培养和调适。

1.接纳和欣赏自己的性别角色

性别角色意识是性心理成熟的重要内容和标志。整个世界就是由男性和女性的和谐统一而构成的。大学生应该明白，男性和女性在生理和心理上各有不同的特点、优劣势和性别魅力。为此，大学生一方面要接受在第二性征出现后自己外貌和生理特征的变化，即要从自己生物特征层面识别自己的性别；另一方面要从生物生理、社会心理以及文化、经济、政治和社会参与上，做出符合社会要求和规范的全面性别角色的认同。性别角色是基因、生殖器、心理和社会期望四种因素所构成的一个和谐的整体。现实生活中，有极少数大学生因对自己的外表不满意，而出现性别认同障碍。这类大学生应该认识到，人的外貌是先天遗传的，个体往往无法改变，但可以通过提升自己的人格、才华等内在美来补偿外在美的不足，从而求得性心理的平衡。

2.消除遗精恐惧和月经焦虑

性生理学表明，遗精和月经是人们进入青春期的一种普遍的、正常的反应。青年男大学生在性梦中遗精是很正常的事情，对此，男大学生要勤洗床单、内裤和性器官，睡前要穿宽松的内裤和内衣，避免对性器官的刺激，以免产生性冲动。在心态上，男性要认识到正常频率的遗精是不会对身体产生危害的。对于女性来说，要掌握月经规律，做好相应的物质和精神准备。当月经期来临时，女性要多休息、注意劳逸结合和经期卫生,更重要的是要在经期调节好精神状态,克服恐惧、焦虑等情绪。

3.正确对待性幻想、性梦和自慰

性幻想和性梦所追求的都是个体生理上的需求,即性爱的需求,这是比较低层次的需求。根据美国心理学家马斯洛(Abraham H.Maslow)的需要层次理论,性的需要(生理需要)是人最低层次的需要,依次还有安全需要、爱和归属需要、尊重需要和自我实现需要。所以,大学生只要适度提高自己的需要层次,就可以缓解性紧张,减少性幻想和性梦。此外,对于自慰这种性行为,只要不是过度或沉溺其中,对身体没有多大的危害。从其积极方面来看,适度自慰也可以带来性兴奋、性冲动,从而缓解性心理矛盾。克服自慰的积极办法是积极参与各种精神文化活动以及适当地与异性交往,进而达到平衡性心理。

4.与异性进行健康和适度的交往

与异性进行健康的交往,可满足青年期生理发育与心理发展所带来的自然需要,促进性心理的健康发展。同时,异性间的交往应保持适度的人际距离并选择适度的交往行为。适度的异性交往行为,主要是指交往时言谈、举止要符合大学生的道德、礼仪规范,尽量做到恰到好处,注意做到:热情而不热烈;亲切而不亲昵;自尊而又尊人;信赖而不轻信;自信而不自傲;坦诚而不虚伪;大胆而不轻浮;开放而不放肆。健康而适度的异性交往会使双方心情愉悦,使友谊顺利发展。

5.勇敢面对性骚扰的侵害

首先,大学生应当维护自己自尊、自重、自爱的形象,做到举止大方、行为得体、作风正派、衣着打扮不轻浮。其次,大学生应当学会自我保护。女生晚上尽量不单独外出,更不要单独在男性家中或住所长时间停留。面对异性的非分要求,不要畏惧,要勇敢地说"不"。要以严厉的态度制止和反抗性骚扰,必要时可向别人呼救,或向公安部门寻求帮助。没有人能强迫我们做自己不愿意做的事情,两性关系也不例外。对于性骚扰事件,不要过分恐惧和自责,因为你是无辜的,谁也无法避免遇到突如其来的意外骚扰事件。为了更好地排除自己的心理困扰,可以向父母、老师、知心朋友宣泄自己的情绪,也可以向心理咨询机构寻求帮助。

6.调控性冲动,爱不要伤害

性冲动是男女大学生生理、心理的正常反应,它是在性激素作用下和外界刺激下产生的,并不是不纯洁、不道德或可耻的,大学生不必为此感到自责、羞涩。关键是大学生要学会自我调控性冲动,尤其是相爱的两个人更要注意自控,避免发生婚前性行为,以免给彼此身心带来较大的伤害。大学生可以采取积极的、有建设性的方法,来升华、转移性欲或性冲动。如可以通过学习、工作、文体活动，与异性交往，从事劳动、埋头创作等使性能量得以转移，性感情得以平衡。此外，大学生要尽力抵制黄色书刊的不良影响，避免网络、影视等带来的不良信息的刺激。

7.主动寻求心理咨询帮助

当上述做法都无法排除心中的困惑时，心理咨询无疑成了最为有效的一种途径。在心理咨询室，性不再是一个难以启齿的问题，大学生可以尽情地宣泄心中的郁闷。事实上，现在越来越多的大学都建立了心理咨询中心。据不完全统计，在大学生们前来咨询的问题中，与异性交往的问题占了一半以上的比例，其中大部分会或多或少地涉及性的困惑。专业的心理咨询老师将引导大学生正确面对性困惑、缓解性压抑、调控性冲动，促进大学生性心理的健康发展。

（二）大学生健康恋爱心理的培养

著名作家柳青曾说："人生的道路虽然漫长，但紧要处常常只有几步，特别是当人年轻的时候。"正值青春年华的大学生身处人生道路的紧要处，事业的发展、爱情的取向都是人生道路上极为关键的一步。大学生已进入恋爱的年龄阶段，学会正确处理自己的恋爱问题，培养健康的恋爱心理行为，将有利于今后人生的幸福美满，有利于一生的发展。

1.树立健康的恋爱观

恋爱观是个体对待择偶与爱情的基本看法和态度。恋爱不仅是一种个体行为，也是一种社会行为。个体的恋爱观与态度反映了人的不同社会价值取向。大学生健康的恋爱观包括：

（1）建立正确的恋爱动机。爱情以"爱"字当差别，以"情"字承接，它"新美如画，一切额外的贪欲，只能使人感到厌烦，感到肉麻"。在现实生活中，以貌取人，因金钱的诱惑、贪图虚荣享乐而导致的爱情悲剧并不少见。因此，大学生在选择伴侣的时候一定要把对方美好的心灵，如善良、正直、负责、诚实等品格作为自己选择的重要条件，双方在一起应感到彼此都在变得美好，都在不断进步，而且可以使人升华。正如爱默生（Ralph W.Emerson）所说："当爱的情感占据了一个人心灵的时候，相爱的人们在他们的爱情中彼此关照，然后一起进入至真至美的殿堂，净化了的心田开始变得纯洁而神圣。通过跟那种本身就是高尚而完美主义的事物交流，相爱的人就更加热爱好的事物，更加容易理解它们。于是，相爱的人会从爱一个人身上的这些优秀品质，推广到爱一切人身上的优秀品德。爱使人更加相信自己，也更加相信别人，更加相信世界。"

（2）摆正爱情和事业的关系，努力达到双赢。大学生应该把事业放在首位，摆正爱情和事业的关系，不能把宝贵的时间都用于谈情说爱而放松了学习，因为学业是大学生价值感的主要支柱。当你把爱情视为生命的唯一时，爱情就是一株温室中的花朵，娇弱美丽却经不起任何的打击。当爱情成为你唯一的存在价值时，你就会失去人格的独立和魅力，也很容易失去被爱的理由。大学生正确认识、对待和处理爱情与事业的关系，主要表现在如何正确认识、对待和处理爱情和学业的关系，正确处理恋爱与集体活动、社会工作的关系，正确处理恋爱与其他同学团结的关系等方面。肩负重任的大学生应处理好爱情与学业的关系，珍惜青春，把握青春，使青春更美好，更富有积极意义。

（3）对待爱情严肃负责、忠贞专一。爱情是一种最真挚的感情，这就要求大学生要以严肃负责、忠贞专一作为爱情的基本态度。如果以游戏的心态对待恋爱，或者为了满足自己的空虚心灵、虚荣心而轻率恋爱，都有可能使爱情成为悲剧。只有对待爱情认真负责，在恋爱中才能忠贞专一，避免朝三暮四、见异思迁或者轻浮放荡。

（4）拥有健全的自我意识，理智而不痴情。每个大学生都应正确而客观地认识自己、评价自己，拥有健全的自我意识，才能在恋爱中协调和控制好自己的情感，保持理智的行为，使自己的爱情获得健康的发展。建立恋爱关系之前，应对自身条件和背景做一简单介绍，使对方心中有数，不至于盲目恋爱。科学家巴斯德（Louis Pasteur）在给恋人的信中这样写道："我应该先把下面的事实告诉您，让您好决定允许或拒绝。我们家境小康，没有太多的财富……可以算是穷汉。我所有的只是健康、勇气和对科学的热爱。"

大学生恋爱不能因痴情而狂热迷恋对方。爱情是稳健的、有理智控制的感情。要发展健全的理智感，不以恋人为唯一，不唯爱情至上。作家周立波说："爱情如洞庭湖里的水浪，你要不控制它，它会淹没你的志向、事业、精力，甚至生命。要是控制得当，不让它泛滥，你就会从它身上得到年年岁岁的丰收。"

（5）恋爱双方要相互尊重和理解。相爱容易，相处太难。美好的爱情是建立在相互平等、尊重、理解、信任的基础上的。恋人之间的相处，如果缺少宽容、鼓励和欣赏，而过多地抱怨、苛求对方，控制对方，或嫉妒猜疑对方，就会在对方心灵深处留下阴影，制造许多情感上的麻烦。人无完人，几乎每个人都有缺点与不足，要本着求大同存小异的相处方式，才能达到和谐，获得共同成长。另外，在相处中还要注意克服个性中的一些不良因素，如自私、狭隘、偏执、自卑等。

2.发展健康恋爱行为

（1）恋爱言谈要文雅，讲究语言美。交谈中要诚恳坦率，不要为显示自己而装腔作势，矫揉造作，否则会使人厌恶，不利于感情的培养。

（2）恋爱行为要大方。马克思说："在我看来，真正的爱情是表现在恋人对他的偶像采取含蓄、谦虚甚至羞涩的态度，而绝不是表现在随意流露热情和过早的亲昵。"恋爱中的男女会逐渐从一时的羞涩与紧张走向自然大方地交往,不过这时期要注意行为举止的检点。

(3)亲昵动作要高雅,避免粗俗。粗俗、鲁莽的亲昵动作只会有损于爱情的纯洁与尊严,有害于恋爱者的心理卫生,对他人的影响也不好。

(4)恋爱过程中要平等相待,相敬如宾。不要拿自身的优点去比较对方的不足,不要以戏弄压低对方,来抬高自己;不要想方设法考验对方或摆架子,以免伤害对方的自尊心,影响双方感情的发展。

(5)善于控制感情,理智行事。恋爱中引起的性冲动,一方面要注意克制和调节,另一方面要注意转移和升华,参加各种文娱活动,与恋人多谈谈学习和工作,把恋爱行为控制在社会规范内,不致越轨,使爱情沿着健康的道路发展。

3.正确处理恋爱挫折

莎士比亚(William Shakespeare)说过:"爱是一种甜蜜的痛苦。真诚的爱情不是走一条平坦的道路。"爱情是生活中的美好事情,但在恋爱中遭遇挫折是常有的事。面对失恋,大学生可以尝试运用以下方法进行自我调适。

(1)适当运用酸葡萄心理机制。一个人失恋之后,如果总是回想过去恋人的种种优点,就会越发怀念过去的恋人;同时,也就越发否定自己,觉得自己一无是处,结果形成恶性循环,使情绪越来越消沉,心情越来越压抑。如果难以从失恋的阴影中摆脱出来,不妨尝试运用酸葡萄心理机制。所谓酸葡萄心理机制,就是对自己无法得到的东西降低好感,"吃不到葡萄就说葡萄是酸的"。也就是说,一个人失恋之后,可以尽量多想想过去恋人的缺点,少想或不想过去恋人的优点,这样心理就容易平衡了。

当然,一个人对酸葡萄心理机制的运用必须适当,这毕竟是一种心理防御机制,如若过分运用,容易形成一种不符合实际的观念。久而久之,容易导致一些非理性思维方式,不利于自己的心理健康。如果一个人具有足够的心理强度,即使在失恋的时候,也能够客观地分析对方的优点和缺点,并且能够通过在不贬低对方的优点的情况下调控自己的消极情绪,这才是心理的强者。

(2)学会积极的自我暗示。一个人失恋之后,如果总是责备自己,觉得是因为自己不好才导致分手,就会使自己越来越压抑。这时应学会积极的自我暗示,如用"幸亏他(她)现在提出分手,如果他(她)结婚后才提出分手,岂不更遭""他(她)不爱我,并不说明我不可爱,只是说明两人的性格和观念不合",还可以用"天涯何处无芳草"等安慰自己。

(3)转移注意力。失恋后如果总是想着失恋这个沉重的打击,那就很难尽快地从失恋的阴影中走出来。这时,就应设法把自己的注意力从失恋这件事情转移到自己比较感兴趣、能够分散自己注意力的事情上去。例如,听听音乐、看看电影、跳跳舞、打打球等,以冲淡内心因失恋而造成的挫折感和压抑感。

（4）升华法。古今中外，有不少著名的历史人物恰恰是因为受到失恋的打击而发奋追求事业，从而流芳百世、名垂青史。大文豪歌德（Johann Goethe）如果不是失恋，也许就写不出《少年维特的烦恼》。因此，把因失恋而产生的挫折感、压抑感升华为奋斗的动力是十分有益的。一旦全身心投入一项更有意义的事业中去，你定会觉得因失恋而痛苦不堪的往事很可笑和不值一提。

（5）失恋不失德，失恋不失命，失恋不失志。失恋不失德，是一个大学生应有的态度和人格，也是恋爱的重要原则。要做到：不报复、不打击、不伤害、不破坏对方的名誉和人格，不破坏对方重新建立生活的努力。失恋不失命，爱情是人生的重要内容而非全部，因为失恋而毁掉自己的生命是愚蠢的行为。人生除了爱情之外，还有其他一些美好的东西，虽爱情离你而去，但事业永远伴随着你，只要你有追求精神，爱情之花迟早还会为你开放。失恋不失志，不能因为失恋就丢掉自己的理想和志向。理想是个人进步的动力目标，在为理想而奋斗的过程中，逐渐平复由失恋而造成的心灵创伤，就会重新获得幸福的爱情。

4.主动培养爱的能力

爱情是美好而甜蜜的，但是不具备爱的能力的人，只能收获爱的苦果，而难以品尝到爱的甘甜。美国著名精神分析学家弗洛姆（Erich Fromm）在其著作《爱的艺术》中指出，爱是一种能力，也是一种艺术。现实中，人们"祈求爱、渴望爱"，然而"愿意学习爱的人却为数寥寥"，人们"几乎把所有别的东西都置于爱之上。成功、名誉、金钱、权势——我们把所有的精力都耗费在学会如何实现这些目标……"他提出要掌握爱的艺术：一是要掌握理论，二是学会实践，三是赋予爱以最大的关切。

（1）什么是爱的能力？爱的能力是指和他人建立亲密关系的能力，它对人的一生的发展有着重要的意义。爱的能力会引导一个人去真正地爱他人，也真正地爱自己，能真正体验到爱给人带来的快乐和幸福。恋爱的过程也是培养爱的能力的过程。

（2）爱的能力的组成。爱的能力实际是一种综合的素质，表现为在爱的过程中许多方面的能力。

①表达爱的能力。当你爱上一个人时，能否用恰当的方式和语言向对方表达出来呢？表达爱需要勇气，需要信心。表达爱是在表明爱一个人也是幸福，即使可能得不到回报。你让对方知道被一个人爱着，这是一种很崇高的境界。

②接受爱的能力。当期望的爱来到身边，能否勇敢地接受也是爱的能力的表现。有的大学生在别人向自己示爱后，内心挺高兴，但又不敢接受别人的爱，或者对爱缺乏心理准备，或者觉得自己不配，不值得爱，从而失去发展爱的机会。

③拒绝爱的能力。有爱的能力的人不是对爱来者不拒，或者将认为不是自己的爱简单地拒之千里。当然，也有不少大学生在别人向自己示爱时有些优柔寡断，既怕伤害对方，又怕对方误会。拒绝爱的能力，首先，表现为对他人的尊重，要感谢对方对

自己的欣赏和感情。其次,要态度明确,表达清楚,要和对方说明只能是什么样的关系——同学还是一般朋友,或者什么都不是。最后,是行动与语言要一致。可能有些同学怕对方受伤害,虽然语言上拒绝了对方,但是行动上还与对方有较亲密的接触,如单独去看电影、吃饭等,使对方容易误解,认为还有机会,还纠缠在与自己的情感中。

④鉴别爱的能力。鉴别爱是指能较好地分清什么是好感、喜欢和爱情。有鉴别爱的能力的人,是个自信也尊重别人的人,会自然地与别人交往,主动扩展交往的范围,珍惜友谊,会尽量多体验他人的感受。

⑤解决爱的冲突的能力。爱的冲突一方面来自日常生活中的不一致,或不协调;另一方面可能来自于性格的差异。相爱的人不是寻求两人的一致而是看如何协调、合作,会用有建设性的方式去解决冲突。沟通是非常有效的方式。恋人间需要有效的沟通,清楚表达自己的思想、感受。伤害性的争吵或者冷战都不利于问题的解决。

⑥面对失恋的心理承受力。失恋可以说是人生中一个很大的挫折,考验的是人的承受挫折的能力。失恋使人产生痛苦的感觉是很自然的事,每个人都会有,不过程度可能有差别。失去爱会使人感到一种重要关系的丧失、一种身份的丧失,需要一定的时间去面对和适应。应该正确认识失恋:

失恋只是一种选择的结果。一个人不选择自己不等于自我就全面失败,一无是处。每个人在爱的关系中的心理需要不同,看重的关键点不同。每个人都有可爱的一面,只是每个人欣赏的角度不同。

在失恋中学习,把失恋看作一种人生的财富。失恋给人带来的强烈的内心冲击是其他事件所不能代替的,这个过程中所体会到的情感、挣扎与痛苦,实为一笔人生财富,使人有了更多的人生体验,人会在失恋中变得更加成熟。

失恋给人再恋爱的机会。一次失恋不等于整个爱情生命的结束,人还会再恋爱,再体验美好的爱情,只要用心去体验、去建设、去学习和感受,一定还会再次拥有一份美好的爱情。

⑦保持爱情长久的能力。保持爱情长久的能力,其实需要上面多种能力的综合。爱需要两个人真正地关心对方,走进对方的内心世界,以对方的快乐为自己的快乐。要保持爱情的常新,需要智慧、耐力、持之以恒以及付出心血,同时又有自己的个性,有自己的追求与发展。学新的东西,善于交流,欣赏对方,是爱的重要源泉。

法国著名戏剧家莫里哀(Molière)曾说:"爱情是一位伟大的导师,教我们重新做人。"恋爱只是爱情生活的第一步,在人生漫长的道路上,积极发展爱的能力,是每一个人的任务。

二、心的体验

（一）心理自测

爱与喜欢量表

这是一份由美国心理学家鲁宾（Zick Rubin）所做的"爱情量表"与"喜欢量表"的分析，可以帮助交往中的男女衡量自己和对方的情绪是爱还是喜欢。

作答方式：

请你锁定一名你所心仪或正在交往的对象（下列题目以他或她来表示）。请依照你个人对题目真实的想法或情感反应作答，以 Y（YES）或 N（NO）来表示你是否同意题目叙述。

1. 他（她）觉得情绪低落时，我觉得自己有责任让他（她）快乐起来。（　　）
2. 在所有的事件上我可以信赖他（她）。（　　）
3. 我觉得要忽略他（她）的过错，是一件很容易的事。（　　）
4. 我愿意为他（她）做所有的事情。（　　）
5. 对他（她）我有一种占有欲。（　　）
6. 若我不能和他（她）在一起，我会觉得非常不幸。（　　）
7. 假如我孤寂，首先想到的就是去找他（她）。（　　）
8. 在世界上也许我关心许多事，但有一件事就是他（她）是否幸福。（　　）
9. 不管他（她）做了什么，我都愿意宽恕他（她）。（　　）
10. 我觉得他（她）的幸福是我的责任。（　　）
11. 当我和他（她）在一起时，我发现我什么事都不做，只是看着他（她）。（　　）
12. 没有他（她）我觉得难以生活下去。（　　）
13. 若我也能让他（她）百分之百信任，我会觉得十分快乐。（　　）
14. 当我和他（她）在一起时，我发觉好像两人都有同样的心情。（　　）
15. 我认为他（她）非常好。（　　）
16. 我愿意推荐他（她）去做令人尊敬的事。（　　）
17. 在我看来他（她）特别成熟。（　　）
18. 我对他（她）有高度的信心。（　　）
19. 我觉得什么人和他（她）相处，大部分都会有很好的印象。（　　）
20. 我觉得和他（她）很相似。（　　）
21. 我愿意在班上或团体做什么事情都投他（她）一票。（　　）
22. 我觉得他（她）是许多人中容易让别人尊敬的一个。（　　）
23. 我认为他（她）是十二万分的聪明。（　　）
24. 我觉得他（她）是所有认识人中最讨人喜欢的人。（　　）

25.他(她)是我想学的那种人。 （　　）

26.我觉得他(她)非常容易赢得别人的好感。 （　　）

计分说明及测验解释与分析：

1.计分说明

请你分别统计：

(1)第1～13题回答Y(YES)的有几题：A

(2)第14～26题回答N(NO)的有几题：B

2.测验解释与分析

(1)第1～13题代表个人对对方的"爱"情绪或感觉成分多寡。如果计分上你的A值越高,代表你对对方的爱意越深。

(2)第14～26题代表个人对对方的"喜欢"情绪或感觉成分多寡。如果计分上你的B值越高,代表你对对方的喜欢越多。

(3)比较A和B两个数值,A大于B越多,表示你对对方的爱比喜欢的感觉还要强烈;B大于A越多,表示你对对方喜欢比爱的感觉还要强烈。

(4)若A和B值接近或相同,可能表示你对对方的感觉是比较暧昧或是对对方爱和喜欢的感觉皆有。

爱和喜欢并不容易区分,两者都属于一种感觉,但却是一种有本质上的差异的感觉。

爱在关系上包含关怀(caring)、依附(attachment)和信任(trust)三个重要成分,如占有、施与爱的甜蜜感受等。

喜欢的主要成分则是对对方的好评、尊敬(respect)及两人有相似性(similarity)的感受,如好感、崇拜、尊敬,没有牵扯到你为他做什么或占有的感觉。

如果你对施测结果仍有疑问的话,可以寻求专业咨询或个别咨询,以协助自己在两性的关系中更为健康和快乐。

"LOVE"的含义："L"代表listen,倾听;"O"代表overlook,宽恕、不追究;"V"代表voice,说出来;"E"代表effort,努力与付出。

(二)团体活动

姑娘与水手

活动目的:澄清个人价值观,探析婚前性行为的利弊。

活动准备:事先印好的顺序选择表(表8-1)及小组统计表(表8-2)。

活动操作:教师给全体学生讲一个故事。一艘船遇上暴风雨,不幸沉没了。船上的人中有5个人幸运地乘上了两艘救生艇。一艘求生艇上坐着水手、姑娘和一位老人;另一艘上坐着姑娘的未婚夫和她的亲戚。气候恶劣,波浪滔天,两只救生艇被分隔开来。

姑娘乘的艇漂到一个小岛上。她惦记着未婚夫,千方百计寻找,但找了一天,一点线索也没有。第二天，天气转好，姑娘仍不死心，继续寻找，还是没找到。有一天，姑娘远远地发现了大海中的一个小岛，她就请求水手："请修理一下救生艇，带我去那个岛上，好吗？"水手答应了姑娘，但提出了一个条件——姑娘必须和他睡一夜。姑娘听了以后很无助，也很苦恼，她就去找老人，与他商量："我很为难，怎样做才好呢？请你告诉我一个好方法。"老人说："对你来说，怎么做正确，怎么做错误，我实在不能说什么。你扪心自问，按你的心愿去做吧。"姑娘万般无奈，寻未婚夫心切，只好答应了水手的要求，陪他过了一夜。

第二天，水手修好了船，带着姑娘去了那个小岛。远远地，姑娘看到了他的未婚夫就在那个岛上，船还没靠岸，她就跳下了船，跑到了她未婚夫的怀里。在未婚夫温暖的怀抱里，姑娘想：要不要把昨晚的事情告诉他呢？经过思考，她鼓足了勇气，把昨晚的事情告诉了他。未婚夫听了以后，非常生气，说："我再也不想见到你了。"然后就离开了她。姑娘非常伤心，这时候，姑娘的亲戚走了过来，说："你们的谈话我都听到了，有机会我再找他谈谈，在这之前，让我来照顾你吧。"

故事讲完后，教师给每个学生发一张顺序选择表，要求大家从刚才故事中出现的5个人物——水手、姑娘、老人、未婚夫、亲戚，按照自己的喜欢程度做出选择并排序，然后简单地写下理由。

表 8-1　顺序选择表

好感的顺序	出场人物	理　　由
	水手	
	姑娘	
	老人	
	未婚夫	
	亲戚	

表 8-2　小组统计表

出场人物	小组成员								小组决定
	1	2	3	4	5	6	7	8	
水手									
姑娘									
老人									
未婚夫									
亲戚									

三、心灵鸡汤

恋爱一阵子与婚姻一辈子

导语：一辈子相伴到老的爱情，是珍贵的。牵手一辈子，心与心依偎到老才是最幸福的。如果不是真的很爱很爱她（他），如果不能做到无论是贫穷富有还是疾病都一往情深的话，就不要轻易牵着对方的手走进结婚礼堂。爱一个人，就是尽你所能给她（他）一辈子的依靠。

没有一辈子的恋爱，却有一辈子的婚姻厮守！

恋爱是一场游击战、闪电战，而婚姻却是一场拉锯战、持久战！

真正幸福的爱恋是短暂的，也许是几年、几个月、一天，或者就只有一刹那。恋爱时可以不想柴米油盐，只顾花前月下，灯红酒绿，情话缠绵，浪漫沉醉，图的是让对方快乐和开心。你会感到，整个世界只有你我，是属于两人的世外桃源。彼此都会充分欣赏并放大对方的优点，尽量掩盖和忽视对方的缺点。人们都说："情人眼里出西施。"恋爱时觉得情人就是最美的。

结婚、生育以后，彼此反而因熟悉变得疏远起来，常常有了"相敬如宾"的感觉，成了最熟悉的陌生人，没有了昔日的亲昵和感动。生活变得如此真实而琐碎，平凡而矛盾重重。两人可能会遇到很多的困难，经受太多的挫折和磨炼，也容易飞短流长、争争吵吵。有时候，为了孩子的一点小事情也会争得面红耳赤，因挑剔对方一点小毛病而闹得天昏地暗。但是这样平淡、琐碎且矛盾交错复杂的日子就是大多数人的婚姻生活。

恋爱时可以憧憬很多的美好，对明天抱有许多美好的希望，总相信明天会更好。结婚后才明白，生活和成功都是如此艰辛，付出得越多才能收获更多。其实，能够健康地活着在一起，就是一件很幸福的事情了。

相爱总是简单，相处却又太难。异性之间最大的吸引力，是一种神秘感，一旦结了婚，这种感觉很快荡然无存，缺点也暴露无遗。彼此之间多了些不满和埋怨，少了些赞许和鼓励。从某种意义上说，婚姻其实就是相互适应、包容和迁就的过程。如果不能做到，就难以幸福，婚姻就容易亮起红灯，导致分道扬镳。

一辈子相伴到老的爱情，是珍贵的。牵手一辈子，心与心偎依到老才是最幸福的。如果不是真的很爱很爱她（他），如果不能做到无论是贫穷富有还是疾病都一往情深的话，就不要轻易牵着对方的手走进结婚礼堂。爱一个人，就是尽你所能给她（他）一辈子的依靠。

婚姻是一座围城，城外的人想进去，城里的人想出来。婚姻是吃惯了的米面，每天吃都是一个味道，每天还必须得吃，所以要抱着豁然的心情来对待围城生活，让那些柴米油盐经过自己的心怀和大脑之后被调制得精致一点，口味更适宜一些。

不管两人因多么深的爱情而走入婚姻，不管曾经是如何爱得死去活来，但随着时间的推移，再浪漫的激情也会渐趋平静。婚姻就是这样一件事：爱上一个人，发誓与之白头偕老。然后一起生儿育女，抚养着儿女慢慢成长，天天看着对方的脸庞皱纹形成，白发丛生，到最后，天天守着一个人，吃饭，睡觉，聊天，变老。婚姻的实质，就是这样平淡的相守。

从恋爱到结婚，彼此都会有很大的变化，因为家中会氤氲着两个人的气息，也不再是单独的个体，彼此的行为都会在有意无意中受到约束、干扰或改变，彼此的气息会跟随生活琐事相互渗透。当彼此的依赖、责任与日俱增，就能体会到爱与婚姻的和谐，甚至彼此的言行、神态、气质，以及容貌都趋近相同。

恋爱时常说的一句名言："不在乎天长地久，只在乎曾经拥有。"可是谁又能真正从心底抹去曾经日夜相伴的拥有呢？走过了就会有印记，记忆不会轻易消失。所以，不要轻易去拥有，拥有了就不要轻易地放弃！

正在热恋或者将要结婚的人一定要想清楚：恋爱是一阵子，婚姻却是一辈子的事情。婚姻是很神圣的，千万不要随便找个女人做老婆或者马虎找个男人做老公。

时间的荒野，没有早一步也没有晚一步，于千万人之中，去邂逅自己的爱人，那是太难得的缘分。更多的时候，我们只是在彼此不断地错过，错过了杨花飘飞的春，又错过了枫叶瑟索的秋，直到漫天白雪，年华不再，在一次次的心酸感叹之后，才能终于了解——即使真挚，即使亲密，即使两个人都已是心有戚戚，我们的爱，依然需要时间来成全和考验。

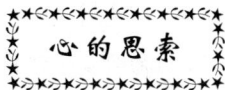

★ 心的思索 ★

一、思考题目

1.你是否赞成婚前性行为？为什么？

2.你谈过恋爱吗？如果没有，请谈谈你对自己所期待爱情的看法。如果有，面对恋爱中常见的心理问题，你将如何进行自我调适？

3.你已具备哪些爱的能力？未来的人生路上，你还需要着重培养哪些爱的能力？

二、阅读推荐

1.东子：《花开时谁在流泪》，呼和浩特：内蒙古人民出版社，2006年。

2.李银河：《李银河说性》，哈尔滨：北方文艺出版社，2006年。

3.杨冬荀：《有一种爱叫放手》，北京：中国戏剧出版社，2007年。

第九章

不经历风雨怎见彩虹

——大学生的挫折心理应对

没有播种,何来收获;没有辛劳,何来成功;没有磨难,何来荣耀;没有挫折,何来辉煌。流水在碰到抵触的地方,才把它的活力解放。

我是大学三年级的学生,有件事情我一直憋在心里,感觉很难受,饭也吃不下,觉也睡不好,总觉得在班里学习没什么意思,甚至有点不敢面对班级的同学,有时候觉得他们很烦。我的情绪一直很低落,经常自己一个人躲在被窝里哭,白天则尽量克制着自己的情绪,不让眼泪在别人面前掉下来。我并不是一个软弱的人,但是之前班干部竞选那一幕幕的情景不断地在我的眼前浮现,让我深感受伤……

那是上个星期的事情。"丁零零",上课铃响了,老师笑吟吟地走进了教室,说:"这节课竞选班干部……"话还没说完,大家就叽叽喳喳地议论起来。我虽是默默无言,但心里吃了定心丸,心想:"凭我当了几个学期班长的资历,再加上上学期又是三好学生,怎么说这班长还是非我莫属的。"一开始我静静地坐着,听着几位"自告奋勇"的同学发言,不禁有点儿羡慕他们的勇气。突然,老师点了我的名字,我站起来愣了一下,支支吾吾地说:"我决定继续当班长。"老师听了也满意地笑了。我正得意,谁知同班男生王某霍的一下站了起来,说:"我也想竞选班长。"从他那涨红了的脸可以看出他内心一定非常激动。教室里掌声四起,老师挥了挥手,说:"下面给你们10分钟时间,说一说做好班长工作的设想,然后再进行民意测验。"结果,王某以绝对优势的票数当选了班长。我只好无奈地苦笑着,勉强拍了几下手。那天放学后,我一个人呆呆地坐着,不敢相信这件事情,也有点怀疑验票的同学验错了。之前我还跟父母保证说这学期班长肯定还是我当的,我不知回家如何面对父母,也不知以后如何面对老师和同学。因为，从小到大我都生活得很幸福很顺心，在学校里也总是获得老师和同学的认同和喜爱，可是这次班长竞选的落败让我第一次尝到了失败的滋味，我很难释怀，不知道该如何面对。老师，您能帮帮我吗？

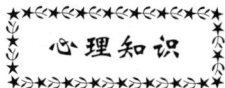

★心理知识★

挫折广泛存在于每一个人的生活之中，贯穿于人的一生，遍布于生活的方方面面。对挫折的心理反应和应对挫折的能力，在很大程度上反映了一个人的心理素质和心理健康水平。"人生不如意十之八九"，尽管人们希望能一帆风顺、万事如意，但挫折总是不可避免的。成功固然可贵，失败也并非毫无意义。对大学生而言，挫折既是打击，也是成长，正确地认识与对待挫折，是成功人生的必经之路。

第一节　大学生的挫折心理概述

谁没有经历过挫折？有挫折的人生才是圆满的，只是有的人在生命的早期遇到挫折，有的人在生命的中期遇到，有的人在生命的后期遇到。人们不喜欢挫折，但是挫折又总是给人们带来很多意想不到的东西。有的人与挫折为伴，了解挫折，认识挫折，同时战胜挫折，挫折朝他挥挥手，睿智地笑着离开了；有的人不愿接纳挫折，回避挣扎，而这时候的挫折就像个顽皮的小孩，黏着他不放。那么，挫折到底是什么？

一、挫折概述

（一）挫折的含义

挫折通常是指事情进行得不顺利、失败、失利，没有达到预期的目的。个人在实现目标的过程中，通常会有以下几种不同的情况：一是无须特别努力即可达到目标；二是遇到干扰和阻碍，但是经过努力仍可以达到；三是克服或者绕过遇到的干扰和障碍，对目标进行调整，用新目标代替原来的目标；四是遇到无法克服的干扰和阻碍，使目标不能达到，需要得不到满足。第四种情况就是我们要讲到的挫折。因此，我们可以说，挫折是指一个人在实现有目的的活动过程中遇到了无法克服或自以为无法克服的障碍或干扰，使其需要和动机得不到满足和实现时所产生的紧张状态或消极的情绪反应。

（二）挫折的组成

挫折一般由挫折情境、挫折认知、挫折反应三个部分组成。

1.挫折情境

挫折情境是指人们在目的活动中,使需要不能获得满足的内外阻碍或者干扰所实际呈现的情境状态或情景条件。考试不及格,比赛得不到名次,这些都是造成挫折的情景因素。

2.挫折认知

挫折认知是指对挫折情境的知觉、认识和评价。挫折认知既可以是对实际遭遇的挫折情境的认知,也可以是对想象中可能出现的挫折情境的认知。不同的人对相同的挫折情境所产生的主观心理压力不尽相同,个人的知识结构也会影响其对挫折情境的知觉判断。例如,有的人总是认为宿舍的其他人在议论自己,虽然事实不一定如此,但是他在心理上产生了与他人关系的不和谐,进而产生烦恼、焦虑。

3.挫折反应

挫折反应是指主体随着挫折认知,对自己的需要不能得到满足而产生的情绪和行为反应,如愤怒、焦躁、攻击等。

结合以上三个部分可以看出,当挫折情境、挫折认知和挫折反应三者同时存在,则构成了典型的挫折。但如果缺少挫折情境,只有挫折认知和挫折反应,也可以构成挫折。也就是说,当一个人遇到了实际的挫折情境或者自认为遭遇某种挫折情境,并且知觉到挫折情境的不利影响,产生了相应的主观感受或者情绪反应时(一般是消极的),就形成了现实的、能够感受到的挫折。

(三)挫折的基本特征

1.普遍性

人生中不如意的事情总是会发生,古话"祸兮福所倚,福兮祸所伏",讲的就是生活中所有的事情都具有两面性,可能灾祸的另外一面是福气,而福气的旁边也伴随着祸事。人生并不能完全如人意,人们一般祝福别人"一帆风顺""万事如意""心想事成",也只能是美好的愿望而已。有人说人生的美好往往并不在于其尽如人意,而在于其阴差阳错。挫折具有普遍性,挫折是生活的组成部分,如同一部电视剧,如果没有中间的起伏纠葛,这部电视剧将索然无味,而里面主人公的性格也不能很好地表现。纵观人类的文明史,无不经历过挫折与失败。我们在研究古今中外名人的人生道路时,愈发能感受到,他们有哪个不是在逆境与坎坷中磨砺出来的呢?他们的成功,更加证明了"宝剑锋从磨砺出,梅花香自苦寒来"这句名言的道理。如果一个人从小就受到了特殊的保护,不经受任何的苦难与磨炼,那么他长大成人之后,要成就一番伟业必然后劲不足,一旦遭遇挫折就可能难以承受。

2.两面性

挫折既会给人打击,带来挫折感以及情绪上的各种波动,影响身心状态,也可以磨炼一个人的意志,使其以后遇到挫折能够很快地调整自我,提高解决问题的能力,使人变得坚强。因此,挫折就像一枚硬币,它有两个面,重要的是你能认识到这两个面并且能运用其积极的一面。辩证法也告诉我们:世上的事,都具有二重性。关键是作为主体的人,如何来正视挫折,调整心理战略,把坏事、障碍变为好事、坦途。例如,学生们在学习中遇到挫折,一方面,挫折会对学习造成比较大的负效应。挫折首先引起学生情绪上的波动、不安和焦虑,会导致注意力分散、记忆力衰退,从而直接影响学生的学习。其次,学习上的受挫会引起一种沮丧心理,使学生对一切都采取消极的态度,对老师的要求也置之不理,甚至可能对自己的学习成绩漠不关心。这样的情况下,学生可能完全丧失了学习的动力,破罐子破摔。还有一些学生会做出攻击性的行为,学习上的受挫不能使他们从自身找原因,反而将学习的失败和这种焦虑情绪归咎于老师和同学,从而造成人际交往障碍。另一方面,学习上的挫折也有积极的影响。学习是一种需要长期坚持不懈的劳动,这种劳动可以锻炼人的意志力和承受苦难的耐力,通过学习上的挫折,可以磨炼意志,增强人对逆境的忍受力以及通过努力战胜挫折的决心。对于大学生来说,这种锻炼尤为重要。

3.暂时性

挫折是我们人生中的必然阶段,同时,它也是人生中的一个小插曲,并不代表我们整个人生的失败。它只是我们在实现目标的过程中遇到的一个阻碍,这种阻碍可能导致一段时间的停滞不前,有的人能够很快地渡过这一阶段,而有的人将挫折想象成一道难以逾越的鸿沟。其实,挫折是暂时的,时过境迁,很多挫折可以被人们慢慢地消化。相对于整个人生旅程,挫折只是路边闪过的一座小隧道。认识到挫折的暂时性,有利于个体更快地自我调整,重新树立起自信心,摆脱不良情绪的干扰。有的人在年幼的时候遭遇家庭方面的挫折,可能无法继续自己的学业,只好辍学,虽然错过了学习的黄金时间,但并不代表这个人从此丧失了学习的机会,他可以通过自学、上函授班、上夜校等方式,不断地在以后的人生路上追赶其他人,甚至超过很多人。有人说人生最重要的不是一开始能跑多远,而是从来不停止奔跑。

二、大学生挫折心理的产生原因

社会的变革和就业形势的严峻等社会因素,学习压力过大、人际交往不良、两性感情纠葛、经济困难等个体因素,都有可能导致大学生遭遇挫折。可以说,挫折无处不在,重要的不是避免挫折,而是理性认识挫折。研究表明,过强而且长期的压力会使人储备的能量消耗殆尽,从而引发各种疾病甚至死亡,对一些人来说,压力和挫折是一座无法逾越的大山;而对另外一些人来说,他们就是攀登者和征服者。大多数人认为压力是消极的,然而他们不知道,适当的压力是动力的源泉,可以使个体精力充沛并且激励个体在很长的一段时间内高效地工作。大学生对挫折的认识存在明显的差别,但相当多的学生对挫折的认定过于泛化。大学生对挫折的认识和体验,充分体现了他们的年龄特征和社会阅历的局限。每个人的生活经历不同,因此,对挫折的感受程度也不同。很多大学生夸大挫折的创伤,片面理解和看待挫折,既缺少抗挫折的体验,也缺乏理性的认识,反映出心理适应能力的缺陷。

大学生一直被认为是保护在"象牙塔"中的幸福的人,很多人羡慕他们可以进入高等学府继续深造。但是现实的错综复杂以及一些内外因素,使大学生们遭受着很多挫折和压力。而导致挫折与压力的原因是多方面的,可以总结为以下几个方面。

（一）客观因素:主要有自然因素和社会因素

1.自然因素

自然因素包括一些自然灾害,如洪灾、地震、干旱等导致的经济、心理上的各种损失和挫折。2008 年的汶川地震对于灾区同胞们来说就是一个巨大的人生挫折,太多的人家破人亡、无家可归,但是他们中的很多人面对这样的天灾,还是很坚强地活下来并开始重建家园。

2.社会因素

（1）新的环境难以适应。进入大学以后,面对新生活,很多学生会手足无措,有的学生从小缺乏生活自理能力,到了学校因为寄宿生活而引起一些困难;有的学生从小没有离开家,对家庭的依赖情感还比较重,刚到学校时会有背井离乡、独自面对一切的心理;有的学生从来没有过过集体生活,进入大学之后需要在生活习惯上和大家保持一致,觉得受到了多种束缚;还有一些学生对独立学习的学习方式不适应,不知道该干什么,失去了目标感,缺乏自主学习的能力和习惯。这些适应不良,都容易导致大学生产生受挫心理。

（2）人际关系紧张造成的压力。很多学生在来到大学之后都会感觉大学的人际交往不如中学时代那么单纯,感觉到人与人交往的复杂性。其实来到了大学,由于大家可能是来自全国甚至国外的五湖四海的人,家乡、经济条件、兴趣爱好、性格等方面存在不同,因此不可避免地会发生一些摩擦和冲突。有一些学生能够很快地调整自己的心态,让自己尽快地适应。而有的人则心胸狭窄,无法宽容别人,容易造成人际关系的不和谐甚至引发冲突。这种情况如果得不到很好的处理,将严重影响学生的学习生活以及身心健康。

（3）学业上的竞争压力以及学习持久紧张等原因。如学业成绩达不到自己的目标，对学习不感兴趣，找不到适合自己的学习方法等，从而产生受挫感。有的学生找不到适合自己的学习方法，即使废寝忘食，比其他人下更多的工夫，也没有得到很好的成绩回报；有些学生由于不注意用脑卫生、过度用脑、注意力下降，以致学习效率降低，学习成绩下降。这些都会造成心理压力以及挫折心理。

（4）求职上的挫折。由于市场经济的建立和竞争机制的引入，大学生需要自己找工作，无论是学业一般的学生还是品学兼优的学生都面临着择业、就业的压力。就业压力的增加以及对个人定位的不准确，都容易使学生在求职择业的过程中受到挫折的困扰。

（5）经济负担的压力。高等教育的费用和成本越来越高，而高校中来自农村的学生比例也不低，这在一定程度上给一些学生造成了经济压力，尽管国家已经充分运用各种奖助学金政策，但是仍然无法全面解决这一矛盾。不少学生囊中羞涩而另外一些学生却挥霍无度、互相攀比，这也加剧了学生的心理挫折感。

（二）主观因素

大学生的心理挫折，有相当一部分是由大学生自身的认识水平以及心理素质等因素引起的，常见的有以下几种：

1.美好愿望的破灭。很多学生上大学之前都对大学生活抱有非常美好的愿望，进入大学后发现自己的想象并非现实，就产生了心理上的失落感，感觉被骗了，以前的一切努力都白费了。这种心理还会泛化到学习生活中，但是现状又得不到改变，从而导致心理上的受挫感。

2.生理上的挫折。一般指个体对自己的外貌、身高、体型等生理方面的不满意或者生理上的某些缺陷（如口吃、色盲等）一时难以改变而导致的自卑心理。有些学生会对别人生理上的不足进行嘲笑，以为别人不在意，殊不知这些嘲笑对别人造成了严重的心理阴影。

3.恋爱上的挫折。主要表现为单相思、失恋等问题而引起的矛盾与冲突，以及由此引发的苦闷、惆怅、失望、悔恨、愤怒等情绪。近年来，大学生由于恋爱受挫而导致的问题日渐突出。一些大学生对恋爱的本质认识不清，社会各种因素的影响导致恋爱观念的多元化等，这些都影响着大学生的恋爱心理。

4.自身行为品质和道德品质。有的学生因为不遵守学校的规章制度，或者身上有一些恶习，比如吸烟、酗酒、打牌，受到了老师的批评甚至学校的处分，从而产生了愤怒、自责等心理而导致有受挫感。还有个别学生的道德标准和别人不同，引起心理上的压力，也会产生挫折心理。

综上所述，大学生产生挫折心理的原因是多方面的。同时，这也与大学生本身心理承受挫折能力较差，认识较主观片面，对自我认识不够，对成功的期望过高有关。

大学生应该提高自身的抗挫折能力,在力所能及的范围内降低挫折对自己的影响,使自己的身心保持在一个健康良好的水平。

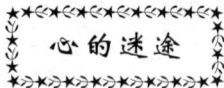

心的迷途

第二节　挫折对大学生心理的影响

当我们遭遇挫折的时候,总会伴随着各种各样的应对方式,有积极的,也有消极的,有情绪上的,也有行为上的,长期的挫折还会带来个性上的变化。

一、消极影响

(一)挫折对身心健康的消极影响

1.挫折导致紧张

在日常生活中,免不了经受一些带有刺激性的、不尽如人意的事情,这些事情会使人郁郁寡欢,日困愁城,甚至生理、心理上发生病态变化。生理、心理的变化不是因为直接致病的病原体的作用,而是由于不能适应或者应付所受到的刺激引起的紧张状态造成的。生理学研究表明,挫折所导致的紧张状态对个体具有威胁性的影响,它会击溃个体的生物化学保护机制,从而降低身体的抵抗力,使身体易被病菌侵袭。这就是所谓的防御机制过当。

2.挫折导致生理疾病

人在遭遇挫折时,精神处于高度紧张状态,这种状态持续时间如果太长,就会影响到身心健康。在面对挫折时,不少人都会情绪低落、精神不振,有的人甚至还会产生生理疾病。研究发现,每5个经历过人生剧变的人中,就有4个在剧变后两年内患病;而未经剧变的人,每3个人中只有1人患病。研究还发现,最健康的人是那些对婚姻、家庭和职位都感到满意的人,而在婚姻破裂、家庭负担过重或对工作感到灰心失望而又无法摆脱的人中,疾病的发生率最高。

3.挫折导致心理和行为失调

个体由于遭遇挫折,引起情绪紧张、苦恼、失望等消极反应。如果是重大的挫折,则会引起情绪状态的剧变,直接使得神经系统,特别是大脑功能处于紊乱、失调状态,严重影响个体心理和行为的变化。主要表现如下：

（1）影响个人对成功和失败的态度。经常遭遇挫折的人，常常会把失败归因于自己的无能、愚笨或者个性中的缺点、弱点，并且总认为自己不行，不会成功，而把成功归因于运气、机会、命运、他人的权力、自然界的力量等外在的因素，从而失去了对自己应有的信心。

（2）影响个人的抱负水平。经常遭遇挫折的人，往往过低估计自己的能力，过高估计各种困难，信心不足，从而降低了个体的抱负水平，影响了进取的积极性，难以达到预定的目标，最后可能变得胸无大志、得过且过、无所作为。

（3）影响个体能力的发展。经常遭遇挫折的人，常使个体的情绪处于不良的状态之中，大脑会释放一种使人身心疲惫的有害物质，从而影响个体分析和解决问题的能力。这种人常以"脑子笨""我不行""适应不了"等来逃避面临的难题或充满挑战性的问题。

（4）影响个体的行为表现。经常遭遇挫折的人，常使个体处于应激的状态下，感情易冲动，控制力差，往往不能约束自己的行为，不能正确评价自己的行为意义，不能估计到自己行动的后果，以至于言语偏激，甚至发生攻击行为，违反社会规范，严重的则会触犯法律。

（二）应对挫折的消极反应

应对挫折的消极反应，也称情绪性反应。正在经历挫折或者经历挫折后，有些人会产生一些消极反应，通常指失常、失控，以及对自己、他人和社会造成危害的情绪行为。以下是几种常见的不良的挫折反应。

1.攻击：当挫折降临的时候，有的人会马上引发一种愤怒的情绪，认为自己没有错，都是引发挫折的人和物导致的，可能会对其直接攻击以保护自己；有时候不敢直接攻击引起挫折的人或者物，可能会将这种愤怒的情绪转移到与其无关的人或物身上。前者为直接攻击，后者则为转向攻击。直接攻击比较容易出现在那些自我感觉良好，自我评价较高，或者比较冲动、鲁莽，缺乏生活经验的学生身上。转向攻击常出现在那些自信心比较差，情绪悲观、压抑或者自我控制能力比较强的学生身上。他们往往会在受挫后陷入自责或者惩罚自己，严重的可能会引起心理障碍，甚至自杀。另外，转向攻击往往会伤害到一些无辜的人，比如有的人和寝室同学发生矛盾，而朝父母发脾气，父母则成为了"替罪羔羊"。在大学生中，转向攻击比较普遍。

2.冷漠：冷漠与攻击相反，是个体对环境的一种冷淡和退让，表现为对挫折环境的无动于衷和漠不关心的态度，似乎对任何外在刺激无情绪反应，表现得与自己毫无关系。实际上，其内心深处可能隐藏着很深的痛苦，是一种被压抑的情绪反应，对身心的危害通常比攻击更大。冷漠的反应多在以下情况下出现：一是长期遭遇挫折而无法摆脱；二是处境艰难，无助无望；三是心理上的恐惧不安和生理上的痛苦；四是进退两难,攻击与退缩之间矛盾冲突激烈。

3.退化:退化也叫"退行",是指个体受到挫折的时候,有的人会表现出与自己的年龄和身份不相称的一些幼稚行为,或者无理取闹,或者易受他人暗示,盲从而毫无主见。如一个人因为外在事件而导致价值观的破碎,可能会使其暂时退回到童年期的心理特征中。这是一种不成熟的反应形式,例如,有的学生在面对考试压力时,会千方百计地躲进医院,谎称自己生病了,以此来逃避考试;有的学生挨了批评之后蒙头大睡,闹情绪,甚至无理取闹、哭哭啼啼。退化的另一种表现是受暗示性。受暗示性最经常的表现是一个人在遭遇挫折之后盲目地相信别人,盲目地去执行某个人的指示。比如,有的人在大病之后,面对假药推销的时候很容易受骗上当,盲目相信所谓的"包治百病"的各种宣传,可能导致遭遇新的挫折。

4.固执:有的人遭遇挫折之后,不认可挫折,会采取刻板的方式盲目地重复某种无效的行为,用原来的方式不断地重现那种挫折场景,希望时间倒流,希望能够改变挫折。一意孤行地坚持自己的行为,其结果往往是使个体失去改变困境的最好时机,在挫折中越陷越深。固执行为往往是不自觉的,具有强制性的特点。例如,有的学生学习成绩滑坡,每天晚上秉烛夜读,但是效率不高,并且影响了白天的正常学习,成绩还是不见起色,于是继续学习到更晚,从而导致恶性循环。固执反应通常是由于挫折降低了人们的判断力和学习新问题的能力而导致的。

5.幻想:有时候,现实的挫折让我们无法忍受,我们就会躲在幻想的光彩下,在幻想中享受幸福时光。以非现实的方式达到目标,甚至通过白日梦的形式实现自己的目标,从而在某种程度上缓解焦虑。例如,一个学生成绩平平,求职又受挫,恋爱失败,后来便不再努力,而是将自己成天关在屋子里,想象自己是一个成功的人士,设计出一套套自己成功的方案,想象遭遇了挫折之后遇到了"贵人相助",从而让自己"平步青云",身价百万,根本不需要工作,只需要在头脑中完成自己的"巨作"就成。

6.文饰:文饰也可以称"合理化","阿Q精神"就是最好的例子。受到挫折之后会想出各种理由来原谅自己或者为自己的失败辩解;可能还会通过贬损其他人或者事物、夸耀自己的方式,来获取暂时的心理平衡,缓解心理困扰,但大多数时候都只是自我欺骗和自我麻痹。

7.轻生:轻生是最为消极的一种挫折反应。当遭遇挫折的时候,有的人忽然觉得这个挫折靠自己是无法解决的,整天闷闷不乐,唉声叹气。这些烦恼和苦闷经过一段时间积累,就会使人对事态产生恐惧心理,自尊心下降,对生活失去信心,对现实感到绝望,而引发自杀的行为。

以上这些挫折反应是人们遭遇挫折后较直接、不由自主的反应,是个体对挫折的一种本能的对抗。它们虽然可以降低挫折的直接打击,缓解受挫后的心理压力,但是无助于解决根本问题或者改变挫折情境,反而会降低个体对挫折情境的认知能力,妨碍个体及时应对挫折,因此,它们常常是消极的。

二、积极影响

挫折是每个人都不愿意经历的,但是它又是普遍存在的。对于在挫折中成长起来的人来说,挫折对他起到了积极的作用。

(一)挫折对身心健康的积极意义

1.挫折能提高人的认识水平

"吃一堑,长一智。"人类就是在总结失败的基础上不断进步的,人类历史上无数成功的背后都有无数次失败。人们遭遇挫折后,如果能勇敢地面对它,积累应对挫折的经验,就降低了以后受挫的可能性。意志坚强的人面对挫折和失败,能积极总结教训,反思自己的认识过程,找出不足,采取措施,从而提高自己的认识水平和解决问题的能力。

2.挫折能激发人的活力

人在适度紧张和面对压力的情况下,常常能最大限度地激发身心潜能,使自己的知识经验、能力技巧和智力能力达到激活的状态,身体内会产生一系列的生理反应,释放出更多的能量来面对当前的危机。这时人的注意力更加集中,思维更加敏捷,反应速度更快,力量更大,从而有利于冲破阻碍,实现目标。

3.挫折能促使人修正行为目标和处世方法

挫折犹如一剂清醒剂,它常常在个体偏离目标或脱离实际时亮起了红牌进行警告,使个体清醒过来。工作中出现了差错,很可能是自己的知识和能力有缺陷;遭遇别人的猜疑和压制,很可能是在处理人际关系时自己不够注意方式方法;考试不理想,很可能是自己放松了对学习的要求。正是由于挫折,我们看到了自己的不足和缺陷,从而把挫折和危机看成促使自己奋发的动力,使自己不断地进步,变得更加优秀。

(二)应对挫折的积极反应

挫折有其对个体身心健康的积极影响,那是因为有的人在面对挫折的时候采取了积极的应对方式,以下就是几种应对挫折的积极方式。

1.升华:升华是弗洛伊德发明的一个术语,是指将因受种种因素制约而无法实现的目标或不能为社会所接受的目标加以改变,用高尚的、富有创造性和社会价值的目标取而代之,从而减轻挫折带来的痛苦。例如,一个女孩暗恋一个男生,但是男生的学习成绩很好,看不上女孩。一开始,女孩觉得很难过,但是后来她将这种悲伤的情绪转换为学习的动力。经过一段时间的努力学习,她的学习成绩竟然突飞猛进。这就是我们说的"化悲愤为力量"。

2.补偿:因主客观条件的限制而无法实现既定的目标时,以其他可能达到成功的活动或自己的特长来取代,通过新的满足来弥补原有的欲望得不到满足和目标不能实现所带来的痛苦。例如,某人学习成绩一般,但社会工作能力很强,他可以通过在社会工作上获得的满足来弥补学习上的不足;某人受生理条件的限制不能在运动场上表现自己,但他可以刻苦学习,在学习上取得名列前茅的成绩。这就是所谓的"失之东隅,收之桑榆"。应该注意的是,补偿的行为反应并非都是积极的,由于个体实现的目标有高尚与庸俗之分,挫折后对补偿的选择也有进取和沉沦之别。因此,积极的补偿是值得赞赏和提倡的,而消极的补偿则需要改变。

3.幽默:当一个人在遭遇挫折、身处逆境或面临尴尬的局面时,可以使用比喻、夸张、寓意、双关语、谐音、谐意等手段,以机智、婉转、风趣的方式来表达自己的意图或意见,从而化解困境,维持自己的心理平衡。

4.认同:指一个人在因遭遇挫折而痛苦时,将自己想象为某一成功者,效仿其优良品质和获得成功的经验与方法,从而使自己的思想、信仰、目标和言行更加适应环境和社会的要求,增强自信心,减少挫折感。例如,把一些历史名人、权威、楷模、老师甚至朋友当作自己认同的对象,从他们身上学习方法,汲取营养,获得动力,从而奋发图强。

5.反向:从相反的角度和立场来看自己,与其自卑,不如自负;与其自我否定,不如夸奖自己,这样可以发现自己在过去没有认识到的长处和优点,重新认识自己,增强自信。当然,反向的积极作用也需要与具体的动机结合起来考量。一般来说,个人的行为方向和他的动机方向是相一致的,即动机促使行为向满足动机的方向进行,但是,人受挫后,自己的内在动机不能被社会所容忍,由于他不敢正面表露自己的真实动机,于是以相反方向表现出来。例如,一些内心自卑的学生,往往在同学中以高傲自大、夸夸其谈的方式掩盖自己的自卑感和孤独感。有的同学对某位异性非常倾慕,然而由于害怕遭遇拒绝而装出一副不屑一顾的样子。反向行为由于与动机相互矛盾,因而表现得过分夸张、做作。它虽然可以在一定程度上掩饰个体的真实动机,但是,掩饰包含着压抑,长期的反向行为会从根本上扭曲自我意识,动机与行为脱节,造成心理失常。

6.转移注意力:通过做一些与目前的挫折无关的事情,或者自己比较喜欢的事情,如听音乐、唱歌、运动、郊游等来暂时转移注意力,摆脱烦恼,以避免不良情绪的持续影响。

★心海导航★

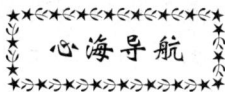

第三节 大学生挫折心理的应对

一、应对方法

现代社会是一个充满竞争、充满挑战、充满风险和充满机会的社会,如何提高对挫折的适应能力,学会及时地抓住机会,变消极因素为积极因素,是每个大学生在学期间必须认真思考、努力实践的任务,并将越来越成为大学生的"必修课"。

(一)挫折常在,拥抱挫折

俗话说:"人无千日好,花无百日红。"挫折是人生的必修课,每个人在其整个人生中都会与挫折过招,既然挫折具有普遍性,那么与其在挫折中痛苦不堪,不如面带微笑地面对它,将挫折的好处升华,让自己在挫折中更加坚强。从哲学的角度讲,挫折与胜利、失败与成功、逆境与顺境,都是对立统一的。卡耐基(Dale Carnegie)在《吸引挫折》一书中曾写道:没有人能有足够的情感和精力,既抗拒不可避免的事实,又创造一种新的生活,你只能在两者间选择一种。我们常常觉得应对挫折是一件困难的事情,其实困难在于你自己的心态。如果内心不接受挫折,不面对它,那么挫折只会带来更大的痛苦,而这种痛苦的状态所带来的影响比挫折本身更可怕。不如给挫折一个拥抱,接纳它,正视它,挫折有时候会给我们力量,会告诉我们道理,会教会我们成长,会让我们更好地适应当代充满竞争的社会生活。

(二)一分为二,自嘲宣泄

挫折与所有事物一样都具有两面性。全面而正确地认识挫折,是大学生战胜挫折的前提。挫折是无法完全避免的,在对大学生挫折的分析过程中,人们发现,真正引起大学生挫折感的,与其说是挫折、困难、失败本身,不如说是当事人对它们的认识以及采取的态度。有时候,一些本算不上什么挫折的事情,却被脆弱的大学生们很"认真"地当做挫折;或者一些小挫折,被他们当作天崩地陷的大事。因此,大学生们在面对挫折的时候,首先,应该主动检查一下自己对挫折的认识是否存在思想上的偏差,减少挫折感。其次,要看到挫折积极的一面,挫折给人痛苦,但是也给人教诲和磨炼,使人变得聪明、坚毅和成熟,"自古雄才多磨难,从来纨绔少伟男",古今中外,大凡有成就者,大多经受过种种挫折。平静的湖面练不出精干的水手,安逸的环境显不出时代的伟人。在全面认识了挫折之后,不妨自我调侃一下,通过一些自我贬损而达到出奇制胜的效果,从而使自己的心理达到一种高层次的平衡。自嘲,常常和突发的灵感以及超常的智力联系在一起,有语惊四座的效果。最后,在遭遇挫折的时候,大多数人都会产生焦虑、痛苦等不良情绪,这种不良情绪需要通过某种方式发泄出来以保持心理平衡。我们的心理就像弹簧,一味地压抑,弹簧可能会变形,一旦反弹起来会有很大的力量。这些力量如果被用到破坏性的地方,可能会产生不良的后果,因此,不良的情绪需要通过一些比较有效而不具破坏性的方式宣泄出来。最常见的是倾诉,它可以获得社会支持;痛哭也是一种比较有效的宣泄方式,它可以把不良情绪宣泄出来,而且眼泪还可以把体内的某些有害物质排出,有益于身体健康和心理健康。

(三)冷静分析,挫折暂存

在遭遇挫折的时候,仅仅全面认识挫折和自我解嘲可能还不足以使问题得到有效的解决。因此,我们需要在冷静之后进行客观的分析,从目标、环境、主客观条件、能力、时间机遇等方面找出受挫折的原因,最好是通过内部归因的方式,将挫折归为自己的努力不够,从而采取有效的补救方式。即使这一次挫折已经无法挽回,可以将此次挫折作为一种人生的阅历,将之"暂时保存"起来,也可以等待下一次的机会和挑战,而中间的这段时间需要你做好充分的准备,因为机会只给准备好的人。通过冷静分析,认识问题的角度将会更加全面,观察事物的方式更加科学,从而做到正确面对社会现实,正确看待自己,并学会自我激励,辩证地看待挫折。冷静分析有利于尽快地摆脱挫折情绪,也是防止再次犯错的对策。比如,有位学生觉得自己已经下了很大的工夫学习绘画,但是老师总是不给自己高分,在期末测试中自己又得不到想要的名次,因此非常有挫败感。这时候,他除了告诉自己挫折和失败是每个人都会经历的,找好朋友倾诉或者痛哭一下之后,他还需要拿出自己的画作,请好朋友、家人、老师或在绘画方面比较有成绩的人给予评析,通过冷静分析,或许可以得到很多启发,也可以为自己以后的进步做更多的准备,避免在同一个地方再次摔跟头。

(四)调动潜能,修正目标

有些挫折还在提醒你:你需要正视自己以及目标本身。有的时候,遭遇挫折是因为你给自己定的目标太不符合自身的实际情况。比如,有个成绩比较一般的学生,要求自己期末要成为班级里的学习尖子,希望自己"一口吃成一个胖子",结果自然会令他很失望。重新认识目标的可行性,特别是对自己有足够的认识和了解,知道自己的身心状态,了解自己在什么情况下更能发挥长处甚至潜能,在对自己做出更客观、更切合实际的评价的基础上修正目标,并且一步一个脚印地接近目标,这或许才是更好地面对挫折的方式。理想的目标,是指那些通过一段时间的努力可以实现的目标,心理学上有个专门的名词叫作"摘桃子",就是说你所定的目标要像树上的桃子一样,跳一跳就能摘得到。

二、心的体验

（一）心理自测

应付方式问卷

填写方法：此问卷中的每个条目有"是"和"否"两个答案。请你根据自己的情况在每一条目后面选择一个答案，如果选择"是"，则请继续对后面的"有效""比较有效""无效"做出评估。在每一行的○里打√，表示你的选择。

	是	否	有效	比较有效	无效
1.能理智地应付困境。	○	○	○	○	○
2.善于从失败中吸取经验。	○	○	○	○	○
3.制定一些克服困难的计划并按计划去做。	○	○	○	○	○
4.常希望自己已经解决了面临的困难。	○	○	○	○	○
5.对自己取得成功的能力充满信心。	○	○	○	○	○
6.认为"人生经历就是磨难"。	○	○	○	○	○
7.常感叹生活艰难。	○	○	○	○	○
8.专心于工作或学习以忘却不快。	○	○	○	○	○
9.常认为"生死有命，富贵在天"。	○	○	○	○	○
10.常常喜欢找人聊天以减轻烦恼。	○	○	○	○	○
11.请求别人帮助自己克服困难。	○	○	○	○	○
12.常只按自己想的做，且不考虑后果。	○	○	○	○	○
13.不愿过多思考影响自己情绪的问题。	○	○	○	○	○
14.投身其他社会活动，寻找新寄托。	○	○	○	○	○
15.常自暴自弃。	○	○	○	○	○
16.常以无所谓的态度来掩饰内心的感受。	○	○	○	○	○
17.常想：如果这不是真的，那该多好！	○	○	○	○	○
18.认为自己的失败多是外因所致。	○	○	○	○	○
19.对困难采取等待、观望、任其发展的态度。	○	○	○	○	○
20.与人冲突，常是对方性格怪异引起。	○	○	○	○	○
21.常向引起问题的人和事发脾气。	○	○	○	○	○
22.常幻想自己有克服困难的超人本领。	○	○	○	○	○
23.常自我责备。	○	○	○	○	○
24.常用睡觉的方式逃避痛苦。	○	○	○	○	○
25.常借娱乐活动来消除烦恼。	○	○	○	○	○

26.常爱想些高兴的事自我安慰。　　〇 〇 〇 〇 〇

27.避开困难以求心中宁静。　　〇 〇 〇 〇 〇

28.为不能回避困难而懊恼。　　〇 〇 〇 〇 〇

29.常用两种以上的办法解决困难。　　〇 〇 〇 〇 〇

30.常认为没有必要那么费力去争成败。　　〇 〇 〇 〇 〇

31.努力去改变现状,使情况向好的一面转化。　　〇 〇 〇 〇 〇

32.借烟或酒消愁。　　〇 〇 〇 〇 〇

33.常责怪他人。　　〇 〇 〇 〇 〇

34.对困难常采取回避的态度。　　〇 〇 〇 〇 〇

35.认为"退后一步自然宽"。　　〇 〇 〇 〇 〇

36.把不愉快的事埋在心里。　　〇 〇 〇 〇 〇

37.常自卑自怜。　　〇 〇 〇 〇 〇

38.常认为这是生活对自己不公平的表现。　　〇 〇 〇 〇 〇

39.常压抑内心的愤怒与不满。　　〇 〇 〇 〇 〇

40.吸取自己或他人的经验去应付困难。　　〇 〇 〇 〇 〇

41.常不相信那些对自己不利的事。　　〇 〇 〇 〇 〇

42.为了自尊,常不愿让人知道自己的遭遇。　　〇 〇 〇 〇 〇

43.常与同事、朋友一起讨论解决问题的办法。　　〇 〇 〇 〇 〇

44.常告诫自己"能忍者自安"。　　〇 〇 〇 〇 〇

45.常祈祷神灵保佑。　　〇 〇 〇 〇 〇

46.常用幽默或玩笑的方式缓解冲突或不快。　　〇 〇 〇 〇 〇

47.认为自己能力有限,只有忍耐。　　〇 〇 〇 〇 〇

48.常怪自己没出息。　　〇 〇 〇 〇 〇

49.常爱幻想一些不现实的事来消除烦恼。　　〇 〇 〇 〇 〇

50.常抱怨自己无能。　　〇 〇 〇 〇 〇

51.常能看到坏事中有好的一面。　　〇 〇 〇 〇 〇

52.自感挫折是对自己的考验。　　〇 〇 〇 〇 〇

53.向有经验的亲友、师长求教解决问题的方法。　　〇 〇 〇 〇 〇

54.平心静气,淡化烦恼。　　〇 〇 〇 〇 〇

55.努力寻找解决问题的方法。　　〇 〇 〇 〇 〇

56.选择职业不当,是自己常遇挫折的主要原因。　　〇 〇 〇 〇 〇

57.总怪自己不好。　　〇 〇 〇 〇 〇

58.经常看破红尘,不在乎自己的不幸遭遇。　　〇 〇 〇 〇 〇

59.常自感运气不好。　　〇 〇 〇 〇 〇

60.向他人诉说心中的烦恼。　　〇 〇 〇 〇 〇

61.常自感无所作为而任其自然。　　〇 〇 〇 〇 〇

62.寻求别人的理解和同情。　　　　　　　○　○　○　○　○

记分方法：

(1)除(2)所列举的情况外,各个分量表的记分均为选择"是"得1分,选择"否"得0分。将各个项目的得分相加,即得该分量表的量表分。

(2)"解决问题"分量表中的条目19,"求助"分量表中的条目36、39和42,选择"否"得1分,选择"是"得0分。

表9-1　各分量表与条目构成编号

分量表	条目构成编号
解决问题	1,2,3,5,8,-19,29,31,40,46,51,55
自责	15,23,25,37,39,48,50,56,57,59
求助	10,11,14,-36,-39,-42,43,53,60,62
幻想	4,12,17,21,22,26,28,41,45,49
退避	7,13,16,19,24,27,32,34,35,44,47
合理化	6,9,18,20,30,33,38,52,54,58,61

评分方法:各分量表项目前没有"-"者,选"是"得1分;有"-"者,选"否"得1分。

各分量表意义:研究发现,每个人的应对行为类型具有一定的倾向性,这种倾向性构成了六种应对方式在个体身上的不同组合形式。这些不同形式的组合与解释为:

(1)"解决问题-求助",成熟型。

(2)"退避-自责",不成熟型。

(3)"合理化",混合型。

表9-2　应对方式问卷答题卡

解决问题 12条		自责 10条		求助 10条		幻想 10条		退避 11条		合理化 11条	
项目	评分	项目	评分	项目	评分	项目	评分	项目	评分	项目	评分
1		15		10		4		7		6	
2		23		11		12		13		9	
3		25		14		17		16		18	
5		37		-36		21		19		20	
8		39		-39		22		24		30	
-19		48		-42		26		27		33	
29		50		43		28		32		38	
31		56		53		41		34		52	
40		57		60		45		35		54	

续表

解决问题 12条		自责 10条		求助 10条		幻想 10条		退避 11条		合理化 11条	
项目	评分	项目	评分	项目	评分	项目	评分	项目	评分	项目	评分
46		59		62		49		44		58	
51								47		61	
55											
合计		合计		合计		合计		合计		合计	
因子分											

(二)团体活动

角色扮演

活动目的:

通过角色扮演引导成员体会当事人的处境和心理感受,增强同理心和应对挫折的能力,学习挫折应对方法。

活动准备:

事先印好四种不幸的人物故事及抽签小纸条若干。

A.小明因父母离异,自己的生活无着落,感到无亲情之爱,悲痛欲绝。

B.邻居家的保姆刚被告知身患绝症,痛苦万分,正准备自杀。

C.小丽从小因为长得不好看,总被嘲笑,父母残疾,家里经济拮据,她学习也很不好,觉得不想上学了,非常难过。

D.小黄家不幸遭遇火灾,家里值钱的东西基本上被烧毁,父亲也烧伤了,小黄觉得天都要塌了。

活动过程:

将全班同学分为四组,每个小组请出一位同学(可以通过抽签的方式,也可以通过推荐的方式)扮演其中一个角色,其他同学扮演劝说者。在小组讨论之后,每个小组依次提出各自小组的劝说理由,使"不幸者"能够重新获得信心,不做傻事。最后根据民意票选,选出最佳"劝手"。

三、心灵鸡汤

忍一忍就过去了

他于1934年出生在广东梅县一个贫苦农民家庭,全家人的生活一直很艰苦。他小的时候,冬天连鞋都穿不上。新中国成立后,他依靠助学金念完了中学和大学,1961年毕业于中山大学生物系。

　　1963 年,他经香港到泰国,侨居了 5 年。1968 年,从泰国回到香港。初回香港时,他两手空空,处境艰难。为了生活,他甚至为人照看过孩子。

　　生活的艰难使他萌发了创业的念头。他利用晚上的时间认真钻研香港的市场状况,发现尽管香港的服装业发达,香港人也很喜欢穿西服,却没有一家生产领带的工厂。于是,他拿出平时省吃俭用积攒的 6000 港元,又腾出自家租住的房子,办起了领带生产厂。

　　万事开头难。起初,他和妻子两人只是用手工缝制低档的领带。尽管夫妻两人起早摸黑,干得很辛苦,生意却非常不好。经过仔细考虑,他决定改做高级领带。他买来法国、瑞士的高档领带进行研究仿制,生产出了一批高级领带。为打开销路,他下了狠心,把第一批产品放在一家商店里免费发放给顾客。

　　由于花色、款式对头,他拿出的这批产品深受欢迎。很快,他制作的领带便在香港小有名气了。到了 1970 年,他的领带已在香港十分走俏。也就在这年,他正式注册成立了"金利来(远东)有限公司"。第二年,他在九龙买了一块地皮,建起了一个初具规模的领带生产厂。

　　他是一个有远大志向的人。他心中的目标是要创世界名牌。他多次到西欧领带厂参观,学习他们的制作工艺和经营方法,然后集众家之长,引进先进的生产设备和严格的管理、检验制度,从而使"金利来"领带逐渐占领了香港市场,成为男人们庄重、高雅、潇洒的象征。

　　1974 年,香港经济出现了大萧条,各种商品纷纷降价出售,而他却反其道而行之。他一方面不断提高"金利来"领带的质量,另一方面独树一帜地适当提高价格。结果,生意反而出人意料地好起来。当经济萧条过后,"金利来"更是身价倍增,在香港成了独占鳌头的名牌领带。

　　不仅是领带,他还将他的发展计划拓展到更多的男士用品。他将这些年来已使香港人耳熟能详的广告词"金利来领带,男人的世界"做了看似简单、实则深具创意的改动,改为"金利来,男人的世界",又从 T 恤衫开始,逐步推出了金利来牌的皮带、袜子、吊带、花边、腰封、领结、领带夹、袖口纽、匙扣等系列产品,使公司和金利来牌子都走向了多元化。

　　在发展巩固香港市场的同时,他还以积极乐观的态度拓展海外市场,向东南亚国家进军。他亲自到新加坡考察,创办分公司,寻找合作伙伴。获得成功后又迅速把战场扩展到印尼、马来西亚、泰国……迄今为止,金利来在这些国家的大客户数目已超过上千个。

　　他就是"领带大王"曾宪梓。作为一个中国人,他有一颗可贵的中国心。在香港创业不久,就开始对家乡——广东的教育事业及母校做出捐赠。至今为止,曾宪梓先后捐助的项目超过 800 项,涉及教育、科技、医疗、公共设施、社会公益等方面,捐款总额超过 6.3 亿港元。

谈起成功的时候,他一再提起小时候的一些经历:

父亲去世后,所有的重担都压在母亲蓝优妹身上。为了能让孩子们活下去,她不得不去干男人们都不愿意干的累活:挑石灰、挑盐……即便这样,他们的生活依旧窘迫无比,常常吃了这顿愁下顿,没办法,母亲只好租了几亩薄田耕种。

那是一个天寒地冻的冬日,母亲由于经常赤脚下田,双脚生了冻疮,并裂开一个个露出红肉的口子,赤脚下田的时候,钻心地疼。如果用胶布贴在伤口上,下田时一沾水就会掉,而且她也舍不得花钱买胶布。但她想到第二天还得下田,如果不处理,裂口会越来越宽,于是就决定用铁针和棉线来缝合它们。她将双脚泡进热水里,等裂口上的皮肤泡软之后,再咬着牙一针一针地将裂口缝起来,每缝一针,就鲜血直流。小宪梓在一旁看着,眼泪直流。母亲忍痛安慰儿子:"傻孩子,不缝好怎么办呢?裂口会更大更痛的,没事的,忍一忍就过去了。"

这一幕永远铭刻在曾宪梓的心里。每当他在困难面前感到疲惫烦乱,他便会以此来鞭策自己:母亲连那样深痛的苦难都挺过去了,忍过去了,我还有什么困难不能过,什么艰苦不能忍呢?

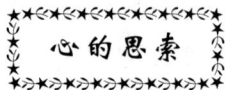

★☆★ 心的思索 ★☆★

一、思考题目

1.你曾经遭遇过挫折吗? 它当时对你的影响如何? 最终你如何战胜挫折?

2."人生不如意十之八九",面对挫折,你一般会采取哪些应对方式?

3.挫折对你人生的意义是什么?

二、阅读推荐

1.陈林:《挫折是上帝掉下来的礼物》,北京:北京航空航天大学出版社,2009 年。

2.崔钟雷:《眼中的泪——挫折》,哈尔滨:哈尔滨出版社,2011 年。

3.周思洁:《我靠挫折来栽培——活出生命的喜悦与自在》,北京:北京航空航天大学出版社,2010 年。

第十章

让生命之花怒放

——大学生的生命教育与心理危机应对

心灵书签

　　一个人很难知道自己的生涯中什么是有意义的,当然也不应当以此去打扰别人。鱼对于它终生都在其中游泳的水又知道些什么呢? 因此,作为个体的人只需要实践和体验当下的生命过程的意义。

心的困惑

　　那天当你来找我的时候,我很惊讶,因为你曾经是多么阳光与开朗。你作为校舞蹈队主力队员,曾有不少学妹羡慕你那曼妙的身材与健美的舞姿,我也一直以为你很健康,很快乐! 然而你却哭着对我说:"老师,我很痛苦,很无助,情绪非常低落,面对即将来到的福建省舞蹈比赛,我本来很期待,但现在却没什么兴趣参加,也很担心比赛的时候会忘记动作。你别看我好像很自信,其实我内心一直隐藏着深深的自卑感。我的家境很差,爸爸妈妈在菜市场里面摆着卤料摊,每天起早摸黑地劳作,很辛苦却赚不了多少钱,还要赡养爷爷奶奶、抚养我和弟弟,家里的经济一直都很困难。看到爸爸妈妈疲惫的身影,我常常会孤独地站在一旁默默地流泪,却爱莫能助。有时我很自责,如果当初初中毕业的时候我不选择来读这所学校而选择直接去工作,也许能减轻父母的一些压力。即将毕业了,我很迷茫,觉得自己活得好累、好辛苦。我现在经常一整夜地失眠,感觉活着真没意思,我想自杀。那一刻我想到了爱我的父母和家人,就没有勇气继续……老师,您能告诉我,我该怎么办吗? 我活着有什么意义呢? 生命是这样的脆弱,而我已找不到坚强的支点!"

卢梭说："生命不等于是呼吸,生命是活动。"生命如果不去珍惜、不去开拓或者弃置不管,那生命也不算是生命了。所以,我们应该以一颗积极与平和的心去掌管我们的生命。即使遇到人生的暴风雨,不要放弃,也不要丢弃信心。不要对生命抱怨,我们要心存希望和向往,迎接一个又一个雨后灿烂的太阳。把每个黎明都看作生命的开始,希望从来就没有消失过,只是我们没有发现而已。

第一节　认识生命

生命,是我们最为熟悉的字眼,带给我们的是油然而生的种种情感:神圣、敬畏、感动、欣喜、美好、珍贵、独特、向往、奇妙……我们对生命有如此多的丰富情感。什么是生命? 生命来自哪里? 生命的意义是什么? 我们该如何珍惜这唯一的生命旅程? 这些问题总会在我们的脑海里盘旋,在我们的心海里涌动!

一、生命的含义

生命是美好的,也是珍贵的,世界上正是因为有了生命才精彩。生命,人类存在的载体;生命,人与自然的和谐;生命,创造万物的源泉。人的一生,与生命同源,与生存同根,与生活同步。到底何谓生命? 一位西方哲人说:"所谓生命,就在于记忆和延续。"生命的定义,应该从生命诞生的过程中来诠释。地球是 46 亿年之前的星际气体和尘埃凝结而成的。大概 40 亿年之前,在原始地球的湖海里,就有了生命。人类是一种生命体,人生只是生命历程中的一个表现形式,只是宇宙万物生命中的一个缩影。长期以来,学术界众说纷纭,莫衷一是。生物学上讲,生命是动植物的存续状态,是蛋白质的存在方式,也可以说是有生事物的存活状态。哲学上讲,生命就是一种偶然和必然,生是偶然,死是必然。文学上讲,生命存在于生与死之间,是岁月的流逝。化学上讲,生命就是一个个的有机体……无论这些解答给我们怎样的答案,都有一个共同点:人的生命都是在自己的哭声中开始,在别人的哭声中结束。意大利科学家伽利略(Galileo Galilei)说:"人类只有三件事,这就是诞生、存在、死亡。"所以,我们说生命是一个逐渐支出时间的过程。

黑格尔(Georg Hegel)说:"生命是无价之宝。"生命只有一次,而且只有那么几十、上百年,无论是达官贵人也好,平民百姓也罢,一旦生命消逝就再也无法挽回,绝不可能像那"野火烧不尽,春风吹又生"的小草,一旦春风送暖便可以复苏、可以再生、可以重来,也不可能像龙血、像松柏、像银杏可以存活几百、数千年。正因为生命如此短暂,绝大多数人才那么热爱生命,把生命看得比什么都重要——伤病发生时,许多人即便倾家荡产也要求医;当生命和财产同时遭到威胁时,许多人会毫不犹豫地选择生命;天灾降临时,许多人会不顾一切地求取生命。人的生命仅是一段不可重复的单向旅程,数十春秋,伴着哭声而来,又在哭声中化进泥土。这段旅程都是在喜怒哀乐中进行,让每一个经历的人先后尝试了初生的无知、少年的天真、青年的成熟、中年的练达、老年的沧桑,虽然有太多的神秘,但都可由自己主宰。生命很难用某种理论来解释,就仿佛历史一样,不是人写的,而是时间写的。人们所能做的,就是解开生命旅程的神秘面纱的一角,去探索属于自己的那一部分。每个生命都有这样的机会,关键是自己能否把握好,让它在茫茫旅程中放射出华光异彩。

二、生命的特征

生命具有以下四个方面的特征:

1. 生命的不可逆性。从胚胎起,生命便一直生长、发育,直至衰亡。它绝不会"颠倒重来",返老还童。

2. 生命的不可复性。生命,对于任何人来说都只有一次。人们常说"人死不能复生",便道出了这个道理。

3. 生命的不可换性。生命为个体所私有,相互不能交换,彼此不可替代。

4. 生命的有限性。人的生命的有限性表现在三个方面:第一,生命存在时间的有限,人的自然寿命一般为七八十岁,最多百十来岁;第二,生命的无常性,表现为生老病死、旦夕祸福等不可预测,任何人都逃脱不了死亡,任何人都必然走向死亡;第三,个体生命不能离群索居,不食人间烟火,每个人都需要别人的帮助、关怀和支持。正因为生命的有限性,才促使人去努力思考,发奋创造,积极生活,去实现自己生命的意义。

三、生命的意义

生命的意义是指对于生命的积极思考,是一个人努力要实现,并为之追求、奋斗的人生目标。很多人都曾经问过自己:"人为什么要活着呢? 我又为什么在这个世界苦苦挣扎呢?"其实,在我们的世界中,有太多的人被来自经济、生活、精神等各方面的压力压得透不过气来,整天忙来忙去的就是为了柴米油盐之事,这样的生活痛苦吗? 而有些人则生来富贵,没有任何的压力,大肆挥霍时间和金钱,过着奢侈放荡的生活,这样的生活又有什么意义呢? 国学大师季羡林说过:"就一个人来说,人生其实没有什么特殊的意义,社会就像一条拉链,我们每个人只是充当拉链上的一环。"他的话有一定道理:人只要活着,能吃、能走路、能劳动,自然就是他存在的价值和意义。即使一个植物人,他的存在对其亲人来说也是一种希望,因此,除了国家法律,每个人都没有随便剥夺他人生命的权利。生命的存在就是生命的意义,生命的目的就是生命的意义。

（一）生命就是在平凡中寻找自我

活着到底是为了什么？面对竞争日益激烈的现实社会，多少人不得不为了生计而疲于奔波，多少人备受困苦的侵扰，尝尽了世间的酸甜苦辣。"你幸福吗？""幸福？我离百万富翁的距离还远着呢！"有人这样回答。于是，在他们眼里，富有成了生命的代名词，美味佳肴、豪华别墅、精品名车成了生命的一种象征。

事实上，每个人或大或小都有自己的梦想，只是有的人得偿所愿，有的人折戟沉沙，有的人梦想成真，有的人痛哭流涕。不可能人人都成为达官贵人、商界巨头、文人骚客、名流学者、伟大领袖……我们中绝大部分人的一生都将是平平凡凡，但能够做到一生平平淡淡是再伟大不过的事情！平凡本身就是一种伟大。

生活不是一种负担，无论成败得失，无论悲欢离合，无论精彩平淡，无论贫富骄奢，只有热爱生活才能享受生活的乐趣，我们拥有的是过程的精彩而不是结果的短暂。不要羡慕别人，不要怨天尤人，更不要自暴自弃，幸福只是一种生活的感受，生命就是一种生活的感受，只要我们向往明天的美好，热爱生活的点点滴滴，珍惜今天所拥有的一切，就会幸福、快乐永恒。

（二）生命就是在拼搏中实现自我

活着到底能干多少事？如果明天你将老去，今天又该做什么？你会毫不犹豫地做你最想做而一直没有做的事情，因为你不想带着遗憾离去！可为什么不今天做呢？活着，就要时时刻刻表明自己的存在。"生命犹可贵，千金亦难买。"当一个人失去生命的时候，其所拥有的金银珠宝、名车豪宅都将成为过眼云烟，毫无意义。人的一生当中，许许多多的事情并不是仅仅为了生存，"人吃饭是为了活着，但人活着不仅仅为了吃饭"，人最终的目的是为了完成自己的理想，实现一种人生价值追求。人的价值的实现即是自我的实现，通俗地讲就是事业的归宿，对社会贡献自己的应有之力。只要有理想做支撑，生命就会有源源不断的动力，永不衰竭！

人生在得与失、苦与乐中不断地轮回徘徊，"在一切失去时，希望依然存在"。人，就是应该具备一种精神，一种敢于斗争，不怕苦、不怕累、不怕流血的大无畏精神；一种勇往直前、百折不挠、坚持拼搏的信念！一切的酸甜苦辣、一切的艰难困苦、一切的风风雨雨、一切的成败得失，对于我们都是一种历练、一种享受，独一无二的享受！我们的生命将上升到一个新的阶段，从此没有所谓的"苦"与"痛"、"得失"与"成败"，只有在不断地努力拼搏中实现自我的价值。

（三）生命就是在追求中超越自我

生是偶然，死是必然。生与死，除了几声欢呼、几阵痛哭外，就没有什么别的了。

那么,在生与死之间的生命,你注意到了吗?打开报纸:洪灾、地震、海啸、暴虐、谋杀、车祸……满眼是苦苦挣扎的生命。五彩缤纷的社会、变化万千的信息,让太多太多的人整天忙于学习、工作、研究,人人都陷入了世俗的旋涡,浮躁、不安、无奈。人人渴望宣泄内心的不满,人人渴望内心的平衡。年轻人迷恋上了虚拟的网络世界;中年人承受着上有老下有小的压力;老年人沉浸在往日的回忆中,忍受着麻木生活的苦痛。大家似乎都忘记了应该尊重生命、珍爱生命、善待生命。

生命是人生的一笔财富,也是唯一的财富。拥有了生命,就可以拥有人生的一切。文学家巴金说:"生命的意义在于付出,在于给予,而不在于接受,也不在于索取。"科学家爱因斯坦(Albert Einstein)说:"一个人的价值应该看他贡献了什么,而不应当看他取得了什么。"没有对社会的贡献,生命的存在就没有多大的意义。所以,我们说,真正的生命就是活出一种境界,一种为人处世的境界,一种奋斗努力的境界,一种超越自我的境界。

(四)生命是一种责任

古人云:"身体发肤,受之父母,不可弃之。"这句话的意思是:我们每个人的生命都是从父母那里承继来的,一旦来到这个世上,你的生命就不再仅仅属于你自己,在更大程度上属于你的家庭、社会和人民。生命只有一次,生命承载着希望,生命是一种责任,一种与生俱来或后天萌发的责任。承担和履行责任的过程是探索和实现生命价值的过程。人的一生不可能一帆风顺,不经风雨,又怎见彩虹?梦想与现实的差距总是遥远的,没有哪一个人不经过努力就能够成功。活着,不仅为自己而活,还为了每一个爱你的人,因为你承载着亲人、朋友和国家的希望,承载着所有人对你的爱。

人需要责任,需要对自己负责,更重要的是对你的父母、对社会负责。我们从呱呱坠地,就不断接受给予。你是谁在风雨交加的路上撑起雨伞送你上学?是谁在深夜为你披好被角?生日时忙前忙后的父母额上又多了几道皱纹?是谁多年养育了你?是谁给了你生命的权利?生命原本很脆弱,无论遇到什么困难,都要勇敢地面对,让自己的每一天都充满阳光,让自己每一天都快乐,你会发现,生命原来如此美丽。

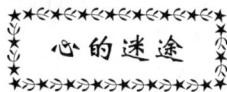

心的迷途

第二节 大学生心理危机的表现

在人的一生中,所有的人都会经历危机。幸运的是,我们大多时候只需面对一些小小的麻烦,如火车误点、约会迟到、人际摩擦、领导批评、孩子惹祸等。但是,很多人不得不面对一些对身心造成威胁或伤害的重大事件,如婚姻破裂、车祸致残、严重疾病、亲人去世等。所有这些都告诉我们,危机就在身边,危机随时都可能发生!

一、心理危机的含义

日常生活中,我们经常听到"经济危机""政治危机",对于"心理危机",很多人感到还很陌生。什么是心理危机呢?心理危机这一概念是美国心理学家卡普兰(G.Caplan)首次提出的。他认为,心理危机是当个体面临突然或重大生活事件(如亲人死亡、婚姻破裂、天灾人祸)时所出现的心理失衡状态。每个人都在努力保持一种内心的稳定状态,使自身与环境稳定协调,当重大问题和剧烈变化使个体感到问题难以解决,平衡就会打破,正常的生活受到干扰,内心的紧张不断积累,继而出现无所适从甚至思维和行为的紊乱,进入一种失衡状态,这就是心理危机的状态。

可见,危机是个体无法用现有的资源和惯常应对机制加以处理的事件和遭遇。危机有两层含义:一是指突发事件,出乎人们意料发生的,如地震、水灾、空难、疾病爆发、亲人丧失、恐怖袭击、战争等;二是指人所处的紧急状态。心理危机可以分为发展性心理危机和意外性心理危机两类。发展性心理危机是可以预料的,如生命周期中不同发展阶段所遇到的重大问题,其特征是情绪的剧烈变化,导致个人心理失衡,如青春期的心理危机;意外性心理危机是突如其来的、无法预料的,如受到恐吓、自然灾害、躯体重大疾病等。心理危机发生后,如果得不到及时有效的帮助和支持,不能通过调动其自身的潜能重新建立和恢复其危机水平前的心理水平,则可导致精神崩溃,产生自杀或攻击他人的不良后果。当一个人出现心理危机时,当事人可能及时察觉,也有可能"未知未觉"。无论何种情形,个体面对危机时都会产生一系列身心反应,一般危机反应会维持6~8周。危机反应主要表现在生理、情绪、认知和行为上。生理方面:肠胃不适,腹泻,食欲下降,头痛,疲乏,失眠,做噩梦,易惊吓,感觉呼吸困难或窒息,有哽塞感,肌肉紧张等。情绪方面:害怕,焦虑,恐惧,怀疑,不信任,沮丧,忧郁,悲伤,易怒,绝望,无助,麻木,否认,孤独,紧张,不安,愤怒,烦躁,自责,过分敏感或警觉,无法放松,持续担忧,担心家人安全,害怕死去等。认知方面:注意力不集中,缺乏自信,无法做决定,健忘,效能降低,不能把思想从危机事件上转移等。行为方面:社交退缩、逃避与疏离,不敢出门,容易自责或怪罪他人,不易信任他人等。

二、大学生心理危机的表现形式

大学生的心理危机是指大学生这一特殊群体在发展时期的心理危机问题。近年来,随着大学生心理问题的日趋复杂化,一些大学生的心理健康水平较低,心理危机的发生率也越来越高。

（一）大学生心理危机的特点

大学生是一个独特的群体，其心理危机具有以下两方面的鲜明特点。第一，发展性。大学生面对许多成长中必须解决的发展性课题，这些课题反映了社会对大学生角色的要求，它们既是大学生成长的外部动力，也是潜在的应激源。大学生许多心理危机具有发展性的特征，如果能够及时干预处理，能帮助他们安全渡过危机，会使他们从中获得宝贵的经验。第二，易发性。大学生处在走向成熟的过渡阶段，生理方面更多具备了成人的特征，但社会阅历和经验相对不足，处理问题的社会经验和能力更是有限，这种反差的存在，使得心理危机在他们身上十分容易得到表现乃至爆发。近年来，高校自杀学生人数不断增加，像马加爵杀人案等恶性事件时有发生，都佐证了大学生心理危机的易发性。

（二）大学生心理危机的种类

1.发展性危机

发展性危机是指个人在正常成长和发展过程中，对急剧的变化或转变所产生的异常反应，如升学危机、性心理危机、就业危机等。这些危机是大学生生命中必要和重大的转折，每一次发展性危机的成功解决都是大学生走向成熟和完善的阶梯。

2.境遇性危机

境遇性危机是指突如其来、无法预料和难以控制的心理危机，如交通事故、人质事件、突然的绝症或死亡、被人强暴、自然灾害等。

3.存在性危机

存在性危机是指一些人生中的重要事件出现问题而导致的个人内心的冲突和焦虑，是伴随重要的人生目的、人生责任和未来发展等内部压力的冲突和焦虑的危机。

（三）大学生心理危机发生时的表现

大学生对不同危机的反应方式和反应程度取决于很多因素，包括个人的生活经历、个性特点、受危机影响的严重程度、离危机发生现场的远近程度、得到社会支持的程度以及危机干预的类型和质量等。在出现危机时，大学生可能有的共同反应是：震惊、失去知觉，否认或者对已发生的情景无法知觉，交往行为错乱——无动于衷、麻木不仁，表达不了真实的感觉，思维混乱，行为混乱，难以做决定，易受暗示等。

存在心理危机倾向与处于心理危机状态的大学生，一般表现为情绪剧烈波动或认知、躯体、行为等方面有较大改变，暂时不能应对或无法应对正常的生活模式。主要表现是：否认各种分离的感觉，非意愿地、无法控制地回想，抑郁，注意力集中困难，焦虑，身心疾病反应，高度敏感，退缩性行为，饮食困难，烦躁，耐挫力降低，睡眠困难，学习与工作能力降低，对曾经喜爱的活动的兴趣降低，心理疲劳等。有的大学生会一反常态，变得孤僻古怪，不合群，脾气暴躁，常常顶撞父母和老师，甚至逃学拒读、离校出走，或者出现暴力行为，以及吸毒、酗酒、性行为错乱等。女大学生则多见头昏头痛、食欲不振、焦虑抑郁，甚至产生悲观厌世情绪和自杀意念等。

（四）大学生心理危机的发展过程

一般来说，大学生心理危机的发生会经历以下几个时期。第一，冲击期。在危机事件发生后不久或当时，感到震惊、恐慌、不知所措。第二，防御期。表现为想恢复心理上的平衡，控制焦虑和情绪紊乱，恢复受到损害的认知功能，但不知如何做，此时会出现否认、合理化等心理防御反应。第三，解决期。积极采取各种方法接受现实，寻求各种资源想方设法解决问题从而减轻焦虑，增加自信，恢复社会功能。第四，成长期。经历了危机后变得更成熟，获得应对危机的技巧，但也有人消极应对而出现种种心理不健康的行为。从危机的后果来说，会有四种不同结局。第一种是顺利渡过危机，并学会了处理危机的方法策略，提高了心理健康水平；第二种是渡过了危机但留下心理创伤，影响今后的社会适应；第三种是经不住强烈的刺激而自伤自毁；第四种是未能渡过危机而出现严重的心理障碍。

（五）大学生心理危机的诱因

大学生心理危机的诱因很多，心理健康研究专家蔺桂瑞教授将其归纳为八个方面。第一，学生父母关系不合、离异，造成学生的心理创伤。第二，社会就业竞争激烈。第三，不适应大学生活环境。同宿舍的学生多是独生子女，各有各的个性，不能相互容纳，由此发生矛盾冲突，日积月累，却又不敢表达。因为这些原因造成的大学生的心理问题最多。第四，不适应大学的学习环境。某些学生上高中时，考大学的目标非常明确，上大学后，突然失去了目标，心中茫然，有一种失落感。第五，恋爱与失恋问题。第六，性行为问题。一类学生是过于封闭自我，导致性压抑；另一类学生是过于开放，随便发生性关系，之后又非常后悔自责。第七，就业观念滞后，就业期望值过高。我们国家过去是精英教育，能上大学的就是人才。现在大学扩招，教育已趋向普及化，大家都有受教育的机会。可是一些学生和家长的观念却没有转变，非要找一份理想的工作不可，求职期望值非常高，与现实不符。这样就给学生造成极大的心理压力。第八，社会贫富差距越来越大。有的学生家里经济条件比较好，穿名牌衣服，过生日请同学吃饭，这都会给那些贫困生造成很大的心理压力。

心海导航

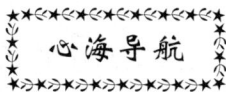

第三节　大学生心理危机的干预

一、干预方法

心理危机的产生、发展及激化经历着复杂而微妙的心理过程,几乎每个成长中的个体都不同程度地经历过心理危机,但心理危机并非必然导致极端行为。事实上,心理危机并不像我们想象的那般神秘和遥不可及,它就在我们身边,甚至正存在于我们内心。危机带给我们的,大多数时候只是暂时的不适。实际上,没有人可以和危机绝缘,任何心理素质健全、受过良好心理训练的人都不可能终生免于危机的困扰。但不同的是,多数大学生通过自我调节或专业帮助,顺利地渡过危机获得成长,而有的人却在危机中陷入困境甚至绝境,走上了一条不归路。因此,对处于心理危机中甚至有自杀倾向的大学生的正确识别与干预显得尤为重要。

(一)心理危机的干预对象

北京市教工委、教委、卫生局、团市委联合出台的《北京高校学生心理素质教育疾病预防与危机干预大纲》中认为,心理危机的干预对象包括 12 类学生。

1.遭遇突发事件而出现心理或行为异常的学生,如家庭发生重大变故、遭遇性危机、受到自然或社会意外刺激的学生。

2.患有严重心理疾病,如患有抑郁症、恐惧症、强迫症、癔症、焦虑症、精神分裂症、情感性精神病等疾病的学生。

3.有自杀未遂史或家族中有自杀者的学生。

4.身体患有严重疾病、个人很痛苦、治疗周期长的学生。

5.因学习压力过大、学习困难而出现心理异常的学生。

6.个人感情受挫后出现心理或行为异常的学生。

7.人际关系失调后出现心理或行为异常的学生。

8.性格过于内向、孤僻,缺乏社会支持的学生。

9.严重环境适应不良导致心理或行为异常的学生。

10.家境贫困、经济负担重、深感自卑的学生。

11.由于身边的同学出现个体危机状况而受到影响,产生恐慌、担心、焦虑、困扰的学生。

12.其他有情绪困扰、行为异常的学生。

尤其要关注上述多种特征并存的学生,其危险程度更大,应成为重点干预的对象。

我们认为,大学生若出现下列几种情况(包括个体所面临情境及其身心症状和行为表现等),则其处于心理危机中的可能性较大:

1.重大丧失(如亲人死亡、人际关系破裂、重要考试失败、失恋等)后出现异常表现;

2.遭受严重突发事件的刺激后有异常反应;

3.明确或间接表露自己感到痛苦、抑郁、无望、无价值,甚至流露出死亡的意图;

4.孤僻、人际关系恶化;

5.物质滥用量加大;

6.易激怒、与人敌对;

7.持续不断的悲伤或焦虑;

8.依赖性加大;

9.出现自毁性或攻击性行为;

10.日常学习、工作、生活状况出现明显的负性改变。

(二)大学生自杀的识别与干预

在我们无限珍惜生命、尽情享受生命的美好时,却有一些人因为遭遇到生命中无法承受的痛苦而选择自杀来结束自己的生命! 自杀,对自杀者来说可能是结束痛苦的一种方式,但我们认为总可以找到其他更好地解决问题的方式。为了预防这种不必要的死亡,我们需要了解一些相关的知识,并做好干预工作。

1.大学生自杀的识别

自杀通常是有征兆的。有研究表明,52%～60%的自杀者在自杀前1～8周曾发出过求助的信号。80%的自杀者曾向外界表达过自杀意图。因此,那些认为"自杀是没有征兆的""说自杀的人是不会自杀的"观点是错误的。大学生自杀的征兆具体表现为:

(1)语言——通过话语表现出厌世念头,或谈论有关死亡的话题,如"人生意义何在""人活着真没意思""人是不是真的有来世"等。这实际上是有自杀意图的大学生发出的自杀信号,表明其正处于生与死的两难选择中。另外,一般情况下,大学生自杀者会在自杀前与最亲近的人(一般是父母)联系,对后事做交代,如"感谢你们的养育之恩""今后一定要注意身体"等。此时,如果能及时通过这些信息发现其自杀意图并予以有效的帮助,很可能促使其放弃自杀。但是,这些重要信息往往被周围人所忽略。

（2）行为——明显的行为改变。如突然整理自己的物品,将自己有用的物品赠送他人;个人喜好发生改变;对以前关心的事物漠然处之;作息时间和饮食习惯发生改变;逃学旷课;夜不归宿;等等。

（3）心理——在情绪等方面发生较大改变。人在自杀前,会处于复杂的心理矛盾中,会有一些明显的表现,如情绪不稳定、忽悲忽喜;或平时乐观开朗,突然郁郁寡欢;或平时寡言少语,突然爱说爱笑;等等。

（4）生理——突然的身体不适。一个人想自杀,在生理方面会有所反映,如呼吸急促、疼痛、出汗、颤抖、失眠、体重下降等。有的自杀者本身没有生理疾病,但在自杀前常常感到身体不适,这其实是心理冲突在生理上的反应。

2.大学生自杀的干预

危机干预可以通过多种形式来开展,如个别干预、团体干预、网络干预、电话干预等,努力做到及时、有效。同时,可以通过以下方法来帮助有自杀企图的大学生:

（1）表达你的关心,询问他们目前面临的困难以及困难给他们带来的影响;

（2）保持冷静,多倾听,少说话,让其说出自己内心的感受;

（3）要有耐心,不要因他们不能很容易与你交谈就轻言放弃,允许谈话中出现沉默,有时候重要的信息就在沉默之后出现;

（4）要接纳他,不对其做任何道德或价值评判（至少不要让他感觉到）;

（5）他们可能会拒绝你要提供的帮助,有心理危机的人有时会否认他们面临难以处理的问题,不要认为他们的拒绝是针对你本人;

（6）不要试图说服他改变自己的想法;

（7）不要给予劝告,也不要认为有责任找出解决办法,尽力想象自己处在他们的位置时有什么感受;

（8）说出你的感受,让他们知道并非只有自己有这样的感受;

（9）不要担心他们会出现强烈的情感反应,情感爆发或哭泣可以使他们的情感得到释放;

（10）大胆询问其是否有自杀的想法:"你是否有过痛苦的时候,以致令你有想结束自己生命的想法?""有时候一个人经历非常困难的事情时,他们会有结束生命的想法。你有那种感觉吗?""听了你的谈话,我有一种疑惑,不知道你是否有自杀的想法?"询问一个人有无自杀念头不但不会引起他自杀,反而很可能挽救他的生命,但不要问:"你没有自杀的想法,是吧?"

（11）相信他所说的话以及所表露出的任何自杀的迹象;

（12）不要答应对他的自杀想法给予保密;

（13）让他相信别人是可以给予他帮助的,鼓励他再次与你讨论相关的问题,并且要让他知道你愿意继续帮助他;

（14）鼓励他与其他值得信赖的人谈心，寻求他人的帮助、支持；

（15）给予希望，让他知道面临的困境能够改变；

（16）要尽量取得他人的帮助，以便与你共同承担帮助他的责任；

（17）如果你认为他需要专业的帮助，请提供转介信息。如果他对寻求专业帮助恐惧或担忧，应花时间倾听他的担心，告诉他一般遇到这种情况的人都需要专业帮助，而且你向他介绍专业帮助并不表示你不关心他；

（18）如果你认为他即刻自杀的可能性很大，要立即采取措施：不要让他独处；去除自杀的危险物品，或将他转移至安全的地方；陪他去精神心理卫生机构寻求专业人员的帮助；

（19）如果自杀行为已经发生，应立即将其送往就近的急诊室抢救。

二、心的体验

（一）心理自测

表 10-1　生活态度自测表

自测项目	选项	
1.我对未来充满希望和热情。	符合	不符合
2.当事情变糟时，我知道不会一直这样。	符合	不符合
3.我不能想象今后的 10 年中，我的生活会是什么样子。	符合	不符合
4.我预料我最关心的事情能够成功。	符合	不符合
5.我运气不佳，也不相信会有好运。	符合	不符合
6.我过去的经历已经为我的将来打下了良好的基础。	符合	不符合
7.当我展望未来时，我预想会比现在幸福。	符合	不符合
8.我从未得到我所想得到的东西。	符合	不符合
9.将来我不可能获得真正满意的生活。	符合	不符合
10.对我来说，前途渺茫，捉摸不定。	符合	不符合
11.我想，将来好的时候会多于坏的时候。	符合	不符合
12.追求自己想要的东西是徒劳的，因为很少有可能得到它。	符合	不符合
13.我对我的职业发展有一个规划，并不断调整它。	符合	不符合
14.我对大学期间的学习和生活有个大体计划。	符合	不符合

评分与评价：

3、5、8、9、10、12 选"符合"得 1 分，选"不符合"得 0 分；

1、2、4、6、7、11、13、14 选"符合"得 0 分，选"不符合"得 1 分。

得分小于或等于 6 分，表明你对生活充满希望和信心；

得分在 7~11 分之间,表明你对生活有轻度的无望感;

得分在 11 分以上,表明你对生活有重度无望感,甚至有自杀意愿,建议立即寻求心理援助。

(二)团体活动

临终遗言

活动目的:对每个人的人生观、价值观做具体的探索,让成员更加明白生命的意义,懂得珍惜生命。

活动准备:纸、笔和背景音乐《假如爱有天意》。

活动过程:指导者告诉团体成员,由于种种原因,你正面临着死亡。终期将至,时间只允许你再做最后的五件事,你会做哪五件事,并排出先后次序,然后写下你的遗言。每个成员认真思索后写下自己的决定和遗言,再向团体内其他成员说出,并解释原因,谈一谈在写的时候有什么感受,这感受对你今后的生活有什么影响。通过练习,可以帮助团体成员对自己的人生观和价值观进行整理,也可以通过与他人的交流启发自己。

三、心灵鸡汤

我很重要

毕淑敏

当我说出"我很重要"这句话的时候,颈项后面掠过一阵战栗。我知道这是把自己的额头裸露在弓箭之下了,心灵极容易被别人的批判洞伤。许多年来,没有人敢在光天化日之下表示自己"很重要"。我们从小受到的教育都是"我不重要"。

作为一名普通士兵,与辉煌的胜利相比,我不重要。

作为一个单薄的个体,与浑厚的集体相比,我不重要。

作为一位奉献型的女性,与整个家庭相比,我不重要。

作为随处可见的人的一分子,与宝贵的物质相比,我们不重要。

我们——简明扼要地说,就是每一个单独的"我",到底重要还是不重要?

我是由无数星辰日月草木山川的精华汇聚而成的。只要计算一下我们一生吃进去多少谷物,饮下了多少清水,才凝聚成一具美轮美奂的躯体,我们一定会为那数字的庞大而惊讶。平日里,我们尚要珍惜一粒米、一叶菜,难道可以对亿万粒菽粟亿万滴甘露濡养出的万物之灵掉以丝毫的轻心吗?

当我在博物馆里看到北京猿人窄小的额和前凸的嘴时,我为人类原始时期的粗糙而黯然。他们精心打制出的石器,用今天的目光看来不过是极简单的玩具。如今很幼小的孩童,就能熟练地操纵语言,我们才意识到已经在进化之路上前进了多远。我们的头颅就是一部历史,无数祖先进步的痕迹储存于脑海深处。我们是一株亿万年苍老树干上最新萌发的绿叶,不单属于自身,更属于土地。人类的精神之火,是连绵不断的链条,作为精致的一环,我们否认了自身的重要,就是推卸了一种神圣的承诺。

　　回溯我们诞生的过程，两组生命基因的嵌合，更是充满了人所不能把握的偶然性。我们每一个个体，都是机遇的产物。

　　常常遥想，如果是另一个男人和另一个女人，就绝不会有今天的我……

　　即使是这一个男人和这一个女人，如果换了一个时辰相爱，也不会有此刻的我……

　　即使是这一个男人和这一个女人在这一个时辰，由于一片小小落叶或是清脆鸟啼的打搅，依然可能不会有如此的我……

　　一种令人怅然以至走入恐惧的想象，像雾霭一般不可避免地缓缓升起，模糊了我们的来路和去处，令人不得不断然打住思绪。

　　我们的生命，端坐于概率垒就的金字塔的顶端。面对大自然的鬼斧神工，我们还有权利和资格说"我不重要"吗？

　　对于我们的父母，我们永远是不可重复的孤本。无论他们有多少儿女，我们都是独特的一个。

　　假如我不存在了，他们就空留一份慈爱，在风中蛛丝般飘荡。

　　假如我生了病，他们的心就会皱缩成石块，无数次向上苍祈祷我的康复，甚至愿灾痛以十倍的烈度降临于他们自身，以换取我的平安。

　　我的每一滴成功，都如同经过放大镜，进入他们的瞳孔，摄入他们心底。

　　假如我们先他们而去，他们的白发会从日出垂到日暮，他们的泪水会使太平洋为之涨潮。面对这无法承载的亲情，我们还敢说"我不重要"吗？

　　我们的记忆，同自己的伴侣紧密地缠绕在一处，像两种混淆于一碟的颜色，已无法分开。你原先是黄，我原先是蓝，我们共同的颜色是绿，绿得生机勃勃，绿得苍翠欲滴。失去了妻子的男人，胸口就缺少了生死攸关的肋骨，心房裸露着，随着每一阵轻风滴血。失去了丈夫的女人，就是齐斩斩折断的琴弦，每一根都在雨夜长久地自鸣……面对相濡以沫的同道，我们忍心说"我不重要"吗？

　　俯对我们的孩童，我们是至高至尊的唯一。我们是他们最初的宇宙，我们是深不可测的海洋。假如我们隐去，孩子就永失淳厚无双的血缘之爱，天倾东南，地陷西北，万劫不复。盘子破裂可以粘起，童年碎了，永不复原。伤口流血了，没有母亲的手为他包扎。面临抉择，没有父亲的智慧为他谋略……面对后代，我们有胆量说"我不重要"吗？

　　与朋友相处，多年的相知，使我们仅凭一个微蹙的眉尖、一次睫毛的抖动，就可以明了对方的心情。假如我不在了，就像计算机丢失了一份不曾复制的文件，他的记忆库里留下不可填补的黑洞。夜深人静时，手指在按了几个电话键码后，骤然停住，那一串数字再也用不着默诵了。逢年过节时，她写下一张张贺卡。轮到我的地址时，她闭上眼睛……许久之后，她将一张没有地址只有姓名的贺卡填好，在无人的风口将它焚化。

　　相交多年的密友，就如同沙漠中的古陶，摔碎一件就少一件，再也找不到一模一样的成品。面对这般友情，我们还好意思说"我不重要"吗？

　　我很重要。

　　我对于我的工作我的事业，是不可或缺的主宰。我的独出心裁的创意，像鸽群一般在天空翱翔,只有我才捉得住它们的羽毛。我的设想像珍珠一般散落在海滩上,等待着我把它用金线串起。我的意志向前延伸,直到地平线消失的远方……没有人能替代我,就像我不能替代别人。我很重要。

我对自己小声说。我还不习惯嘹亮地宣布这一主张,我们在不重要中生活得太久了。

我很重要。我重复了一遍。声音放大了一点。我听到自己的心脏在这种呼唤中猛烈地跳动。

我很重要。我终于大声地对世界这样宣布。片刻之后,我听到山岳和江海传来回声。

是的,我很重要。我们每一个人都应该有勇气这样说。我们的地位可能很卑微,我们的身份可能很渺小,但这丝毫不意味着我们不重要。

重要并不是伟大的同义词,它是心灵对生命的允诺。

人们常常从成就事业的角度,断定我们是否重要。但我要说,只要我们在时刻努力着,为光明在奋斗着,我们就是无比重要地生活着。

让我们昂起头,对着我们这颗美丽的星球上无数的生灵,响亮地宣布——我很重要。

心的思索

一、思考题目

1.作为当代大学生,你认为生命的意义是什么?

2.成长过程中,你是否曾经遭遇过心理危机? 你如何战胜它?

3.读完毕淑敏的散文《我很重要》,你内心最大的感悟是什么?

二、阅读推荐

1.段鑫星等:《大学生心理危机干预》,北京:科学出版社,2006 年。

2.[美]露易丝·海:《生命的重建》,北京:中国宇航出版社,2008 年。

3.郑晓江:《生命教育演讲录》,南昌:江西人民出版社,2008 年。

附　录

团体辅导暖身活动

1.拍打穴位:所有人围成一圈,以8拍节奏拍打前方成员——从肩膀,到背部,最后到腰部。之后,所有成员向后转,再以相同的节拍拍打上次拍打你的成员。

2.请你跟我这样做:由指导者开始做一个动作并说"请你跟我这样做",全体成员在进行模仿的同时说"我就跟你这样做"。然后,按顺时针方向每个成员都要做一个动作让其他成员进行模仿,强调动作有别于他人并且越夸张越好。

3.无家可归的人:全体成员围成一圈手拉手,主持人说:"变,4个人一组。"成员必须按照要求重新组成4人组,形成新的"家"。主持人可以多次变化人数,让成员有机会去改变自己的行为,积极融入团体,让成员体验有家的感觉,体验团体的支持,从而更愿意和团体在一起。

4.解开千千结:指导者让每组(8人或更多)成员手拉手成为一个圈,看清楚自己的左手和右手是谁,确认后松手,在圈内自由走动,领导者叫停,成员定格,位置不动,伸手拉左右手,从而形成许多结或扣,不能松手,但可钻、跨、绕,要求成员设法解决难题,回复到起始状态。

5.目光炯炯:团体成员两人一组,互相注视对方眼睛50秒,不可以躲闪,目光注视表示自信及诚恳。然后注视对方,肯定地做1分钟自我介绍。接着,肯定地表达自己的感受"我对××(绘画、英语、舞蹈等)最有把握",大声说3遍,注意每遍的感受,交换角色。接着,请对方帮忙做某件事或借东西,1分钟之内用各种方法要求他,但另一方看着对方重复说"不",两人交换。最后,讨论刚才练习的感受和意义,以及如果应用到日常生活中去。

6.大风吹:所有人围成一个圆圈,指导者站在团体中说:"大风吹。"成员问:"吹什么?"如果指导者说:"吹穿红衣服的人。"那么所有穿红衣服的人就必须离开位子重新寻找位子。没有找到位子的成员站到中间继续进行活动。

7.口香糖:所有成员围成一个圆圈,指导者站在团体中说:"口香糖。"成员问:"粘什么?"如果指导者说:"粘耳朵。"那么所有成员就必须找人来两两配对将耳朵贴在一起。没有找到人配对的成员就要站到中间继续游戏。

　　8.折纸游戏:指导者给每个成员发一张正方形的薄纸张,而后要求成员闭上眼睛,把纸张经过 3 次对折之后,撕下其中的一个角,展开纸张,睁开眼睛,去寻找能跟自己的纸张重合在一起的成员。

　　9.可怜的小猫:全体成员围坐成圈,一人当小猫坐在中间。小猫走到任何一人面前,蹲下学猫叫。面对者要用手抚摸小猫的头,并说:"哦!可怜的小猫。"但是绝不能笑,一笑就算输,要换当小猫。抚摸者不笑,则小猫叫第二次;不笑,再叫第三次;再不笑,就得离开找别人。当小猫者可以装模作样,以逗对方笑。

　　10.食指的超能力:邀请一个身材中等的成员扮演睡觉者,全身放松平躺在教室中间的桌子上,双手握拳,轻轻放在腹部。另外随机邀请 10 位同学,均匀地围在"睡觉者"的周围(保证头部周围至少有两名学生),扮演"超能力者"。10 人同时用力托起"睡觉者"。

　　11.举手仪式:全体成员围成一圈,每个人的两只手臂伸直向胸前平举,身体不准晃动,坚持 10 分钟(指导者可根据成员的实际情况选择时间长短),看谁坚持到最后。

　　12.松鼠与大树:成员分成 3 人一组。两人扮大树,面向对方,伸出双手搭成一间小屋;一人扮松鼠,并蹲在小屋中间。指导者对大家进行发号施令,口令有 3 个:

　　第一个口令:指导者喊"松鼠",大树不动,扮演"松鼠"的人就必须离开原来的大树,重新选择其他的大树;

　　第二个口令:指导者喊"大树",松鼠不动,扮演"大树"的人就必须离开原先的同伴重新组合成大树,并圈住松鼠;

　　第三个口令:指导者喊"地震",扮演大树和松鼠的人全部打散并重新组合,扮演大树的人可以做松鼠,松鼠也可以做大树。

　　13.进化论:指导者说:"我们人类是千百万年进化的产物,进化的过程就是一个选择的过程。现在我们大家一起来重温这个过程。在最开始的时候我们都是一个鸡蛋(最开始的鸡蛋的状态是大家抱着头蹲下,像一个鸡蛋的形状),再从鸡蛋进化到小鸡(小鸡状态是微蹲,双手微张在两侧扇动的样子),然后进化成猩猩(猩猩状态是站立做捶胸状),最后我们就会进化成人类(人类状态是抱着双手站在一旁旁观)。"

　　进化的方法就是跟别人"石头、剪刀、布",胜者往前进化,输者则保持原来角色不变并去寻找相同角色的成员继续"石头、剪刀、布"游戏,依此类推;亦可以输者退化到前面的角色继续游戏。

　　一旦进化成人类,就算胜出,不能再参与活动,只能站在一旁看其他人继续活动。

　　14.乌鸦和乌龟:成员围成一个圆圈,每个人的右手手掌伸平放在他右边学生的左手食指上方;同时,他的左手食指朝上顶住他左边学生的右手手掌。教师讲述一个故事,在听故事的过程中,成员听到"乌鸦"和"乌龟"这两个词的时候,要迅速去抓右侧人的食指,同时,避免自己的左手食指被抓。在活动过程中,成员仅可以变化手部姿势,不能移动手臂来探抓或逃避。每个人在手部姿势变化后要快速复原。听到其他词的时候不能动手。

故事材料

　　森林里有一座小小的城堡。里面住着可怕的巫婆和她的仆人乌鸦。突然有一天,天上慢慢飘来一片片乌云。转眼间就乌黑乌黑的,什么也看不见。在狂风暴雨中,巫婆听到有人在敲门,开门一看,原来是一只乌龟还有一只乌贼。它们要求巫婆让它们进屋。巫婆同意了,可是乌鸦不同意,它和乌龟是多年的夙敌。雨越下越大,大家也越吵越凶。乌贼指着乌云对巫婆说:"雨这么大,乌鸦却不让我们进去,我和乌龟都会生病的。再不开门,我一定会让你的城堡变得乌烟瘴气。"没过多久,雨停了,太阳出来了,乌云也散了。巫婆和乌鸦这才打开门来,看见乌龟已经冻得缩成了一团。

　　15.生命线:下面这条线代表你的生命线,起点是你出生的时候,终点是你的预测死亡年龄。请你根据自己的健康状况以及你所在区域的平均寿命,指出你预测的死亡年龄。然后在这条线上找到你现在的位置。请静静思考一下你过去的日子里最难忘的3件事,以及你今后的日子里最想达到的2~3个目标。

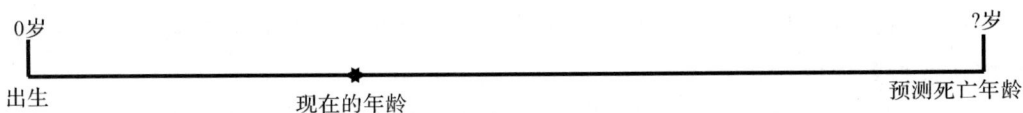

0岁		?岁
出生	★ 现在的年龄	预测死亡年龄

参考文献

1.钞秋玲:《女大学生心理教育与自身发展》,西安:西安交通大学出版社,2002年。

2.程社明、卜欣欣、戴洁:《人生发展与职业生涯规划》,北京:团结出版社,2003年。

3.崔建华等编著:《大学生心理素质拓展教育》,厦门:厦门大学出版社,2010年。

4.段鑫星、赵玲编著:《大学生心理健康教育》,北京:科学出版社,2003年。

5.凡禹:《人际交往的艺术》,北京:北京工业大学出版社,2002年。

6.樊富珉:《团体心理咨询》,北京:高等教育出版社,2005年。

7.樊富珉、王建中:《当代大学生心理健康教程》,武汉:武汉大学出版社,2006年。

8.高校教材编委会编著:《大学生心理健康教育导论》,沈阳:辽宁大学出版社,2007年。

9.何仁富:《生命教育引论》,北京:中国广播电视出版社,2010年。

10.何少颖:《大学生心理健康教育与训练》,厦门:厦门大学出版社,2005年。

11.胡启先等:《当代大学生社会心理问题及其对策》,南昌:江西人民出版社,1999年。

12.黄才华等编著:《心理健康教育》,上海:华东师范大学出版社,2006年。

13.黄全愈:《素质教育在美国》,广州:广东教育出版社,2000年。

14.黄蓉生:《青年学研究》,成都:四川人民出版社,2001年。

15.黄希庭:《人格心理学》,杭州:浙江教育出版社,2002年。

16.黄希庭、郑涌主编:《大学生心理健康与咨询》,北京:高等教育出版社,2000年。

17.孔洁、丛山主编:《高职大学生心理健康指南》,合肥:中国科学技术大学出版社,2006年。

18.孔燕等编著:《大学生心理健康教育》,合肥:安徽人民出版社,1998年。

19.联合国教科文组织国家教育发展委员会编著:《学会生存——教育世界的今天和明天》,北京:教育科学出版社,1996年。

20.蔺桂瑞:《大学生心理健康》,北京:首都师范大学心理咨询中心,2008年。

21.刘嵋主编:《大学生班级团体心理辅导教程》,北京:清华大学出版社,2009年。

22.刘颖等编著:《心理健康辅导团体训练》,北京:世界图书出版公司,2005年。

23.罗京滨、曾峥主编:《大学团体心理辅导实操指南》,广州:暨南大学出版社,2009年。

24.马建青:《马建青心理咨询与心理健康教育丛书·心理卫生与心理咨询论丛》,杭州:浙江大学出版社,2004年。

25.马建青主编:《大学生心理卫生》,杭州:浙江大学出版社,2003年。

26.马晓等主编:《大学生性与健康》,成都:四川大学出版社,2006年。

27.申小莹、钞秋玲主编:《大学生心理教育教程》,西安:西安交通大学出版社,2002年。

28.沈德立:《非智力因素与人才培养》,北京:教育科学出版社,1991年。

29.谭谦章:《大学生心理健康教育》,广州:华南理工大学出版社,2007年。

30.陶勑恒:《小学生心理辅导》,北京:高等教育出版社,2004年。

31.汪艳丽等编著:《心雨——大学生心理辅导理论与实践》,北京:地震出版社,2001年。

32.王剑、王和平:《大学生心理健康教育——呵护心灵健康成长》,长春:吉林大学出版社,2011年。

33.吴少怡主编:《大学生团体辅导与团体训练》,济南:山东大学出版社,2010年。

34.吴少怡主编:《青苹果　红苹果——大学生性问题》,北京:高等教育出版社,2008年。

35.吴增强、沈之菲等编著:《班级心理辅导》,上海:上海教育出版社,2001年。

36.邢莹、吴敏主编:《大学生心理健康教育》,郑州:郑州大学出版社,2002年。

37.徐光兴主编:《学校心理咨询优秀案例集》,上海:上海教育出版社,2000年。

38.许燕:《人格心理学》,北京:北京师范大学出版社,2009年。

39.杨敏毅、鞠瑞利:《学校团体心理游戏教程与案例》,上海:上海科学普及出版社,2009年。

40.张朝:《心理学导论》,北京:清华大学出版社,2008年。

41.张玲:《心理健康研究与指导》,北京:教育科学出版社,2001年。

42.赵冰洁:《大学生心理健康教育理论与实践》,长春:吉林大学出版社,2004年。

43.郑晓江:《生命教育演讲录》,南昌:江西人民出版社,2008年。

44.职业教育课程教材研究开发中心编:《心理健康》,北京:人民教育出版社,2009年。

45.周莉主编:《大学生心理健康教育》,北京:中国人民大学出版社,2010年。

后　记

　　2011 年 5 月 28 日教育部印发《普通高等学校学生心理健康教育课程教学基本要求》的通知，我校随后根据要求的规定，决定从 2011 级开始，所有大一新生必须学习"大学生心理健康教育"公共课程，一周 2 课时，共 36 课时（2017 年之后修改为 30 课时，由教师课堂讲授 15 课时和学生在线自学 15 课时两部分组成）。这个消息让我们这些一直在学校里面从事心理健康教育与辅导的专业老师感到振奋和欣喜，因为我们知道，尽管我们为学校的学生心理咨询尤其个别咨询做了很多工作，但普及性和实效性仍然不尽如人意。我们一直希望能在课堂上为全体的学生进行心理健康知识和理论的普及，在班级的团体辅导中创设情境让学生用心体验、分享感悟、共同成长，从而收到事半功倍的效果。可是选择什么样的教材作为我们课程实施的依据则让我们很是纠结，因为国内相关的《大学生心理健康教育》教材多得不胜枚举，有倾向于纯理论讲授的，有倾向于团体心理体验，也有倾向于二者结合的。但理论部分的讲授与《普通高等学校学生心理健康教育课程教学基本要求》的教学内容要求存有较大差别，心理体验部分有时不是理论知识部分的延伸，案例也不是本校学生真实的心理困惑。在学校党委书记万建明教授的不断鼓励和支持下，我们欣然决定自己编写教材。

　　本教材在编写过程中，根据《普通高等学校学生心理健康教育课程教学基本要求》的精神，既有心理知识的教师讲授，也有心理活动的学生体验；既有心理困惑的案例探索，也有趣味心理的学生自测；既有心灵鸡汤的心理滋养，也有阅读推荐的延伸感悟，是集知识、体验和训练为一体的心理健康教育课程教材。

　　本教材由苏碧洋提供包括心灵书签、心的困惑、心理知识、心的迷途、心海导航、心的思索等六大模块的编写框架，在此基础上由苏碧洋、王艳荣、梁英姿和潘芬芬分工合作编写完成。其中第一、二、八、十章及团体辅导暖身活动由苏碧洋编写;第四、五章由王艳荣编写;第六、七章由梁英姿编写;第三、九章由潘芬芬编写;苏碧洋做全书的统稿和修订工作。除第六、七章由苏碧洋老师修改外,其余章节均由原作者进行再版修改。

　　本教材能顺利编写完成,出版发行后深受学生好评,再次深深地感谢你们——老书记万建明诲人不倦的悉心指导;老校长陈雅芳教授殷切关怀的不断激励;学校各级主管部门领导的关心;所有借鉴教材原作者的创作智慧;编写团队老师们的积极支持与配合;厦门大学出版社的热忱支持,以及薛鹏志编辑的认真编审。

　　在编写本教材的过程中,尽管我们很努力、很用心地去做,但由于学识浅薄、写作时间仓促,书中难免存在不当之处,请各位专家和读者批评指正,以便我们今后能加以改进,为学生提供更为积极有效的心灵帮助!

苏碧洋

2018 年 10 月